基 督 教 经 典 译 丛

何光沪 主编

副主编 章雪富 孙 毅 游冠辉

Grace Abounding to the Chief of Sinners

丰盛的恩典

【英】约翰·班扬 著　苏欲晓 译

三联书店

图书在版编目（CIP）数据

丰盛的恩典／（英）班扬（Bunyan, J.）著；苏欲晓译；何光沪主编. —北京：
生活·读书·新知三联书店，2014.10 （2024.10 重印）
（基督教经典译丛）
ISBN 978 - 7 - 108 - 05080 - 9

Ⅰ. ①丰… Ⅱ. ①班…②苏…③何… Ⅲ. ①班扬，
J.（1628—1688）- 自传 Ⅳ. ①B979.956.1

中国版本图书馆 CIP 数据核字（2014）第 142127 号

丛书策划 橡树文字工作室
特约编辑 刘 嵘
责任编辑 鲍 准 张艳华
装帧设计 罗 洪
责任印制 董 欢
出版发行 生活·讀書·新知 三联书店
　　　　　（北京市东城区美术馆东街 22 号 100010）
网　　址 www.sdxjpc.com
经　　销 新华书店
印　　刷 北京隆昌伟业印刷有限公司
版　　次 2014 年 10 月北京第 1 版
　　　　　2024 年 10 月北京第 9 次印刷
开　　本 635 毫米 × 965 毫米 1/16 印张 19.75
字　　数 259 千字
印　　数 28,001 - 30,000 册
定　　价 58.00 元
（印装查询：01064002715；邮购查询：01084010542）

基督教经典译丛

总　序

何光沪

　　在当今的全球时代，"文明的冲突"会造成文明的毁灭，因为由之引起的无限战争，意味着人类、动物、植物和整个地球的浩劫。而"文明的交流"则带来文明的更新，因为由之导向的文明和谐，意味着各文明自身的新陈代谢、各文明之间的取长补短、全世界文明的和平共处以及全人类文化的繁荣新生。

　　"文明的交流"最为重要的手段之一，乃是对不同文明或文化的经典之翻译。就中西两大文明而言，从 17 世纪初以利玛窦（Matteo Ricci）为首的传教士开始把儒家经典译为西文，到 19 世纪末宗教学创始人、英籍德裔学术大师缪勒（F. M. Müller）编辑出版五十卷《东方圣书集》，包括儒教、道教和佛教等宗教经典在内的中华文明成果，被大量翻译介绍到了西方各国；从徐光启到严复等中国学者、从林乐知（Y. J. Allen）到傅兰雅（John Fryer）等西方学者开始把西方自然科学和社会科学著作译为中文，直到 20 世纪末叶，商务印书馆、生活·读书·新知三联书店和其他有历史眼光的中国出版社组织翻译西方的哲学、历史、文学和其他学科著作，西方的科学技术和人文社科书籍也被大量翻译介绍到了中国。这些翻译出版活动，不但促进了中学西传和西学东渐的双向"文明交流"，而且催化了中华文明的新陈代谢，以及中国社会的现代转型。

　　清末以来，先进的中国人向西方学习、"取长补短"的历程，经历了两大阶段。第一阶段的主导思想是"师夷长技以制夷"，表现为洋务运动之向往"船坚炮利"，追求"富国强兵"，最多只求学习西方的工业技术和物质文明，结果是以优势的海军败于日本，以军事的失败表现出制度的失败。第二阶段的主导思想是"民主加科学"，表现为五四新文化运动之尊崇"德赛二先生"，中国社会在几乎一个世纪中不断从革命走向革命之后，到现在仍然需要进行民主政治的建设和科学精神的培养。大体说来，这两大阶段显示出国人对西方文明的认识由十分肤浅到较为深入，有了第一次深化，从物质层面深入到制度层面。

正如观察一支球队，不能光看其体力、技术，还要研究其组织、战略，更要探究其精神、品格。同样地，观察西方文明，不能光看其工业、技术，还要研究其社会、政治，更要探究其精神、灵性。因为任何文明都包含物质、制度和精神三个不可分割的层面，舍其一则不能得其究竟。正由于自觉或不自觉地认识到了这一点，到了 20 世纪末叶，中国终于有了一些有历史眼光的学者、译者和出版者，开始翻译出版西方文明精神层面的核心——基督教方面的著作，从而开启了对西方文明的认识由较为深入到更加深入的第二次深化，从制度层面深入到精神层面。

与此相关，第一阶段的翻译是以自然科学和技术书籍为主，第二阶段的翻译是以社会科学和人文书籍为主，而第三阶段的翻译，虽然开始不久，但已深入到西方文明的核心，有了一些基督教方面的著作。

实际上，基督教对世界历史和人类社会的影响，绝不止于西方文明。无数历史学家、文化学家、社会学家、艺术史家、科学史家、伦理学家、政治学家和哲学家已经证明，基督教两千年来，从东方走向西方再走向南方，已经极大地影响，甚至改变了人类社会从上古时代沿袭下来的对生命的价值、两性和妇女、博爱和慈善、保健和教育、劳动和经济、科学和学术、自由和正义、法律和政治、文学和艺术等等几乎所有生活领域的观念，从而塑造了今日世界的面貌。这个诞生于亚洲或"东方"，传入了欧洲或"西方"，再传入亚、非、拉美或"南方"的世界第一大宗教，现在因为信众大部分在发展中国家，被称为"南方宗教"。但是，它本来就不属于任何一"方"——由于今日世界上已经没有一个国家没有其存在，所以它已经不仅仅在宗教意义上，而且是在现实意义上展现了它"普世宗教"的本质。

因此，对基督教经典的翻译，其意义早已不止于"西学"研究或对西方文明研究的需要，而早已在于对世界历史和人类文明了解的需要了。

这里所谓"基督教经典"，同结集为"大藏经"的佛教经典和结集为"道藏"的道教经典相类似，是指基督教历代的重要著作或大师名作，而不是指基督徒视为唯一神圣的上帝启示"圣经"。但是，由于基督教历代的重要著作或大师名作汗牛充栋、浩如烟海，绝不可能也没有必要像佛藏道藏那样结集为一套"大丛书"，所以，在此所谓"经典译丛"，最多只能奢望成为比佛藏道藏的部头小很多很多的一套丛书。

然而，说它的重要性不会"小很多很多"，却并非奢望。远的不说，只看看我们的近邻，被称为"翻译大国"的日本和韩国——这两个曾经拜中国文化为师的国家，由于体现为"即时而大量翻译西方著作"的谦虚好学精神，一先一后地在文化上加强新陈代谢、大力吐故纳新，从而迈进了亚洲甚至世界上最先进国家的行列。众所周知，日本在"脱亚入欧"的口号下，韩国在其人口中基督徒比例迅猛增长的情况下，反而比我国更多更好地保存了东方传统或儒家文化的精粹，而且不是仅仅保存在书本里，而是保存在生活中。这一事实，加上海内外华人基督徒保留优秀传统道德的大量事实，都表明基督教与儒家的优秀传统可以相辅相成，这实在值得我们深长思之！

基督教在唐朝贞观九年（公元635年）传入中国，唐太宗派宰相房玄龄率宫廷卫队到京城西郊欢迎传教士阿罗本主教，接到皇帝的书房让其翻译圣经，又接到皇宫内室听其传讲教义，"深知正真，特令传授"。三年之后（公元638年），太宗又发布诏书说："详其教旨，玄妙无为；观其元宗，生成立要。……济物利人，宜行天下。"换言之，唐太宗经过研究，肯定基督教对社会具有有益的作用，对人生具有积极的意义，遂下令让其在全国传播（他甚至命令有关部门在京城建造教堂，设立神职，颁赐肖像给教堂以示支持）。这无疑显示出这位大政治家超常的见识、智慧和胸襟。一千多年之后，在这个问题上，一位对中国文化和社会贡献极大的翻译家严复，也显示了同样的见识、智慧和胸襟。他在主张发展科学教育、清除"宗教流毒"的同时，指出宗教随社会进步程度而有高低之别，认为基督教对中国民众教化大有好处："教者，随群演之浅深为高下，而常有以扶民性之偏。今假景教大行于此土，其能取吾人之缺点而补苴之，殆无疑义。且吾国小民之众，往往自有生以来，未受一言之德育。一旦有人焉，临以帝天之神，时为耳提而面命，使知人理之要，存于相爱而不欺，此于教化，岂曰小补！"（孟德斯鸠《法意》第十九章十八节译者按语。）另外两位新文化运动的领袖即胡适之和陈独秀，都不是基督徒，而且也批判宗教，但他们又都同时认为，耶稣的人格精神和道德改革对中国社会有益，宜于在中国推广（胡适：《基督教与中国》；陈独秀：《致〈新青年〉读者》）。

当然，我们编辑出版这套译丛，首先是想对我国的"西学"研究、人文学术和宗教学术研究提供资料。鉴于上述理由，我们也希望这项工作对于中西文明的交流有所贡献；还希望通过对西方文明精神认识的深化，对于中国文化的更新和中国社会的进步有所贡献；更希望本着中国传统中谦虚好学、从善如流、生生不已的精神，通过对世界历史和人类文明中基督教精神动力的了解，对于当今道德滑坡严重、精神文化堪忧的现状有所补益。

尽管近年来翻译界出版界已有不少有识之士，在这方面艰辛努力，完成了一些极有意义的工作，泽及后人，令人钦佩。但是，对我们这样一个拥有十几亿人口的千年古国和文化大国来说，已经完成的工作与这么巨大的历史性需要相比，真好比杯水车薪，还是远远不够的。例如，即使以最严格的"经典"标准缩小译介规模，这么一个文化大国，竟然连阿奎那（Thomas Aquinas）举世皆知的千年巨著《神学大全》和加尔文（John

Calvin）影响历史的世界经典《基督教要义》，都尚未翻译出版，这无论如何是令人汗颜的。总之，在这方面，国人还有漫长的路要走。

本译丛的翻译出版，就是想以我们这微薄的努力，踏上这漫长的旅程，并与诸多同道一起，参与和推动中华文化更新的大业。

最后，我们应向读者交代一下这套译丛的几点设想。

第一，译丛的选书，兼顾学术性、文化性与可读性。即从神学、哲学、史学、伦理学、宗教学等多学科的学术角度出发；考虑有关经典在社会、历史和文化上的影响，顾及不同职业、不同专业、不同层次的读者需要，选择经典作家的经典作品。

第二，译丛的读者，包括全国从中央到地方的社会科学院和各级各类人文社科研究机构的研究人员，高等学校哲学、宗教、人文、社科院系的学者师生，中央到地方各级统战部门的官员和研究人员，各级党校相关教员和有关课程学员，各级政府宗教事务部门官员和研究人员，以及各宗教的教职人员、一般信众和普通读者。

第三，译丛的内容，涵盖公元 1 世纪基督教产生至今所有的历史时期。包含古代时期（1—6 世纪）、中古时期（6—16 世纪）和现代时期（16—20 世纪）三大部分。三个时期的起讫年代与通常按政治事件划分历史时期的起讫年代略有出入，这是由于思想史自身的某些特征，特别是基督教思想史的发展特征所致。例如，政治史的古代时期与中古时期以西罗马帝国灭亡为界，中古时期与现代时期（或近代时期）以 17 世纪英国革命为界；但是，基督教教父思想在西罗马帝国灭亡后仍持续了近百年，而英国革命的清教思想渊源则无疑应追溯到 16 世纪宗教改革。由此而有了本译丛三大部分的时期划分。这种时期划分，也可以从思想史和宗教史的角度，提醒我们注意宗教和思想因素对于世界进程和社会发展的重要作用。

中国人民大学宜园
2008 年 11 月

目　录

天路客心灵的困境与释放

（中译本导言）

颜新恩

我的心被一种痛苦的感情折磨着。这种感情我只能称之为寻找上帝。

——列夫·托尔斯泰

上主，我的心若不安息在你的怀中，便永不安宁。

——奥古斯丁

提起《天路历程》(*The Pilgrim's Progress*)，许多人脑海中会立即出现一个栩栩如生的"天路客"形象。在欧美，对"他"的熟悉程度绝不亚于哈姆雷特，就世界范围而言，大概也是如此。据说此书已被翻译成近三百种文字，仅次于圣经。每个人心中都有一个哈姆雷特的形象，每个人心中也都有自己的一个"天路客"。但两者至少有一个重要的共同点："焦虑"(anxiety)。"哈姆雷特"的原型难以断定，①与此不同，"天路客"的原型就是作者约翰·班扬 (John Bunyan)；而两者更大的不同在于：哈姆雷特的精神困扰最终也没有得到安抚，"天路客"却在与受苦基督的相遇中得着心灵的安息。这本班扬的自传《罪魁蒙恩记》，就是作者的现身说法，揭秘"天路客"的"心灵历程"。

约翰·班扬由于家境贫寒，早年所受的教育非常有限，大概仅具备基本的读写能力（这再次让人想起莎士比亚同样欠佳的教育背景）。不

---

① 这两个主人公可能是 17 世纪（两部作品的具体写作年月难以确定）英国文学中最广为人知的形象。

过，班扬生逢其时，对于不会用拉丁文读写的他而言尤其如此，因为他至少拥有两个重要的英文版圣经。一本是他出生前半个世纪在瑞士出版的日内瓦圣经（Geneva, 1560），①另一本则是于 1611 年正式在英国公开出版的钦定本圣经（King James Version）。从《天路历程》和本书以及他的讲章中广泛引用的经文可知，他非常熟悉这两版圣经。除此之外，马丁·路德的《〈加拉太书〉注释》应该就是对他影响最大的书籍。如果说，他得到这本古书（"旧得一翻几乎就要碎了"）是个意外，那么他与这本书的"一见钟情"就绝非偶然。这本书为他打开了理解圣经的路径（尽管他不一定清楚意识到），②路德的经验之谈也指引着他探寻解决心中愁苦的方向，并最终获得了答案。

　　班扬读了几页路德的书就感觉到，路德的心灵挣扎与自己类似。他们为之惶恐的是同一个问题：人如何在上帝公义的审判前站立得住？当班扬省察自身发现，③自己的意念与言行离上帝诫命的要求实在相去甚远。虽然他也多番决心"改正"，却始终是心有余而力不足，同样的罪总是一犯再犯。罪咎感彻底掳掠了他的良心，他几乎再没有脸面和勇气面对上帝。难道就要如此灭亡吗？谁能拯救？路德也曾同样苦恼不堪，但他在《加拉太书》与《罗马书》中发现了上帝的拯救之道：因信称义！④这个福音消除了他良心的纠结，他不再依靠自身的"努力改造"，

---

① 英国改教者约翰·诺克斯（John Knox）参与推动翻译出版，加尔文为之写了八页序言。它也被称为宗教改革版圣经（The Reformation Bible），1576 年第一次在英国境内发行。这是早期说英语新教徒最广泛使用的版本，也是清教徒（五月花号）带到美国的第一本圣经。另外，它是莎剧引用的版本，也是约翰·弥尔顿所用的版本，当然包括约翰·班扬。值得一提的是，这是英语世界第一本研读版圣经（有不少驳斥天主教的段落），意在鼓励普通信徒修习，可以更深入地理解圣经。如果说是这本圣经塑造了班扬的圣经解释方法与神学观念，绝不夸张。

② 指救赎教义而非解释圣经的步骤方式。

③ 其中"言语"的罪在班扬心中非常沉重。圣经中的先知以赛亚也有同样的感受（赛 6:5）。

④ 持保罗新观（new perspective on Paul）者当然不会同意，并认为路德以个人经验过分诠释了保罗，甚至也有认为保罗理解错了犹太教。对此，卡森博士（D. A. Carson）作了非常精彩的回应（《麦种通讯》），另外，笔者 2012 年有幸聆听马歇尔博士（Howard Marshall）在美国关于保罗新观的演讲，他从新约神学角度列出 10 条理由说明，"因信称义"不管是不是保罗神学的核心，但肯定是一个举足轻重的题目。

而"只是相信"（Sola Fide）。如果，我们留意到路德早先的神学训练背景，就会发现，他所在修会的创始人——著名教父奥古斯丁——也有相似的经历。从《忏悔录》（Confessions）中我们得知，奥氏也曾深受人性软弱之折磨。人何以去克服道德上的无力，直面上帝的审判，这成为了奥氏心中的巨大难题。在他的经验中，解决之道不是神秘的新柏拉图主义（Neo-Platonism），也不是二元论（dualism）的摩尼教（Manichaeism），而是保罗的《罗马书》13：14：披戴基督！①这么多人从保罗著作得到启示不是偶然的。当我们考察保罗的《罗马书》第7章时，发现这位使徒也曾经是位"苦中人"（巴刻语），几乎到了痛不欲生的地步："我真是苦啊！谁能救我脱离这取死的身体呢？"②他早已烂熟于心的旧约律法并没有消除他的罪恶感，恰恰相反，律法更使他"知罪（难逃）"；他格外的宗教热心（加1：14）③也没有带给他内心的安宁（路德的经历如出一辙）；显然，保罗所熟知的希腊哲学也没有提供出路。他终于得着了唯一的拯救："感谢上帝，借着我们的主耶稣基督就能脱离了！"（罗7：25）这正是班扬所寻求的灵魂自由，他也如先辈一样因信进入基督所应许的自由。④

　　人心的焦虑在圣经中并不少见，尤其是《诗篇》，其中记录着许多个人心灵挣扎的哀叹（诗10、42、51、77）。⑤经典的基督徒自传的特点之一，就是直面内心的痛苦，尤其是自身的罪咎引起的痛苦。在这些诗篇中，诗人在承认道德责任的同时，也进一步追问恶行的根源。诗篇的

---

① 详见《忏悔录》第八卷。"披戴基督"：意指不再依靠自己，而被基督的义所遮盖。

② 英文较好地翻译出原文：Wretched man that I am!（罗7：24，ESV）。这里上下文的"身体"，不是指生理意义上的身体，而是指人的本性。

③ "热心"（ζηλωτης，zealot）不是指一般性的热衷于宗教生活，而是抱持一种非常激进的信念，代表性团体是法利赛派中的狂热分子——"奋锐党"（Zealotry），他们以旧约中的非尼哈为榜样（民6：6—18）。进一步参考 Steve Moyise, *Paul and Scripture：Studying the New Testament Use of the Old Testament*，pp. 3 - 5，Baker，2010。

④ 参《约翰福音》8：32—36。

⑤ 连平常绝少提自己的加尔文，在《〈诗篇〉注释》前言中，也情不自禁谈起自己的心路历程。

答案不是家庭、社会、教育等，而是自己的堕落本性。大卫甚至认为自己在母亲怀胎时就有了罪（诗 51:5），奥古斯丁同样也认识到这一点（参《忏悔录》第一卷）。这不像卢梭的"忏悔"，把自己描绘成空前绝后的圣人一般，相信自己"天性本善"，充满怨气地把自己犯错的责任推给社会环境，名为忏悔，实则指控。①虽然他的《忏悔录》常被人与奥古斯丁和托尔斯泰的《忏悔录》并称为同类题材的三大经典，但实质内容却相去万里，甚至可以说完全和奥古斯丁的忏悔或认信（confession）相反。托尔斯泰则稍胜一筹，虽然简单但深刻地描述了他在理性和道德上的真实挣扎：自己早年如何离弃基督教信仰，晚年又回归淳朴信仰。顺便一提，林语堂的精神自传《信仰之旅》与之十分相似。他们经历的更多是一种宗教思想上的纠缠，而不是罪疚感的压力。从这个意义上，只有班扬的自传接近奥古斯丁的主旨，尽管它缺少奥古斯丁在神学上的思辨。我们需要思考导致这个差别的关键因素何在。托尔斯泰和林语堂的上帝只是一位爱的上帝，他只会祝福不会审判，而不是像圣经所说，除了爱，他同时也是公义威严的审判者，按照律法的标准向人类问责。保罗所说的是那位"愤怒从天上显明在一切不虔不义的人身上"的上帝。这不禁让人想起爱德华兹的著名讲章《落在愤怒上帝手中的罪人》（*Sinners in the Hands of an Angry God*）。只有在这个意义上，我们才能理解班扬，他的苦恼既不是无中生有，也绝非无关紧要；也只有在这个意义上，我们才能理解耶稣救赎之"贵重恩典"。因为上帝若非公义，十字架就是廉价而矫情的。不过，话说回来，虽然圣经的记载清楚明了，但即使是生活在基督教传统中或研究基督教的人，也并不是每个人都有罪责上的觉醒。这里面的原因是多方面的，除了忽略上帝的公义外，对自身人性的乐观也是最主要的原因之一。人只有深刻领略到律法的威严以

---

① "我从事一项前无古人，后无来者的事业……我将手拿此书站在至高无上的审判者（上帝）面前……上帝啊，把我的无数同类召到我的周围吧……看看有谁敢说'我比那人好'"。卢梭《忏悔录》上卷，第一章。

及人性无力的处境，才能领会基督救赎恩典的宝贵。《丰盛的恩典》作为传记的标题，很好地表达了班扬作为蒙恩罪人的见证。诚如他在《得救是本乎恩》这篇讲章中所引用《以弗所书》经文的作者保罗发出的感叹："在罪人中我是个罪魁。然而我蒙了怜悯。"（提前 1：15—16）

把基督教视为一套道德教训与鼓励人修善自救的方法，这是对基督教最大的误解之一，尽管圣经的确满布高不可攀的道德要求（例如《马太福音》5—7 章"登山宝训"）。钟马田（Martyn Lloyd-Jones）博士说得好，这些命令是令人绝望的，为要叫人知道自己的可怜境况，唯有仰望基督的救恩。事实是，世界并不缺少行善的命令，而是缺少行善的能力。为何道德命令没有使人变得高尚？司布真生动地形容，这就像军官对着无脚的士兵发号施令（向前冲），其结果就是毫无用处。不仅如此，世界还有一个吊诡的现象：哪里满口仁义，哪里就充满假仁假义。犹太教中的法利赛人，中国的儒林都是如此。但哪里为罪悲伤呼号，哪里就有圣洁产生。班扬的经验就是最佳的见证之一。他深刻地经历了人性的挣扎以及基督的拯救，格外能体会人在道德上的无能与救恩的伟大。因此，我们不难理解他为何立定心志，一生宣扬"恩惠的福音"。

《得救是本乎恩》的讲章，可以说是对班扬自己信仰经验的经典解释。他首先界定"得救"（be saved）的含义——"释放"——从受罪奴役的危险处境中得到自由，也从肉体的败坏中得着解脱。他以极大的热情解释了"得救"对人而言绝对必要：人类因为犯罪都落在上帝（律法）的咒诅之下。当每一个个体意识到自己的悲惨状况，都会情不自禁地发问：我如何才能得救（徒 2：37）？这自然引出《以弗所书》2：8 的回答：得救不是出于人的努力，而完全是出自恩典！也就是说，救恩是上帝白白赐与的。他进一步指出，人因信基督得救（蒙上帝的赦免而获得天堂的门票），不是基督徒生活的终结，恰恰相反，这只是开端。基督徒应该更深经历"得救"（进入成圣）：借着恩典胜过心中的恶念与行为上的恶行。不仅如此，更盼望在未来天国的完全得救：身体与灵魂的荣耀得赎。人最终得救后又将如何？他饶有兴味地描绘了令人向往的永恒情景，那真是一幅"好得无比"的画面！对于经历人性枷锁、世间愁苦的人而言，其安慰难以言喻。既然人的得救是出于上帝的恩典，这又是如何发生的呢？他接着以最坚固的恩典神学——三一上帝在救恩中的作为——作了回答。他的解说，显而易见是源自《以弗所书》的神学基础。该书信第 1 章 3—14 节原文是一个句子，是新约中最长、最复杂的句子之一，其中的结构就是三一上帝的救赎工作。①父上帝在创世以前计划了救恩，并拣选了他的子民，并差遣基督完成救赎；圣子基督甘愿顺服父上帝的旨意，降卑成为人子并为人流血牺牲，偿还罪的代价（死亡乃上帝的审判），成为人类得救的泉源，也是唯一的救法，使蒙救赎的一切生命在他里面合一，并在最后得着完全的荣耀；圣灵的来到则光照人心，使人知道自己的可怜处境，认识基督的救恩，赐与人信心，使人重生，保守人在上帝的恩典之中，并充满在人的里面，使人脱离罪性的败坏，成为圣洁。因此，在人得救方面，人没有任何的功劳。十分清楚，在三一恩典的前提下，所有人得救都是没有条件的。不过，仍然有重要的问题需要解释：为什么人需要恩典才能得救？答案还是出自《以弗所书》：因为人死在罪恶过犯之中，被牢牢地控制在邪恶（者）的势力之下(2:1—3)。由于人在属灵上的全然败坏，在得救的事上是无能无力的，若没有上帝的救拔，便没有可能得救。关切得救的人，马上会问到：我有可能领受上帝的恩典吗？这问题已经有答案（既然是恩典，就没有条件），但人不免要确认什么人可能得到上帝的救拔。他继续论证到，既然得救是出于上帝的恩典，那么就不在乎人本身了。因此，最恶毒的人，离上帝最远的人，甚至多番逼迫上帝的仇敌，换言之，即使是世间

---

① 详见欧白恩（Peter O'Brien）《以弗所书注释》（*The Letter to the Ephesians*），第 187—192 页，陈志文，潘秋松译，美国麦种传道会，Pasadena, CA。

最大的恶人也都可以得救。关于"得救是本乎恩"，似乎没有必要再说了，唯一使人担心的就是，既然一切都是恩典（包括得救的保障），那基督徒会不会因此就在属灵上毫不作为甚至胡作非为？这绝不可能！作者以"内外"两方面作出回应。一是信心，二是得救后应有的行动。关于基督徒的得救标记，①一是依靠上帝的怜悯，认信基督所成就的救恩，当然，还有"悔改的果子"。他尤其提醒读者，得救既是出自恩典，基督徒在任何情况下都不应该沮丧。在应用三中，班扬提醒基督徒，得救之后应当如何。首先是感恩。如果一个人体验过陷在罪中的悲惨，又经历上帝救恩的喜乐，那么便没有理由不称颂上帝（更多是发自内心而非义务使然）。感恩，是基督徒生活最大的动力，就如保罗格外劳苦却心甘情愿，说原是"基督的爱激励"他。感恩自然地包含着爱：这份救恩我不能独占，必须向更多人分享它的好处。正如圣经所吩咐的：白白得来，白白舍去。

　　基督徒最惹人厌烦的事，大概是总不停向人宣扬福音，尤其考虑到福音的内容（如人的罪以及基督是唯一的拯救之类）就更是如此。不过，倘若我们能体会少许基督信仰的奥妙，也就不足为奇了。试想，如果一个人在信仰中，有了类似班扬这般刻骨铭心的经验，他如何能沉默？相反，沉默才是奇怪的。因为，如果就像作者所见证的那样，基督果真能救人脱离灵魂的折磨，那么经历过这么大救恩的人岂能不和他人分享？诚然，不少基督徒和班扬一样热心向人宣扬福音，但只有极少数人有他的天赋才能（恩赐）。他的讲道引起轰动，甚至著名神学家、政治家、牛津大学副校长约翰·欧文（John Owen）也是他的热心听众。他饱受攻击不是因为讲道内容有何问题，而是没有受过正规教育，这在当时的英格兰被视为没有讲道资格，因为无法取得国教的牧职与讲道证。国王听说

---

① 这方面的讨论，爱德华兹的《宗教情感》（*Religions Affections*）也许是教会历史上最全面深刻的经典。

欧文常去听班扬讲道，就问欧文："我不明白像你这样一个学识广博的人，为什么要去听一个从未受过教育，未受过训练的人讲道?"约翰·欧文回答道："陛下，若我能拥有那补锅匠布道的口才能力，我宁愿放弃我的知识。"① 本书选译的这篇《得救是本乎恩》，很好地为我们展现了这位传奇讲道人的天才。他却为此遭受牢狱之灾，长达 12 年之久（1660—1672）。② 尽管如此，也不能使班扬放弃传道的使命。《适时的劝勉》正是为与他一样的受苦人士而写。

这篇《适时的劝勉》的讲章出自《彼得前书》的经文，这正是一封写给正为信仰缘故受试炼者的书信。使徒劝勉第一世纪的基督徒，在苦难中存心忍耐。一是信仰是宝贵的，值得人为它舍己；二是经过试炼的信心倍显珍贵（1:7）；三是受苦促使我们反思：为什么受苦? ③ 班扬警告道，基督徒受苦不都是为了义，也可能是因为自身的罪遭受上帝的责打，即违背上帝的律法和圣洁的行为。如果人不愿因作恶受苦，就不可随从诱惑犯罪，厌弃纯正的道理，嘲弄当权者或对官长动怒，因为"在上有权柄的"乃是"上帝的用人"。但有一些情况是不可避免的。因此，他首先指出，基督徒应当除去惧怕的心，"把灵魂交与上帝"。这句话的意思是，灵魂是人最宝贵的部分，基督徒无须害怕那些"杀身体不能杀灵魂"的，而要把灵魂交与上帝看顾保守，他必保全。因此，我们无所惧怕，一切由主做主。但是这绝不意味着基督徒不会受苦甚至被杀害。上帝的旨意包括了基督徒受苦，就如基督、先知和使徒都曾经遭遇苦难，也如福克斯（John Foxe）的《殉道史》（*The Book of Martyrs*）中所见证的。④ 因此，基督徒需要预备受苦。他仔细阐述什么是"按照上帝的旨

---

① http://www.godoor.net/text/zhenli/tianlulc.htm
② 旷世名著《天路历程》正是在此期间写成。
③ 你们若因犯罪受责打，能忍耐，有什么可夸的呢? 但你们若因行善受苦，能忍耐，这在神看是可喜爱的。（彼前 2:20）
④ 另一部对班扬有着至关重要影响的著作。

意受苦"或说"为义受苦"。他认为有被动与主动之分。前者是非自愿的，没有选择；后者是自愿的，是自己明确的抉择。主动的情况包括人在正义与罪恶之间选择正义，通常就会遭到恶人的压迫。第二种情况是人为福音受苦。当基督徒坚持"无论得时不得时都要传福音"，就很容易为此遭受苦难，甚至殉道。圣经中很多例子表明（如但以理和他的三个朋友），这是不可避免的。他教导基督徒在此遭遇中，要学会三件事：怜悯仇敌，为其哀哭；不可心怀不平，嫉妒恶人；感谢上帝，自己竟"算配为基督的名受辱"。这是"不从国教"的英国清教徒的见证。

这本班扬选集是清教徒精神的展示。作者信仰的开启虽然受益于路德，但其思想却是不折不扣的改革宗。不过他展现出来的和所谓的新经院哲学（Neo-Scholasticism）的后加尔文主义不同，言辞间充满朝气和力量（如司布真的讲章）。当然，这不是班扬个人的宗教气质，而是那个时期英语世界的广泛灵性关切，尤其是诺克斯领导下的苏格兰。从某种角度而言，这种关切引进了17—18世纪英语世界教会广阔的复兴景象。约翰·班扬的自传验证了教会复兴史的定律：悔改先行。这个复兴对世界的影响是难以估量的。毫无疑问，美国是其中一个最明显的果子。美国谚语有云，美国的好东西都是从英格兰来的，而英格兰的好东西都是从苏格兰来的。从新教的角度而言，这的确言之成理。事实上，近代宣教也大多是源于那个时期的大复兴。《得救是本乎恩》已经充分阐释了，这不是人为的，而是圣灵在人心中运行的结果；《适时的劝勉》也表明，这也不是人力可以阻挡的，而是圣灵的浪潮。

出版者前言

1628 年秋约翰·班扬生于英国贝德福德（Bedford）附近的埃尔斯托（Elstow），是托马斯·班扬（Thomas Bunyan）和玛格丽特·班扬（Margaret Bunyan）所生三个孩子中的老大。教区记录上表明他的受洗日期是 1628 年 11 月 30 日。

《罪魁蒙恩记》中描写他的祖辈"贫寒低贱，微不足道"，他尤为讨厌父亲的家门；对他而言，它属于"全地上所有家族中最卑微、最被人瞧不上的那等"。

沃尔特·司各特爵士（Sir Walter Scott）认为约翰·班扬实为吉卜赛人后裔，因为他父亲是个巡游补锅匠，修补锅碗瓢盆之类。不过，历史学家倒是将这行当看为有点类似于"乡村铁匠"的职业。班扬家族也不是无家可归之辈；他们还是有些薄地，但确系农民出身。

班扬在校上学时间相当短暂，而且辍学后不久就开始当他父亲的助手，自己也学起这门手艺。班扬在他 16 岁生日那天加入了克伦威尔的新模范军，并由此接触到清教运动。这段服役期限过后，他便安定下来做补锅匠（也称"铜匠"），并于 20 岁那年完婚。

1653 年，班扬加入贝德福德郡的清教徒自由教会。1657 年，他第一次受托，承担"野外布道"的任务。在这段时间，有相当一些人——其中大部分没受过什么教育——对全英国不从国教的听众布道。查理二世复辟之后，这些布道者便成为怀疑对象，遭到拘捕。班扬拒绝停止布道，于 1660 年被捕，并被囚禁超过 11 年。

《罪魁蒙恩记》即作于他被囚禁期间，是他的灵程自传。这位巡游补锅匠最终成为杰出的传道人和作家。《罪魁蒙恩记》与奥古斯丁的《忏悔录》、托马斯·肯培（Thomas Kempis）的《效法基督》同属一种体裁。该书并没有详细记载班扬的早年生活，对他的青年时代、教育状况、从军经历和历次婚姻都涉及甚少。

班扬在作于 1666 年的《罪魁蒙恩记》中，按时间顺序记述了这样的灵性历程：他一度曾如何亵渎上帝，满口咒骂苦毒、污言秽语，常常玷辱安息日，至终却成为一个在基督耶稣里新造的人。有些评述班扬生平与工作的人士认为，班扬写他的早年生活时过分贬低了这段日子。三卷本班扬著作集的编撰者乔治·奥弗（George Offor）说道：

> 有识之士对班扬的自述是否应该照字面理解表示出大相径庭的看法。有人认为它所讲述的就是他归信之前的不良表现；有人则怀疑他是否透过镜子看自己，在镜中将他的恶习放大了。我想说，没有人能怀疑他的绝对诚实。他只是直白地讲述自己不好的以及尚可被上帝救赎的两方面品性；他的叙述也并不显得夸张。

《罪魁蒙恩记》这部自传以罪恶感和绝望开始，而以一颗"大得安慰"、对"满溢的恩典"充满感恩的心作结。

读过《罪魁蒙恩记》与《天路历程》两部作品的读者会认识到，从实质上衡量，《天路历程》表现的正是《罪魁蒙恩记》中所描写的生命，只不过前者是寓言，而非直截了当的叙述。乔治·奥弗引用契弗博士（Dr. Cheever）的话如此说道：

　　当你阅读《罪魁蒙恩记》的时候，你每前进一步都会禁不住说，这是《天路历程》未来的作者。这就仿佛你站在某个伟大的雕塑家旁边，观看他雕凿的每一步，目睹他的整个设计；这样，每一凿子下去，未来之美的某种新特征都会赫然现于眼前。

　　厄内斯特·W. 培根（Ernest W. Bacon）在他最近的一部根据最新历史研究写成的班扬传记中，也提出同样的观点：

　　　　他［班扬］在《罪魁蒙恩记》中所记载的经历在《天路历程》的人物角色身上一一呈现。毋庸置疑，倘若他没有经历自传中所记载的上帝慈悲的拯救，他就不可能写出那部伟大的寓言。该自传有一种不朽的生命力，一股常青不败的青春活力。它提供了一部无可匹敌的清教徒历程档案，也具有伟大的属灵感染力。

　　休·马丁（Hugh Martin）这样总结《罪魁蒙恩记》的重要地位：

　　　　《罪魁蒙恩记》是讲述上帝对付人类灵魂的故事中最伟大的一部，理应与奥古斯丁的《忏悔录》、劳威廉（William Law, 1686—1761）的《敬虔与圣洁生活的严肃呼召》（*A Serious Call to a Devout and Holy Life*）、巴克斯特（Richard Baxter, 1615—1691）的《自传》以及卫斯理对自己灵性历练的讲述这些属灵宝库中的经典比肩同列。

作者自序

献给那些上帝算为配得靠他话语的服侍，因信得蒙重生之人。

孩子们，愿恩惠常与你们同在，阿们。我从你们面前被带走，受如此捆绑，以至不能尽上帝托付我向你们当尽的责任，在信心和圣洁上进一步教导你们、造就你们。然而，你们也看见了，我的灵魂对你们属灵和永远的福分怀着父亲般的关怀和惦念。从前，我曾从示尼珥与黑门顶往下观看你们，如今我从有狮子的洞、有豹子的山照样观看你们所有的人（歌4:8），急切地盼望着能看见你们安全抵达那心所愿去的海口（参诗107:30）①。

我每逢想念你们，就感谢我们的上帝；即使在旷野，在狮子的利齿之间，我仍因上帝赐与你们的恩典、怜悯，以及你们对我们救主基督的认识而满心喜乐：这一切都是上帝在他丰富的信实和慈爱中赐给你们的。你们饥渴慕义，盼望在他的独生子里面更深认识上帝；你们心存温柔，为罪战兢，在上帝和世人面前行事为人圣洁、自守——这一切都极大地安慰了我。"因为你们就是我们的荣耀、我们的喜乐。"（帖前2:20）

---

① 凡前注有"参"字样的经文出处皆为译者添加，为方便读者查看相应圣经经文。前面不带"参"字的经文出处为原书已有。——译者注

　　我在这里随信给你们捎去一点蜂蜜，这蜜是我从死狮之内取来的（士14:5—9）。我自己也吃了这蜜，甚觉畅快。（试探最初临到我们的时候，就如同向参孙咆哮的狮子，但倘若我们胜过它，那么，当再看见它的时候，我们就可以在它里面找到一窝蜂蜜。）非利士人不明白我。这是关乎上帝在我自己的灵魂里面所动的工，从最初开始，一直到如今；你们也可以觉察到，我时而跌落下去，时而奋兴起来，因为他击伤，他也用手医治（参伯5:18）。经上记着说："为父的，必使儿女知道你（上帝）的诚实。"（赛38:19）是的，正是由于这个缘故，我在西奈山上停留了那么长的时间，观看火焰、密云和幽暗（申4:10—11）。好使我在地上所有的日子里，敬畏我的主，并将他奇妙的作为，述说给子孙听（诗78:3—5）。

　　摩西写了以色列人从埃及到迦南地的历程（民33:1—2），吩咐他们要记念在旷野的这四十年："你也要记念耶和华你的上帝在旷野引导你这四十年，是要苦炼你、试验你，要知道你心内如何，肯守他的诚命不肯。"（申8:2）这一点，我已经尽力去做了，不仅如此，我还将我的记述付梓出版。这样，倘若上帝愿意，其他人通过阅读他在我身上的工作，也会记念起他为他们自己的灵魂所动的工。

　　基督徒当常常思想自己灵魂最初蒙恩的景况，这是有益的。"这夜是耶和华的夜，因耶和华领他们出了埃及地，所以当向耶和华谨守，是以色列众人世世代代该谨守的。"（出12:42）大卫说："我的上帝啊，我的心在我里面忧闷，所以我从约旦地、从黑门岭、从米萨山记念你。"（诗42:6）当他去与迦特巨人战斗的时候，他也记念起自己曾经打死狮子和熊（撒上17:36—37）。

　　这也是保罗一贯的做法（徒22）。在他生命受试炼的时候（徒24），他总是在审判官面前公开讲述自己悔改归信的经历。他总是会记起自己初次与恩典相遇的那日子、那时辰，因为他看到那正是他的依靠。上帝带领以色列人穿过红海，深入旷野，然而他们必须再次转回红海附近，去记念他们的敌人曾在那里沉于海底，因为，尽管他们之前歌唱赞美他，但"等不多时，他们就忘了他的作为"（诗106:11—13）。

在我讲述的故事中，你们可以看见许多事情，我指的是上帝赐与我的许许多多的恩典。感谢上帝，我可以多多数算他的恩典，因为这恩典大过我的罪，也大过撒但的试探。我可以满怀安慰地记念我恐惧、怀疑、悲伤的日子；这些日子对我来说，就好比手中提着的歌利亚的头（参撒上17:57）。对大卫来说，没有什么事情像歌利亚的刀一样有益，即使这刀仿佛就要刺入他的胸膛；因为，那一幕景象和对这景象的回忆将上帝的救恩显明给他。哦，回想我的大罪、我的大试探和我对永死的极大的恐惧！它们总是带给我鲜活的记忆，让我记念我所蒙受的巨大的帮助，记念从天而来的巨大的扶持，记念上帝对我这样一个可怜的罪魁施与的巨大的恩典。

我亲爱的孩子们，当追想古时之日，上古之年；也当思想你们夜间的歌曲，并扪心自问（诗77:5—12；参伯35:9—11）。是的，你们要谨慎找寻，寻遍内心的每一个角落，因为在那里藏有珍宝，藏有你们第一次、第二次经历的上帝的恩典。我再说，当记住那最初一次临到你们的话，记住你们良心中的惊畏和对死亡与地狱的恐惧，记住你们向着上帝的眼泪和祷告。是的，当记住你们如何在每一道篱笆下苦苦叹息，寻求怜悯。你们心中从未有过可记念的米萨山吗？你们是不是忘了围场、牛奶房、马厩、谷仓等地方，忘了上帝曾在那里造访过你的灵魂？还应当记住上帝的道——正是这道成为上帝让你们寄托希望之所在。倘若你们得罪了光，倘若你们受诱惑说了亵渎的话，倘若你们陷入绝望之中，倘若你们觉得上帝在攻击你们，或者，倘若你们以为天堂在你们眼前隐而不见，当记住，你们父辈的情形也是如此，但主将我从这一切中间解救出来了。

在我讲述的这个故事中，我本可以用更多的篇幅述说自己因罪而遭受的试探和苦难，以及上帝对我的灵魂施与的怜悯、慈爱和善工。我本还可以采用比我现在的讲述方式高雅得多的文体，对所述说的每一件事情都做比目前更多的修饰，但我不敢。上帝在使我信服的时候，没有做任何花样；魔鬼在试我的时候，也不是在开玩笑；当我跌落，如同陷入无底坑，当地狱的痛苦攫住我，那时，我也不是在玩游戏。因此，在讲述这些事情的时候，我不能耍任何花腔，只能照事情原本的样子，将它们简单、平白地记录下来。喜欢这故事的，让他来领受；不喜欢的，让他写个更好的来。再会！

我亲爱的孩子们，流奶与蜜之地就在这旷野的那一边，愿上帝怜悯你们，使你们不懈怠，好进去得那地。

一、罪魁蒙恩记

或简述上帝如何在基督里对他卑微的仆人约翰·班扬施以极度的怜悯。

1. 在这篇讲述上帝的恩慈如何在我心里动工的故事里，我不妨在开篇先三言两语提一下我的家世和成长经历，这样，上帝给予我的恩惠和丰盛的恩典，或许可以在世人面前更加突出地彰显出来。

2. 那么，说到我的出身，许多人都知道，我的祖辈贫寒低贱，微不足道。我父亲的家门属于全地上所有家族中最卑微、最被人瞧不上的那等。就肉身而言，我不能像其他人那样，以名门望族来夸口。尽管如此，赞美至高的上帝，他还是借着这扇门，将我带进这个世界，又借着福音，使我有分于基督里的恩典和生命。

3. 虽然我的父母人微望轻，但蒙上帝喜悦的是，他们仍有心将我送进学校，学习读书、写字。我的学业水平和其他穷人家的孩子相仿，只是我得羞愧地承认，我所学得的那一点知识很快就遗忘了，而且几乎忘得一干二净，就这样过了很长一段时间，直到上帝临到我的灵魂，开始他恩典的工作，促使我悔改。

4. 至于我自己那天然的生命，在没有上帝的那些时日，我在世上的行事为人，确实是随从今世的风俗，顺从"现今在悖逆之子心中运行的邪灵"（弗 2:2），"被魔鬼任意掳去"（提后 2:26），却还以为乐事。我的内心和生活充满了各样的不义，到处肆意妄为，恶行昭彰；虽然当时年纪尚小，身心也还稚嫩，但赌咒、发誓、说谎、亵渎上帝的圣名等等这些事情，从孩提时代起，就没有几个人是我的对手。

5. 是的，我在这些恶行里面如此营盘坚牢，根深蒂固，它们已成了我的第二天性。后来，我也清醒地思考过，这些实在是冒犯了上帝，以至于在孩提时，他就时常用噩梦和可怖的异象来惊吓我，让我恐惧；因为每当我这日或那日犯了罪，上床睡觉后我就要大受折磨，熟睡之中，总有魔鬼和邪灵前来惊扰；我当时认为，它们费这么大的劲，就是要把我掳去跟从它们，而我却怎么也挣脱不开来。

6. 在那些年间，一想起审判日，我也深感痛苦和烦恼。一想起地狱之火可怖的折磨，我便日夜难安。更令我惧怕的是，命中注定我最终要跟恶魔和地狱之子厮守一处，被铰链和镣铐捆锁在永远黑暗的地狱之中，"等候末日的审判"。

7. 当时我还是个年仅九、十岁的小孩，这些事就使我的灵魂如此悲伤，即便在与我那些空虚的同伴一起玩乐，沉溺在孩子气的虚浮游戏中时，我的内心仍每每感到十分沮丧和痛苦，但又无法离开我的罪。是的，我甚至对生活和天堂都充满了绝望，不能自拔，于是常常乞望着，要么没有地狱，要么就让我当个魔鬼好了——倘若魔鬼只是为了折磨别人的话。如果一定要下地狱，我宁愿折磨别人，也不要自己受折磨。

8. 过了一段时间，这些可怕的梦境倒也离我而去了，我也很快将它们遗忘。我的各种玩乐将那些梦魇的记忆迅速驱赶得烟消云散，仿佛从来没发生过一样。于是，我怀着更大的贪婪，顺着本性的力量，放纵情欲的缰绳，在各样违逆上帝律法的恶行中，享受罪中之乐。就这样，直到我适婚的年龄到来之前，我一直是与我一伙的所有年轻人中，一个不折不扣的罪魁，一个不虔不敬、恶习满盈的人。

9. 是的，肉体的贪欲与果子充斥着我这可怜的灵魂，若非上帝奇妙恩典的保守，我不只早已遭受永恒公义的审判而灭亡，甚至在世人的律法面前，我也早已自寻责罚，蒙羞受辱。

10. 在这些日子里，宗教思想对我而言是痛苦不堪的。我不仅自己无法容忍这些思想，而且觉得其他任何人也都不该容忍。倘若看到有人在读有关基督徒敬虔操练的书籍，我便如同进了牢狱一般。我对上帝说："离开我吧！我不愿晓得你的道。"（参伯 21:14）那时，我失去了所有正确的思考。对天堂和地狱，我眼不见心不烦。至于得救或受永远的刑罚，我更是漠不关心。主啊！我的生命你原知道，我的道路不能隐瞒（参诗 69:5）。

11. 然而，我清楚记得，尽管我在罪中恣意寻欢，并以玩伴的卑劣为乐，但只要一看见那些自称仁义的人做了邪恶的事情，我的心就会因此战栗。最明显的是有一次，当我正玩乐在兴头上的时候，突然听见一个据称是虔诚的宗教徒在赌咒发誓，我的内心受到的打击是如此之大，整颗心都因此揪痛不已。

12. 然而，上帝并没有彻底离弃我，他依旧伴随在我左右；他现在并不是让我自觉有罪，而是用满有恩慈的方式责打我。有一次，我掉进海边一个小湾中，差点淹死。另一次，我从船上掉进贝德福德河，又蒙上帝的怜悯，保守我活了下来。除此之外还有一次，我和玩伴到野外去，碰到一条蝰蛇正横穿马路，我便抡起手上的棍子，朝它的背打去，将它击昏，又用棍子撬开它的嘴，伸出手指拔它的毒牙。这么一番鲁莽妄为，若非上帝的怜悯，早让我把自己这条命搭上了。

13. 我还要满怀感恩地提起一件事。那时，我是一名士兵，和其他人一起被抽选去围攻一个地方。当我正准备出发时，一个同伴要求跟我调换，我答应了，于是他就接替我的位置，前往围城。就在他放哨的时候，头部被一颗滑膛枪子弹击中，就这样阵亡了。

14. 正如我所说的，这些都是上帝的责打与怜悯。但这些事件却没有一样使我的灵魂醒悟过来，转向义。于是乎，我继续犯罪，变得越来越悖逆上帝，丝毫不在乎自己的得救。

15. 此后不久，我的境况发生了变化，我结婚了。上帝怜悯我，让我遇上一位贤妻，她的父亲是一位公认的敬畏上帝的人。我和妻子结婚的时候一贫如洗，甚至连过日子用的锅碗瓢盆都凑不齐。不过，她带来了

《凡人的天路》(*The Plain Man's Pathway to Heaven*) 和《敬虔的实践》(*The Practice of Piety*) 两本书，这是她爸爸过世时留给她的。有时候，我会和她一起读这两本书。在书中，我也能发现一些多少能使自己感到愉悦的东西，但那时我还不能认识到自己的罪。我妻子还常常提起她父亲，说他是个多么敬虔的人，不论在自己家中还是街坊邻舍之间，凡见到恶习，他都要予以斥责、矫正；他一生的言行举止，都十分严谨、圣洁。

16. 因为有这层关系，这两本书尽管还触及不到我的内心深处，未能使我醒悟到自己可悲和罪恶的光景，但却使我对宗教信仰产生了一些向往。因此，我照我所知的最好的方式，十分热切地参与到当时的宗教活动中，一天去教堂两次，表现得十分积极；谈吐、唱诗也要求和其他人一样，表现得十分敬虔，只是，罪恶的生活却依然如故。不仅如此，我还沉溺于一种迷信之中，凡与教堂相关的，包括祭坛、牧师、神职人员、法衣和仪式，等等，我都狂热地崇拜不已。当时，我认为教堂里的一切都是神圣的，而最快乐、毫无疑问也是最蒙福的，一定是牧师和神职人员，因为他们是上帝的仆人，是在圣殿里为上帝做工的首领。

17. 这种幻想在很短的时间里就在我心中强烈到如此程度，只要一见到牧师，不论他的生活污秽、放荡到何等地步，我都会在内心深处向他俯伏，向他敬拜，与他交织融合。是的，那时我认为他们是上帝的仆人，因为对他们热爱有加，所以我可以在他们的脚前仆倒，让他们践踏。他们的名字、服饰和工作都让我十分陶醉和痴迷。

18. 这样的情形持续了一段时间之后，另一个念头进入了我的脑海，那就是：我们到底是不是以色列人的后裔？因为我从圣经里得知他们是上帝的选民，所以我想，如果我是这个宗族中的一员，那该是多么快乐的事。我急切地想知道这一问题的答案，却不得其解。最终，我问了我父亲，他告诉我说，不，我们不是。因为我对这件事满怀期望，所以这个结果令我异常沮丧。

19. 但在这段时间里，我仍意识不到罪的危险和邪恶。我也从未思考过，除非基督活在我里面，否则，无论我随从什么宗教信仰，罪都将使我陷入地狱之中。不仅如此，我甚至从未想到基督，没有想到基督是否真的存在。我就像一个瞎眼的人，四处流浪，因虚空而使自己困乏，因那条通往天城的路我还不认识（传 10∶15）。

20. 后来有一天，牧师的布道中有一个主题是关于安息日的，谈到了因劳作、玩乐等等而不守安息日的罪。我虽然当时已经有了信仰的倾向，但依旧沉醉于各样的罪中之乐，安息日更是我作乐快活的日子。因此那次布道触动了我的良心，我确信不疑地认为，牧师的这次布道就是有目的地让我看见自己的恶行。当时，我心中充满了罪恶感，这是记忆中从未有过的。我仿佛负上了重轭，布道一结束，就回家了，灵里面一直有一副重担压着。

21. 霎时间，我对原本最喜爱的事情变得麻木了，先前所有的乐子也变得苦涩起来。不过，这种情形并没有持续多久。在我一顿饱餐之前，这些烦恼就已经开始消散，我的心思意念又回到了老路上。哦！我是多么快活！烦恼离我而去，火苗被扑灭了，我又可以自由自在地犯罪了！因此，当一顿美食让我心满意足之后，我就把那次布道抛到了脑后，又重蹈覆辙，兴高采烈地玩起了各种游戏。

22. 也就在同一天，我去玩一种叫"猫"的游戏。我从洞里把球打了出来，正要打第二下的时候，一个声音突然从天上刺入我的灵魂："你愿意脱离罪上天堂，还是愿意带着罪下地狱？"我愣在那里，丢开球，举目望天，悟性的眼睛仿佛一下子被打开，我看见耶稣基督正从天上望着我，对我极其不悦，似乎正厉声向我预示，他要用最剧烈的方式，刑罚我种种不敬虔的行为。

23. 我正愣在那里，一个念头突然揪住了我的心：我是这样一个罪大恶极的罪人，现在才寻求天堂已经为时太晚——那从天而来的暗示，使我所犯的罪再次历历在目；基督不会饶恕我了，也不会赦免我的罪了。我陷入了沉思，担心事实就是如此；我就这么想着，心情绝望到了极点，最后认定，确实是为时太晚了。于是，我拿定主意，还是继续犯罪下去，因为我想，如果事实果真如此，我可悲的境况就必确定无疑；离开罪恶，我是可悲的，继续追随罪恶，我也是可悲的；我只能下地狱了，而如果注定要下地狱，多犯罪下地狱也不比少犯罪下地狱来得差。

24. 我就这样站在场地中央，玩伴们都在我跟前，不过我什么也没有告诉他们。我说过，我已经拿定了主意。我不顾一切地又回到游戏中去了。我清楚记得，那一刻我的内心绝望到了极点。除了在玩乐中得到安慰之外，我认定再也没有其他能减轻我的痛苦了。既然天堂已经离我远去，所以我就不应该再去想它了。于是，我发觉我的内心升起一股强烈的欲望，要从罪中得饱足，甚至琢磨还有什么罪安排好了等着我去犯，以便尽享罪中之乐。我迫不及待地尽情享乐，唯恐临死还有欲望未了，而这是我极其担心的。在这些事情上，我保证我既没撒谎，也没有凭空捏造；这些确实是出自于我的欲望，是我真真切切、完完全全、一心一意想要得到的。愿良善的主赦免我的罪，因他的怜悯不可测度。

25. 我可以十分确信的一点是，在可怜的人中，魔鬼的这一类试探比往常要多，而他们中的大多数人并没有察觉。这些试探蹂躏他们的心灵，使他们的内心变得邪恶、枯干，并麻木他们的良知；这份良知，魔鬼用悄无声息的狡诈方式让它充满绝望，这样，即便灵魂并没有犯多少罪，他们的内心却悄悄地这么认定了：这是枉然，他们没有盼望了；他们喜爱罪，各人随自己所愿的去行（耶2:25，18:12）。

26. 因此，我继续贪婪地犯罪，却常常抱怨不能如我所期望的那样从中得到充分的满足。这种状况在我身上持续了大约一个多月。后来有一天，当我站在邻舍店铺的窗前，以我惯有的方式，在那里装疯卖傻、诅咒发誓的时候，正好被坐在屋内的这户人家的女主人听见了。她已是个十分放荡、不敬畏上帝的可怜人，可她那会儿却向我抗议说，我的发誓、赌咒实在不堪入耳，她听了都忍不住要发颤。她还明明地告诉我说，我是最不虔不敬的人，因为她这辈子都没听过比那更难听的咒骂，还说我这么干会毁了全镇所有的年轻人，只要他们靠近我的话。

27. 听到这样的斥责，我暗自羞愧，哑口无言，感觉自己就是站在天上的上帝面前。我于是怔怔地站在那里，垂下了头。那时，我满心希望自己能再回到童年，这样我父亲就可以教导我，让我不要以那样邪恶赌咒的方式说话。我思忖着，自己现在已经太习惯于这样说话了，若想修正也是徒劳无功，自己已经不可能再改变了。

28. 但从那一刻开始，我发觉自己竟然停止了咒骂，这让我惊讶不已，但并不知道这一切是怎么发生的。此前，除非开口闭口都带脏字，否则我就说不了话，只有这样才觉得说话带劲儿。但现在，我可以不再骂骂咧咧而能好好说话了，说出的话较之前也更加和蔼可亲了。不过，这时我仍未认识耶稣基督，也没有离开我的游戏和玩乐。

29. 此后不久，我和一位公开表白自己信仰的穷人交上了朋友。当时我认为他谈起圣经与宗教来颇让人愉快，而我也有点儿喜欢他所谈的内容。于是，我就专下心来，饶有兴趣地开始阅读圣经，但我主要读的是有关历史的部分。至于保罗书信及其他类似的经文，我则不能接受，因为到那时为止，我仍然不知道自己本性的堕落，也不明白耶稣基督救赎的价值和必要。

30. 于是，我将遵守诫命作为自己通往天堂的道路，开始在言语和生活上做一些外在的改变。我尽力遵守诫命，有时认为自己遵守得相当不错，并能从中得到安慰。但偶尔我也会犯某一条诫命，良心也因此大受折磨，于是我就会向上帝认罪，说对不起，许诺下次做得更好一些，并向上帝再次寻求帮助。那时我认为自己蒙上帝喜悦的程度不比任何一个英格兰人差。

31. 我这样持续了大约一年，那段时间里，邻居们看到我的生活和礼仪有如此显著的改变，都十分惊讶，认为我变成了一个新人，一个虔诚的、非常敬畏上帝的人。我虽然还不认识基督，也不明白恩典、信心和盼望，但我的确有了变化。可是，正像我后来才认识到的那样，倘若那时候我就死了，我的光景将是极其可怕的。我说过，这大约延续了一年的时间。

32. 正如我所说的，我从亵渎上帝，到过着规规矩矩的生活，这么大的转变，让我的邻居们十分惊讶。他们也确实应当感到吃惊，因为我的变化之大，就好比一个从疯人院逃出来的病人变得清醒起来一样。因此，他们人前人后都在夸赞我。就像他们说的那样，现在，我成了一个敬畏上帝的、非常诚实的人。哦！当得知他们的赞美与评价时，我实在是太高兴了！尽管到那时为止，我仍不过是个可怜的光鲜的假冒为善者而已，我还是喜欢听到人们把我说成是一个真正敬畏上帝的人。我以自己的虔诚为傲，一切所做的事都是要叫人看见、叫人赞赏。这样的情形持续了大约一年。

33. 现在，我还要告诉你们，在此之前，我喜欢到尖塔上去敲钟玩，这让我非常开心。后来，我的良心慢慢变敏感了，觉得这种玩法纯属无聊之举，于是强迫自己放下它，可在心里还是一直痒痒的。因此，尽管不敢再去敲钟，我还是不时溜到尖塔上去看钟。我并不认为这样做合乎敬虔，但实在身不由己，总盯着钟看。很快，我就开始想，要是其中一口钟突然掉下来，该怎么办？于是，我在尖塔下选了一根主横梁，站在下面，心想这样应该没危险了。但我又想，要是钟在摆动的时候掉了，它一定会先撞上墙，然后再向我弹过来，这样，尽管有那根梁，我也还可能被砸死。于是，我又只好跑到尖塔的门边站着，认为这下应该足够安全了，因为这时要是掉下钟来，我就可以闪到门外，躲到厚墙后面，这样就没事了。

34. 这以后，我还时常去看敲钟，只不过我一直站在门边，绝不往里迈一步。这时，又一个念头进入到我脑海里，要是尖塔本身坍塌了，又该怎么办？尖塔或许会轰然倒塌也未可知。当我站着看敲钟的时候，这个念头一直在我的心里产生如此大的震动，以至于我再也不敢站在尖塔门边了，不得不逃走，生怕尖塔会砸到我的脑袋。

35. 另一件是关于我跳舞的事情。我花了整整一年才完全戒除舞瘾。在这段时间内，当我认为自己遵守了这条或那条诫命，或自认为在言语和行为上表现良好的时候，我的良心就十分平安，就会自顾自地想，上帝现在已经别无选择，必须悦纳我了。是的，跟自己的表现一挂钩，我就自认为在英格兰没有一个人比我更蒙上帝喜悦了。

36. 哦！我当时真是个最可怜的可怜人。整整那段日子里，我都不认识耶稣基督，四处忙活要想立自己的义；若不是上帝怜悯我，让我更多地看见自己罪恶的光景，我早就在其中灭亡了。

37. 终于有一天，出于上帝美好的安排，我到贝德福德去揽活儿。在镇上的一条街道上，我遇见三四个贫穷的妇人正坐在门边，一边晒太阳，一边谈论着有关上帝的事情。我那阵子很愿意听到这类谈论，就凑近了些，想听听她们在说些什么，因为在宗教问题上，我自己现在也十分活泼健谈。可以说，我听见了她们说的话，却不明白，因为她们所谈论的，我还远远触摸不到。她们谈到了重生，谈到上帝在她们心中的工作，也谈到她们如何相信自己天然的光景是何等可怜；她们还谈到上帝如何借着他在基督耶稣里的爱看顾她们的灵魂，如何用话语和应许滋润她们、安慰她们，并帮助她们抵挡魔鬼撒但的诱惑。此外，她们还特别谈到了来自撒但的试探和诱惑，说她们因此而受折磨，并彼此交通在遭受撒但攻击时，如何靠着上帝刚强壮胆。她们也谈到了自己内心的苦情，谈到了她们不信的恶心；她们藐视、轻看、憎恶自己的义，看到这种义污秽不堪，了无益处。

38. 在我看来，这些妇人开口说话，仿佛是因为心中的喜乐洋溢而出，不得不说。她们说话之间所用的圣经语言是如此甜美，她们所说的一言一词都如此彰显恩典的温柔，对我来讲，她们仿佛已经找着了一个全新的世界，仿佛她们是那里"独居的民，不列在万民中"（民23:9）。

39. 此前我并不相信自己的光景一无所是，听了她们的谈话，我的内心大为震动；因为我发觉自己有关信仰与得救的一切思考中，从来没想到过重生，也不认识上帝的话语和应许带来的安慰，更不认识自己罪恶的心中隐伏着欺诈与背叛。至于心中隐秘的恶念，我并不予以理睬；我不明白什么是撒但的试探，更不知如何去抵挡和反抗。

40. 就这样，我听了她们的谈话，细细想了一会儿，就离开她们，继续做工去了，但我带走了她们的所谈、所想，我的心还留在她们那儿，因为我已经被她们的话语深深地打动了；她们让我明白了，我缺乏的是一个真正敬畏上帝的人的实实在在的表征，而且还让我确信，一个真正敬畏上帝的人必定是快乐而蒙福的。

41. 于是，我一次又一次来到这些贫穷的妇人中间，常常把这当成一件必不可少的事，我已经离不开她们了。我越常到她们那里，就越发怀疑自己的光景。我至今仍记得，那之后不久，我就发现自己内心发生了两种变化——只要想想自己从前是个何等瞎眼、愚昧、污秽、不敬畏上帝的可怜人，这种变化就让我惊奇不已——首先，我的内心变得十分柔和、敏感，完全信服于妇人们凭着圣经所宣讲的话语；其次，我的心思也发生了巨大的翻转，定意时时默想她们的话语，并默想凡听到、读到的任何一件美善的事物。

42. 这些事物使我的内心发生如此的翻转，它对属天的渴慕就如同蚂蟥吸附在血管上，还呼喊着："给呀，给呀！"（箴 30:15）是的，我的心思如此专注于永世和天国的事情——也就是，尽我当时所可能知道的天国的事情；上帝知道，到那时为止，我对此还所知甚少，以至于无论是肉体的享乐、属世的利益，还是劝说、威胁，都无法使我稍有松懈，更不能将我的心思从那儿挪开。自从我尝到了属天的甘甜，要想把我从天上拉回地面，就如同过去把我从地面拉到天上一样难，这一点我虽然羞于提起，但事实确实如此。

43. 有一件事，我不得不提。在我们镇上，有一个年轻人，以前我与他交往甚密，胜于他人。他是镇上最邪恶的人，常常诅咒、发誓，生活放荡，后来我就和他断交，不再来往了。大约三个月后，我在一条小巷里碰见他，问他过得如何，他照旧发疯、咒骂，说他过得很好。"但是，哈里，"我说道，"你为什么还要诅咒、发誓呢？如果在这样的光景下死了，你的结局会怎样呢？"他大为恼火，回应道："假如没有像我这样的人，魔鬼要和谁作伴？"

44. 大约在这时候，我接触到几本"浮嚣派"（Ranters）的书籍，这些书是我的几位同乡出版的，得到许多位老信徒很高的评价。我读了几本，却判断不了它们的好坏。因此，当我阅读、思考，又感觉自己没有能力作判断的时候，就会静下心来这样祷告：主啊，我是愚昧无知的，没有能力去辨别对错。主啊，我是盲目瞎眼的，对这些教义，是该赞同，还是该定罪，求你不要让我自己来判断；若是出于你的，让我不要轻视，若是出于魔鬼，让我不要接受。主啊，在这件事上，我的灵魂俯伏在你脚前，谦卑地向你祈求，让我不要受蒙蔽。这阵子，我在信仰上一直有一个亲近的同伴，就是我前面提到过的那位穷人朋友。但大约也是这个时候，他却成了一个最狂热的"浮嚣派"信徒，变得污秽不洁。他否认上帝、天使和灵魂的存在，并讥讽所有倡导节制的训诫。当我努力制止他犯罪的时候，他的讥讽就愈发强烈，伪称他已经寻遍了所有的宗教，但直到现在也从未碰见过一个正确的。他还告诉我说，我们很快就会看到，所有的信徒都将转向"浮嚣派"的道上去。自此以后，我就憎恶起那些可诅咒的教义，也不再与那人为伴；虽然过去与他来往密切，现在却已形同路人。

45. 我受到的试探并非只来自这个人。因为我的活计在乡下，所以碰巧结识了乡间的几个人。他们以前在信仰上相当严谨，现在也被"浮嚣派"掳去了。这些人跟我谈他们的那些条条道道，又指责我守律法，无知昏昧，佯装只有他们自己才臻于完美，既可随心所欲，又不犯罪。哦！这些试探正切中我属肉体的天性，因为当时我正年轻，而且血气方刚。然而，上帝已经为我预备了更美好的事，他保守我敬畏他的名，不允许我接受这该咒诅的教义。愿颂赞归于上帝，他给了我心志去呼求他保守我、引导我，使我不仰仗自己的智慧；他不仅保守我免遭"浮嚣派"谬误的伤害，也使我远离其后不断冒出的那些邪恶的教义。在这些事情上，我尤其看到了从前那个祷告的功效。那些日子里，圣经对我来说也无比珍贵。

46. 我认为，现在我开始用新的眼光来查看圣经了，此前我从未这样读过；对我来说，使徒保罗的书信尤其甘甜。那些日子我从没有离开过圣经，不是研读，就是默想；我还大声向上帝呼求，求他让我明白真道，明白通往天堂和荣耀的道路。

47. 我继续不断地读圣经。有一次，我读到这样一段经文："这人蒙圣灵赐他智慧的言语，那人也蒙这位圣灵赐他知识的言语，又有一人蒙这位圣灵赐他信心。"（林前 12:8—9）在这段经文中，圣灵所赐的是特别意指一些特殊的恩赐，这是我后来才知道的。 但我当时却认定，这些都是指普通的东西，也就是其他基督徒都拥有的悟性和智慧，而这些我却没有。我就不断地默想这段经文，却又说不明白都想了些什么，尤其是信心这个词更让我左右为难；有时我禁不住怀疑，自己究竟有没有信心，因为我害怕这个问题会使我无分于上帝的一切祝福，而这些祝福其他善良的人都能从上帝手中得到。但我真不愿意认定自己灵魂之中没有信心存在；因为我自忖，若是这么认为，就等于把自己当成一个真的被上帝弃绝的人了。

48. 于是，我在心里说，尽管我自认是个无知的醉鬼，也缺乏其他良善的人所拥有的学识和悟性上蒙福的恩赐，但我还是大胆断定，自己并非完全没有信心，尽管我并不知道信心是什么。因为我知道，那些认定自己没有信心的人——后来我明白，这种认定是从撒但而来的——他们的灵魂得不到平静和安息；而我不愿让自己陷入这样的绝望中。

49. 有了这个意念之后，有一阵子，我便十分害怕承认自己缺乏信心。但上帝并不容许我如此扰乱、破坏自己的灵魂。他抵挡了我那盲目又可悲的信心断言，又在我心里不断促发这样的思考：若对信心没有一种明确的认识，就只能自己蒙骗自己，永无安宁之日；果真没有信心会怎样？如何才能知道自己有信心？这些问题总是萦绕在我脑海中。此外，我也清楚晓得，若自己真没有信心，那就注定要永远灭亡了。

50. 就这样，尽管我最初竭力回避信心问题，不久，在对它做了更认真的思考之后，我还是愿意给自己一番测试，看看自己是否真有信心。可是，嗐！我这无知无识、粗鄙不堪的可怜人，直到今天我也不知该如何去做，就如同我不知如何去完成一件自己从未见过、也未想过的珍稀艺术品一般。

51. 那段时间，我就这么思考着，也时常百思不得其解。你们知道，那会儿，我还未向任何人透露过内心的想法，只是边听边思考。这时，那诱惑人的又来欺骗我了。它迷惑我说，除非能试着去行出一些神迹来，否则没有办法知道自己是否有信心。为了增强试探的欺骗性，它还强解那些看起来似乎相关的经文。有一天，我从爱尔斯多往贝德福德去，在路上，试探急迫地催促我，叫我行个神迹来试试自己有没有信心。那试探是这样的：我必须对路上的水洼说，变干；对干地说，变成水洼！有一阵子我真的想那么说了，但就在我要开口的当儿，一个念头进到我的脑海里：到前头那片树篱底下，先祷告，求上帝给你能力。当我定意要祷告的时候，忽地又冒出一个念头，如果我祷告完后回到路上准备行神迹，却什么事也没有发生，那岂不是证明我没有信心，成了被上帝弃绝而灭亡的人了？那可别！我琢磨道，要真是这样，我可决不做这种尝试。还是先等等吧。

52. 就这样，我又落落寡欢地过了一段日子。我想，倘若只有有信心的人才能行那么奇异的事，那么我可以确认，自己不仅目前没有信心，将来也绝不可能有。我就这样在魔鬼的试探与自己的愚昧之间被抛来抛去，困惑不堪，有不少时候，我甚至不知道该做些什么才好。

53. 大约就在这段时间，有一个梦境或者说是异象临到了我，我眼前再次浮现出贝德福德城中那些贫穷妇人喜乐有福的光景。我仿佛看见一座高山，她们坐在向阳的坡上，在惬意的阳光下畅快欢喜；而我却在黑云笼罩、霜雪覆庇之下冻得瑟瑟发抖。我似乎还看到，在我们之间有一堵墙环绕着这座山。那时，我的灵魂十分渴望能飞跃这堵墙；我相信，只要能越过这堵墙，我甚至可以一直进到她们最中间去，在那里享受那属于她们的阳光带来的温暖。

54. 绕着这堵墙走了一圈又一圈，边走边窥探，看能不能找到一条道，进到里边去。我找了好一会儿，却一无所获。最终，我瞥见了一道窄窄的缺口，像是墙上安的一扇小门。这门实在是又狭又窄，无论我怎么使劲地想挤过去，都是白费气力；挤到后来，我已是精疲力竭。最后，我看来是尽了最大努力了，才把头先探进去。这之后，我又侧过身来，使劲儿将肩膀也塞进去，最后才让整个身子都穿过去。我欣喜异常，走到她们中间，坐了下来。那属于她们的太阳放出的光芒与温暖，让我备受慰藉。

55. 现在，这座山、这道墙，以及其他一些事物的含义我算是明白了——山代表永生上帝的教会；照在其上的太阳，就是上帝仁慈的面容所发出的令人满得安慰的光芒；那道墙，我认为就是上帝的话语，将基督徒与世界分别开来；而墙上的那扇窄门，我认为就是耶稣基督，他是通往天父的道路（约14:6；太7:14）。因为这门是窄的，窄得如此奇妙，若非历尽艰辛，便难以顺利通过。这是告诉我说，一个人若不急切渴望，若不将那邪恶的世界抛在身后，是无法进入永生的，因为那里只容得下身体和灵魂，却容不下身体、灵魂和罪。

56. 这一景象在我心中停留了好几天。那段时间我一面看见自己处境悲惨、绝望，另一面内心有一种强烈的饥渴与盼望被激发起来，渴望也能加入坐在阳光下的那群人。那时，我也喜欢随时随处祷告——不论是在家中还是在户外，在屋内还是在野外；我还常常举起我的心，诵唱

《诗篇》51 篇，祈求上帝顾念我的忧伤；因为那时候，我仍不知道自己身处何方。

57. 不仅如此，我也仍无法心安理得地确信自己真有在基督里的信心。我不仅没有得着满足，反而开始发现自己的灵魂又被新的疑问所困扰，我怀疑自己将来的福祉，尤其困扰于这样一类问题：我是否被上帝拣选了？要是如今恩典的日子已经过去，一去不返了，我该怎么办？

58. 这两个疑问带来的试探是对我极大的折磨，闹得我不得安宁。两种折磨轮番上阵，有时是这个，有时是那个。首先，关于拣选的疑问。我发现，这时候，尽管我满心热切找寻通往天堂和荣耀的道路，而且任何事物都阻止不了我这份热情，但那个疑问还是让我十分作难，十分沮丧，以至于在某些特别的时候，我仿佛觉得全身的气力都要被它的权势给掳去了。还有，圣经上的这句话似乎也在践踏着我所有的盼望："不在乎那定意的，也不在乎那奔跑的，只在乎发怜悯的上帝。"（罗 9:16）

59. 就这节经文而言，我不知该怎么办才好；我已经清楚地看到，除非至高的上帝出于他无限的恩慈和慷慨，自愿拣选我作为恩典的器皿，否则，无论我如何盼望，如何热切、努力直至心碎，也不会有什么好结果。因此，这些疑问仍然挥之不去：你怎么知道你是蒙拣选的？若不是蒙拣选的，又该怎么办？将来会如何？

60. "哦，主啊！"我喊道，"如果我不是蒙拣选的，那该怎么办呢？""有可能你就不是被拣选的。"魔鬼这么回应。"真的有可能。"我心想。"要这样的话，"魔鬼道，"你最好还是放弃吧，别再费劲了！你要果真不是蒙拣选的，上帝没选上你，你就别奢谈什么得救啦，因为'不在乎那定意的，也不在乎那奔跑的，只在乎发怜悯的上帝'。"

61. 这些试探搅得我一筹莫展，不知道该说些什么，也不知道该如何应对。事实上，我很少想到那是来自撒但对我的攻击，只以为是自己的深思熟虑才引发了那些问题。只有蒙拣选的才能得永生，对这点我不存任何疑问，打心眼儿里同意；可是，对于自己是不是得救者中的一员，我却疑虑重重，一点把握也没有。

62. 这以后的几天里，我一直十分困惑迷茫，脑袋昏昏沉沉的，常常走着走着，就几乎要瘫倒在地。随后的好几个星期，我的心情依然十分沉重、沮丧。但有一天，这句话突然重重地敲在了我的心坎上："请你们追念前代，看看有谁依赖了上主，而受了耻辱？"

63. 这句话使我大受勉励，心里大大亮堂起来。霎时间，我明白了这句话的含义：从《创世记》的开篇一直读到《启示录》的末了，我们可以看看能否找到一个人因倚靠耶和华而抱愧蒙羞。于是，我回到家，立刻翻开圣经，想看看能否在圣经中找到这句话，相信自己很快就会找到的，因为这句话如此新鲜，为我内心带来如此大的安慰和力量，就仿佛它正跟我说话一样。

64. 当然，我没能找到这句话，不过它一直留在我心里。后来，我问了一个又一个良善的人，问他们是否知道这句话出自哪儿，他们也不知道。我不禁感到惊讶，这句话带有如此强大的安慰和力量，瞬间就抓住了我的心，并久久驻留在我内心里，但竟没人能在圣经中找着它，而我毫不怀疑它就在圣经里面。

65. 我就这样继续找了一年多的时间，还是没能找到。最后，我把目光投向了次经，终于在《德训篇》(Ecclesiasticus) 2 章 11 节找到了这句话。一开始，我不免有些气馁，但也并未因此而生出太多的烦恼，因为此时我已经历了上帝许多的仁爱与恩慈。我还特别想到，尽管这句话不是出于神圣的圣经正典，但我理应接受来自它的安慰，因为这句话是诸多应许的概括和总结。对我来说，这句话就出于上帝；感谢上帝，让我得着这句话。现在，这句话仍时时在我的面前闪闪发亮。

66. 这以后，那另一个疑问又强烈地困扰着我：倘若恩典的日子过去，一去不返了，倘若我的有生之日超出了上帝怜悯人的期限，我该怎么办? 记得有一天我到乡下去，一边走着，一边心里想着这个问题: 若恩典的日子过去了，我该怎么办? 更麻烦的是，这时撒但的试探也来了，它把贝德福德那些好人们都呈现在我的脑海中，对我这么暗示道: 这些人都已经悔改归信，上帝在这一带要拯救的人全都在这里了; 而我已经来得太迟，这些人比我抢先得到上帝的祝福了。

67. 一想到事实可能确实如此，我顿时痛苦不已。我在路上走来走去，为自己的悲惨境地哀恸哭泣，觉得自己比一千个愚昧人还要愚昧，远离信仰这么长久，将这么多岁月荒废在罪恶过犯之中。我甚至喊出声来: 哦，要是早悔改就好了! 哦，要是七年前悔改就好了! 我也生自己的气，居然没有一点智慧，只知浪费光阴，直至灵魂、天堂全都失落了。

68. 可是，就当我被这份恐惧久久困扰，几乎无法再往前迈出一步的时候，大约就在上次我得着另一个勉励的地方，这句话闯入了我的脑海: "还有空座……勉强人进来，坐满我的屋子。" (路 14:22、23) 这句话，尤其是 "还有空座" 这几个字，对我来说是如此甘甜。透过它们，我真真切切地看到了天堂上还给我留有足够的地方。而且，我也认为，当初主耶稣说这句话的时候，他心里想到了我; 他知道到时候我一定会因害怕在他的怀抱里没有自己的位置而痛苦不堪，于是预先说了这句话，并记录在案，这样我就可以找到帮助来抵挡那邪恶的试探。这一点，我那时候真真切切地相信了。

69. 因着这些话带来的亮光和鼓励，我在灵性上又长进了颇长一段时间。尤其是当我想到主耶稣竟然在很久以前就想到了我，竟然为我的缘故特别说了那句话，我就愈发得到安慰。当时我真的是那么想，真的认为他是为鼓励我而特意那么说的。

70. 然而，那诱使我重蹈覆辙的试探仍然存在。这试探既来自魔鬼撒但，从我内心发出，也来自我属肉体的朋友。不过，感谢上帝，此时我对死亡和末日的审判 —— 我似乎一直看得见末日审判的情景 —— 有了牢靠的理解，这种理解促使我胜过那些试探。我还常常想到尼布甲尼撒王，据说上帝将这地上的万国都赐给了他（但5:18、19）。然而，我也想到，即使这权倾一时的人拥有了世上的一切，一小时的地狱之火也足以让他把一切荣华忘尽。这一思考给了我极大的帮助。

71. 大约也是这个时候，与摩西所指的洁净和不洁净的动物相关的一些事情也引发了我的思考。我认为那些动物喻表不同类型的人。洁净的，指的是上帝的子民；不洁净的，指的是魔鬼撒但的子孙。我读到洁净的动物会倒嚼，认为这就说明我们应该从上帝的话语中得到牧养；洁净的动物还是分蹄的，我认为这代表着如果我们想要得救，就必须和不敬畏上帝之人的生活方式区别开来。在进一步的阅读中我还发现，假如我们像野兔一样倒嚼，却像狗那样靠爪子行走；或者，我们像猪一样分蹄，却不像羊那样倒嚼。这样，我们依然统统是不洁净的。我认为，野兔代表的是那些只会谈论上帝的话语，却行在罪恶之中的人。而猪则代表那些虽然在外在行为上不再堕落败坏，却依然偏离真道的人。一个人不论外表多么敬虔，只要脱离了真道，就无法得到救赎（申14）。在读经的时候，我还发现，那些必定会在另一个世界与基督同享荣耀的人，在地上也必定是蒙他呼召的。他们被呼召去分享上帝的话语和公义，去成为圣灵的安慰和初熟的果子，去热切追求一切属天的事物，而这些属天的事物正是为他们的灵魂做预备的，预备他们进入高天之上安息和荣耀的居所。

72. 此时，我又到了一个大关口，茫然不知所措，害怕自己不是那蒙呼召的。我想，如果我不是蒙呼召的，又有什么能帮得了我呢？除了蒙呼召的，没有人能承受上帝的国。哦！我现在是多么喜欢那些表达基督徒蒙呼召的词语！就如主对这个说"跟从我"，又对那个说"跟随我"。哦！如果主也对我那么说，我会多么乐意地去追随他！

73. 此时，真难以描述在我心中有何等的渴望，怎样的吁求。我切切呼求基督来呼召我。这样的情形又持续了一段时间，我时刻都在热望着能被带回到耶稣基督身边。在那段日子，我也确实看到了悔改归信后那极其荣耀的光景；若无分于这份荣耀，我的心实在不能满足。哦！金子！要是金子能换来悔改归信，我愿意舍弃金子去得着它！就算我拥有了整个世界，我的灵魂若能够回转归向上帝，那价值也万倍于这世界的财富。

74. 现在，在我眼中，每一个悔改归信的男人和女人看起来都是那么可爱！他们的面容都透着光亮，他们走起路来都仿佛是拿着天国大印的子民。我看见他们的地界，坐落在佳美之处，他们的产业实在美好（诗16:6）。可是，《马可福音》中一节有关基督的经文又让我懊丧不已——"耶稣上了山，随自己的意思叫人来，他们便来到他那里"（可3:13）。

75. 这节经文让我恐惧战兢，但同时也点燃了我的心灵之火。我的恐惧来自于害怕基督看不上我，因为他召人是"随自己的意思"。但我依旧被悔改归信后的荣耀深深吸引着，只要一读到基督在呼召使徒，就会立刻巴望着自己就是他们中的一个。哦！但愿我生来就是彼得！但愿我生来就是约翰！但愿基督呼召他们的时候，我就在他们身边，并听到了他的呼召；多么希望我就在那时呼喊说：主啊，求你也呼召我！但是，唉！现在我害怕基督不会呼召我了。

76. 事实上，主让这样的光景持续了好几个月，也没有启示我什么；或许我已经蒙召了，或许还要等以后。好长一段时间过去了，我也向上帝发出了许许多多的叹息、哀号，求他让我有分于那属天的神圣呼召。终于有一天，上帝的话语临到了我："我未曾洗除流血的罪，现在我要洗除；因为耶和华住在锡安。"（珥3:21）我想，这些话临到我，是鼓励我要安静等候上帝，也是向我表明，即使现在还未准备好，或许时候就要来到，那时我就要真真实实地悔改归向基督了。

77. 也大约在这段时间，我把内心的想法吐露给贝德福德那些贫穷的朋友们，跟他们说了我的境况。他们听了之后，就转告给了吉福德先生。吉福德先生找机会与我交谈，并十分乐意相信我说的话，尽管我认为这份信任没有太多的理由。吉福德先生邀请我去他家，让我倾听他和其他人的交谈，谈论上帝在人的灵魂中所动的工，这使我进一步认识到自己罪恶的光景，也是从那时起，我真正开始意识到自己内心深处的邪恶、可怜和虚空；因为此前我对这些还所知寥寥。现在，我明显感觉到，私欲和败坏会从内心深处不可遏止地迸发出来，心思意念、所求所想都邪恶不堪，而这些是我从前都没有注意到的；自己对天堂和永生的渴望也衰减了。我还发现，虽然我的灵魂还是充满对上帝的渴慕，我的心思却开始热衷于各样愚昧的虚空浮华。是的，我的心思已不再受感动去关注那些美好的事物；对天堂、对自己的灵魂，它已变得麻木不仁。对于每一样该尽的本分，以及在尽本分的时候，我的心也总是畏缩不前，就如一个重锤绑在小鸟腿上，使它无法飞翔。

78. 唉！我只觉得自己现在变得越来越坏了。与过去相比，离悔改归信反而越来越远了。为此，我的灵魂十分消沉，内心重又变得沮丧万分，仿佛整个人要被沉沉地压入地狱一般。如果此时我被绑在了火刑柱上，我是无法相信基督爱我的。唉，我听不见他、看不见他、感觉不到他，也体验不到任何与他相关的事物。我仿佛被暴风雨所驱赶，心也不洁净，迦南人要住到这片地上了。

79. 有时，我会把自己的光景告诉一些属上帝的人。他们听说以后就可怜我，也会把上帝的应许告诉我。可是，他们让我接受或信靠应许，却无异于是在告诉我，要用自己的手指去够着太阳。一旦我想要接受应许，我所有的理智和情感都会起来抵挡。我看到自己有一颗犯罪的心，而我也因此将被律法所定罪。

80. 这些事情常常会让我想到那个被父亲带着去见基督的孩子。那孩子正朝基督走过来的时候，污鬼把他摔倒，使他重重地抽风，倒在地上，翻来覆去，口中流沫（路9:42；可9:20）。

81. 而且，在那些日子里，我发觉自己的心对主是关闭的，对他神圣的话语也是关闭的。我发现自己不信的心仿佛一副肩膀，使劲顶住门，不让主进来；即使在我向主苦苦叹息、哀号，喊说，良善的主啊，求你打破这门！主啊，求你打破铜门，砍断铁闩（诗 107:16）——即使在这时，我不信的心还是在抵挡主。不过，有时候，我的心也能在这句话中得到暂时的平静："你虽不认识我，我必给你束腰。"（赛 45:5）

82. 不过，在那整段时间里，我对犯罪的行为却从来没那么敏感过。我不敢去拿一颗钉子或一条枯枝，尽管它们就如麦秆一般大小，因为我的良心现在极其痛楚，手指的每一次触动都会引起剧痛。我也不知道该怎样说话，生怕用错了词。唉！那阵子，无论做什么事、说什么话，我都是何等地谨小慎微！我发现自己就像站在一块泥泞的沼泽地上，只要稍稍一动弹，就摇摇晃晃，仿佛要被上帝、基督、圣灵和一切良善的事物遗弃在那里了。

83. 然而，我注意到，虽然我在悔改归信前是个如此大的罪人，上帝却从没有因我在蒙昧无知时所犯的罪而过多地责备我。他只是向我阐明，我若没有基督，便是那失丧的，因为我是个罪人。我意识到，我需要一个完全公义的人将我毫无瑕疵地带到上帝面前，而这样的公义只存在于耶稣基督的位格之中，此外再无别的地方可以找到。

84. 然而，我最深的痛楚和祸害还是来自我原初、内在的败坏，它一直在我身上以可怕的速度滋生、蔓延；我为此感到内疚、自责，这个感觉也让我惊讶。由于这份内疚，我看我自己比癞蛤蟆还令人厌恶，我估计在上帝眼中也大致如此。罪和败坏是从我心里不由自主往外冒出的，就如同水从泉眼里汩汩流出一样。这时候我觉得每个人的心都比我要好，要是我跟任何人换过心就好了。我还自忖，就内心的邪恶和思想的败坏而言，只有魔鬼可以和我相匹敌了。看到自己的污秽不堪，我仿佛掉进了绝望的深渊，感觉当前的光景实在与恩典不能相配。我就想，我肯定被上帝弃绝了，肯定被交给魔鬼了，心思意念肯定堕落到万劫不复的地步了。我就在这样的光景中持续了很长一段时间，有几年之久。

85. 就在我因恐惧沉沦而饱受折磨的当儿，又有两件事情令我迷惑不解。一件是，我看到一些年老的人仍在追逐今世的事，仿佛他们能永远活在世上一般；另一件是，我发现一些信徒在失去一些外在的东西时——比方失去丈夫、妻子、孩子等等，就会十分痛苦、沮丧。于是，我就想，主啊！何苦为这些小事劳心费神！何苦去追逐属肉体的事物！何苦为失去同伴悲痛忧伤！倘若吃那么多的苦，流那么多的泪，只是为了今生的事，那我岂不是更需要悲惜、怜悯和代祷？我的灵魂正在枯干，我的灵魂正在沉沦。只要我灵魂的光景是美好的，只要我能确定这一点，哦，那我将视自己为何等富有，纵使我的祝福只是面包和水！那样，我会把今生的困厄只当作小小的磨难，背负起来也不过是轻省的担子。"心灵忧伤，谁能承当呢？"（箴18:14）

86. 尽管看到并感觉到自己邪恶内心的可怖光景时，我是这样烦恼、痛苦和不安，但我却害怕自己的思想不再具备这样的感知能力。因为我发现，除非用正当的方式——也就是靠基督的宝血——将罪恶感从良心上除掉，否则，一个人只会因心里不再有这些困扰而变得越来越坏，而不是变得越来越好。因此，当我的罪恶感使我不堪重负，我就会呼求基督的宝血除去我罪的重担。但倘若罪恶感不是因为基督宝血的覆庇而消失（因为罪恶感有时候会像死了一样消失殆尽），那我就会通过联想罪人在地狱之火中所受的惩罚，而努力将罪恶感再找回来；我会这样呼求：主啊，除非你用宝血覆庇我，在我的灵魂上施恩，除了用这样正当的方式，否则，求你不要让罪恶感从我心中消失！下面这节经文对我意义重大："若不流血，罪就不得赦免了。"（来9:22）但还有一个原因令我对罪恶感的问题分外担心，那就是，我看见有些人，他们在良心受到创伤之后，虽然也会祈求祷告，但更多寻求的是迅速从患难中得以平复，而不是寻求对罪的宽恕，他们对失去罪恶感毫不在意。他们用不正当的、错误的方式消除了罪恶感。这样，在患难之后，他们反而变得更加刚硬、盲目，比以前更坏了。这使我感到惧怕，也使我更多地向上帝呼求，祈求上帝不要让我变成那样的人。

87. 现在，我甚至懊恼上帝把我造成一个人，因为我担心自己已经被上帝永远弃绝万劫不复了；我认为没有悔改归信的人是所有受造物中最可悲的。我就这样被自己悲哀的境地折磨得寝食难安，认为独独自己是最最该被咒诅的人。

88. 是的，我想我的良心永远也不可能好到这样一个程度，可以让我无愧地站在上帝面前。在可见的世界里，人在受造时实在是一切受造物中最尊贵的，但人却因为罪将自己变成最卑贱的。我为野兽、鸟类和鱼类等等动物的光景而赞美上帝，因为它们没有罪性，在上帝的眼中是不可憎的，死亡之后也不会被丢在地狱的火里。假如我的光景能和它们一样，那是多么令人欣慰！

89. 我在这样的光景中又持续了好一阵子，最终，那安慰我的时刻来临了。在一次布道会上，我听到传道人在讲解《雅歌》4:1："我的佳偶①，你甚美丽，你甚美丽。"他将"爱"作为讨论的主题，在对这一经文的文本稍稍作了展开之后，得到以下几个结论：

（1）教会以及每一个得救的人，都是基督爱的对象，即便这爱有时并没有被感受到。

（2）基督的爱是无条件的。

（3）基督的爱被这世界所恨恶。

（4）当遭试探、被遗弃的时候，基督的爱依然存在。

（5）基督的爱是永恒的。

90. 但一开始我并没有从那讲道中得着什么，直到传道人对第四点的应用展开说明的时候。他的原话是这样的：遭试探、被遗弃的时候，

---

① 英王钦定本作"my love"，即"我的爱"。——译者注

得救的灵魂仍然是基督所爱的——倘若果真是这样，可怜的遭试探的灵魂哪，当你因遭受试探的攻击而痛苦不堪，上帝似乎对你掩面不顾时，你就仍当思量这个词——"爱"。

91. 回家的路上，这些字眼儿再度进到我的意念中。我清楚记得，当我想起这几个字的时候，我在心里自言自语道：我思考这几个字，要从中得着什么呢？这个念头刚在脑海里闪过，另一句话就在我的心中发出了亮光：你是我所爱的，你是我所爱的。这句话在我心里回响了二十遍，一遍比一遍大声，一遍比一遍温暖。我举目望天，盼望和恐惧在心里交织着。我在心里回应道：这是真的吗？这是真的吗？这时，又有一句话从天而降：他"不知道天使所作是真的"（徒12:9）。

92. 于是，我开始在心里为"爱"这个字腾出空间；它带着能力，在我灵魂深处一遍又一遍发出这令人愉悦的声音：你是我所爱的，你是我所爱的，什么都无法隔绝我对你的爱。随着这声音，《罗马书》8:9也跃入我的脑海。此时，我心中充满了安慰和盼望，现在，我能相信自己的罪必蒙赦免了。是的，此时，我被上帝的仁爱和恩慈如此紧紧地抓住，回家的一路上，喜悦之情实在按捺不住，无法用言语来描述。假若当时面前的那片耕地上，那群栖息的乌鸦能听懂我的话，我想我也一定会向它们述说上帝给我的仁爱和恩慈。我在心里快乐地对自己说道：哦！但愿我有笔墨在手，那样的话，在我移步之前，我一定要把这一切都记录下来。我确信再过四十年，这一切我都忘不了。可是，唉！四十天不到，我就开始怀疑这件事了，甚至开始怀疑起所有的事情来。

93. 当然，有时候，我也还是能够相信，那一切是恩典在我灵魂中真实的显现，尽管这恩典的活力和滋味我多半已经感觉不到了。大约一两周以后，我的心里时常回响起这句经文："西门，西门！撒但想要得着你们。"（路22:31）有时候，它的声音如此之大，听起来像是有人在我后面大声喊着。最大声的那一次，我甚至扭过头去，以为确实有人就在身后远远地站着，高声叫我。此后我一直认为，那句经文临到我，就是为了激励我祷告，激励我警醒；告诉我乌云已至，一场暴风雨就要落在我身上了。但当时我却不明白这一点。

94. 在我记忆中，那次那么响亮地呼唤我的声音以后再也没在我耳边响起。但现在我却觉得，自己仍然听到那大声的呼唤：西门！西门！这句话还一直响在耳畔。我已经说过，我真真切切地以为，有人在我身后半英里远的地方叫我。尽管喊的不是我的名字，还是使得我急忙掉头去看，相信他就是在大声喊我。

95. 我是如此愚昧无知，并不明白为什么会出现这个声音。但不久之后，我就看出并感觉到这是从天上来的警告，提醒我为正要到来的事作预备。不过，当时我只是觉得惊奇，只是想为什么会出现这一经文，这声音为什么会如此频繁地在我耳边高声作响。但就像我已经说过的那样，不久之后，我就领会了上帝这么做的目的。

96. 就在大约一个月之后，大暴风雨果真落在了我身上，我的处境比以往遭遇的要恶劣二十倍。这场暴风雨一阵接着一阵地袭击着我，先是冲走了我所有的安慰，接着黑暗又吞噬了我；随后，那抵挡上帝、基督和圣经的亵渎的大洪水竟一下淹没了我的灵魂，让我极其困惑、惊愕。这些亵渎的思想使我对上帝和他唯一的爱子的存在本身产生了怀疑，也就是，到底存不存在上帝或基督？圣经到底是上帝圣洁的话语，还是一部巧妙的寓意故事？

97. 撒但还这样狠狠地攻击我：你怎么知道穆斯林不能像我们用圣经证明基督是救主一样，用《古兰经》证明穆罕默德是他们的真主呢？假如真有天堂的话，你能想象在那么多的国家里，有千千万万的人根本就没有关于天堂之路的正确知识吗？难道唯独只有我们这生活在地球一角的人才是蒙祝福的？每个人都认为自己的宗教信仰是最正确的，不论是犹太人、摩尔人还是异教徒！假如我们所有的信心，假如基督和圣经，都只是我们未经证实的想法，那该怎么办？

98. 有时候，我也会竭力与这些试探进行争辩，用使徒保罗的话语来抵挡它们。可是，唉！我很快就发现，每当我试图那么做的时候，下面这个试探就马上会转头来攻击我：尽管我们有很多关于保罗的记录，也记下了他的许多著作，但作为一个乖巧狡诈之人，他事实上可能就是致力于用强烈的幻象行骗，殚精竭虑地要扰乱并毁灭他的同伴，你怎么知道不是这样呢？

99. 此外，还有许多试探我现在无法用言语或笔墨来说清楚。这些试探数目之多，持续时间之长，力量之剧，紧紧地揪住我的心灵，使我实在不堪重负。我觉得自己似乎从早到晚只能想这些问题，心里已经容不下其他的了。我因此推断上帝已经对我的灵魂感到十分震怒，已经将我弃绝，任由撒但掳去，就像一阵强旋风把我刮走一样。

100. 但我心里还存留着一些好的东西，它们拒绝接受这些令人厌恶的蛊惑，只不过这种感觉十分短暂；那些试探的权势和嘈杂之声似乎已完全埋葬了我心中美好的想法和回忆。我常常发现，当我遭遇试探的时候，我的思想就会情不自禁地去附和它，就会诅咒发誓，或者说一些可悲的话来亵渎上帝，亵渎上帝的儿子基督，亵渎圣经。

101. 那会儿我想，我真是被鬼附上了。在一些场合，我甚至有些神志不清；当听到有人说起上帝时，我非但没有跟其他人一起称颂、赞美他的名，反而会随口说出一些最可怕的亵渎之语来抵挡他。不论我认为上帝是否存在，此时在我的心底一点都感受不到他的仁爱，也感受不到平安和他恩慈的性情。

102. 这些事情实在使我陷入绝望的深渊，因为我知道这类事情在热爱上帝的人身上是不可能发生的。当这些试探强烈临到我的时候，我常常把自己比作一个被诱拐的小孩，正被一些吉卜赛人用武力架到敞篷马车上，带离自己的朋友和故乡。我就像那小孩一样尖声喊叫，又踢又踹，却依旧被束缚在邪灵的翅膀之下，被风刮走。我还想到被邪灵附体的扫罗，非常害怕自己的光景会跟他一样（撒上 16:14）。

103. 在这些日子里，每当有人谈论抵挡圣灵的罪的时候，撒但总是极力煽动我，使我想要犯那样的罪，让我似乎觉得若犯不成那罪，我就没法安宁，不应该安宁，也必然不会安宁；只有那桩罪犯了，我才得安宁。倘若犯那桩罪是通过说一个亵渎的字，那么，不论我心里想不想说，我的嘴似乎已经吐出那个字了。这个试探是如此强烈，以致我常常要准备好用手在自己的下巴底下拍一下，这样才好把嘴巴闭上。有些时候，我甚至想把自己的脑袋埋到泥坑里，或埋到其他什么地方，以阻止自己说出话来。

104. 我的境况糟透了。我相信上帝所造的万物，包括我的同伴在内，其光景都远远比我好得多。现在，我要再次为狗和癞蛤蟆的境况向上帝献上赞美；是的，如果有狗或马的光景，我就会十分快乐了，因为我知道它们没有灵魂，不会像我这样因罪而沉沦，陷入地狱的永火之中。不！尽管这一切的痛苦已将我撕成碎片，但让我苦上加苦的是，我全心全意地寻找，却找不到我所渴望的解脱。我的内心纷乱不堪，而圣经上的这句话也在撕扯着我的灵魂："唯独恶人，好像翻腾的海不得平静；其中的水常涌出污秽和淤泥来。我的上帝说：'恶人必不得平安。'"（赛 57:20—21）

105. 此时，我的内心变得十分刚硬，就算有人愿意为一滴眼泪付出一千英镑，我也无法挤出一滴泪；我甚至几乎不想为了什么而掉泪。这就是我的命运吧，我灰心丧气地想着。我看到一些人因自己的罪而哀伤恸哭，也看到另一些人因基督耶稣而欢喜快乐，赞美上帝，我还看到一些人安安静静地谈论上帝的话语，满有喜乐；然而，唯有我处在试探的风暴之中。我为此极度消沉，觉得自己处境惨淡，又形单影只；我只能哀叹自己命运多舛，想要脱身而出，或排除困厄，却完全无能为力。

106. 这个试探大约持续了一年。这期间，没有一条上帝的典章律例我遵行起来不是带着极度的痛楚和折磨。是的，我因亵渎上帝而痛苦不堪。我听不进上帝的话语，成了不洁、亵渎和绝望的俘虏；如果我正读着圣经，突然间就会冒出一些想法，怀疑我所读到的一切。有时，我的心思会莫名其妙地被攫走，被其他事情所占有，以至于刚刚读过的句子我都不知道自己读了些什么，对它既产生不了关注，也回忆不起来。

107. 那段时间，我在祷告的事上也遇到很大的阻碍。有时我会以为自己遇见魔鬼了，甚至感觉它就在身后，正拉扯我的衣服。在祷告的过程中，它不停地攻击我，想让我停下来。"停一下！快点！你已经祷告够了，不要再祷告了！"魔鬼就这样让我心绪不宁。有时，它将这样邪恶的念头塞进我的头脑里，要我向它祈祷，或为它祈祷；"你若俯伏拜我，我就把这一切都赐给你。"（太4:9）我甚至都考虑过是不是该向魔鬼俯伏了。

108. 因为在祷告的本分上，我的心思摇摆不定，所以每当我竭力想让自己的心思平静下来，专注于上帝的时候，撒但也不惜花费大力气，竭力搅扰我，混淆我的思想，使我心思偏离正道；它在我心里制造出荆棘、公牛、长扫帚等等幻象，让我觉得似乎应该向它们祷告。尤其是在某些时候，撒但几乎完全控制了我的思想，我似乎无法想到别的事，只能向那些幻象或类似的什么东西去祷告了。

109. 然而，对上帝和他福音真理的真实存在，我不时还能感到发自内心的强烈的恐惧。唉！此时此刻，我的内心情不自禁地发出不可名状的叹息！我的整个灵魂都在呻吟；我在极度的痛苦中向上帝呼求，祈求他施怜悯于我。不过，接下来的怪念头马上又使我心灰意冷了。我会这么想：上帝必定会嘲笑我的叹息和我的祷告，并对天使说：这个卑微可怜的恶棍一直跟着我，好像我的怜悯多得只能施舍给他似的。唉，这个可怜的傻瓜！你上大当了，像你这样的人是不配在至高者面前蒙恩的。

110. 与此同时，撒但又扑上来，这样劝阻我道："我知道你十分狂热地想得到怜悯，但我要让你降降温；你这种状态是持续不了多久的。有许多人曾经和你一样灵里火热，但他们的热情都已经被我熄灭了。"随之，那些从恩典中坠落的人，一个个地浮现在我眼前，我便开始害怕自己也会变成那样。不过，一转念，我又因这种害怕的念头而高兴起来了，因为它提醒我要警醒，谨慎自守。"你尽可以那么做，"撒但又开口了，"但我却要比你更强硬；我要一点一点地让你在不知不觉中慢慢冷却下来。""如果最终能做成的话，"撒但说，"即便花上七年的时间来冷却你的心，我也不在乎。只要不停地摇动摇篮，就可以把一个哭闹的小孩哄睡！我会纠缠不休，但终归我会达到目的。虽然你心中的炉火这会儿烧得正旺，但只要我可以把你从炉火边拉出来，不久就会使你冷却下来。"

111. 这些事情实在让我困苦不堪，因为我发觉，若当时即刻就死去，我并没有为死亡做好准备；但同样地，我也认为，若长久活下去，那会使我对死亡更加没有预备；因为时间会让我忘掉一切，会从我的心思意念中抹掉记忆，忘掉罪的邪恶和天堂的价值，忘掉自己需要基督的宝血来洁净。不过，感谢耶稣基督，这些事情并没有让我懈怠下来，不去呼求他，反而促使我更加殷勤地祷告祈求，恰如《申命记》中那个妇人遇到要奸淫他的男人时那样急切地呼求（申22:27）。我在这些事情上受苦，但不久之后，在向主呼求的日子中，一句宝贵的话语临到了我："因为我深信无论是死，是生，是天使，是掌权的，是有能的，是现在的事，是将来的事，是高处的，是低处的，是别的受造之物，都不能叫我们与上帝的爱隔绝；这爱是在我们的主基督耶稣里的。"（罗8:38—39）现在，我希望活得久不会让我遭受毁灭，也不会使我失去天堂。

112. 在这次试探中，我还得到了另一些帮助，尽管当时对它们尚存怀疑。首先，我从《耶利米书》3章中得到了不少勉励，同样，对3:5的思考也是如此。那里说道，虽然我们"又发恶言又行坏事，随自己的私意而行"，但我们应当这样向上帝呼求："我父啊，你是我幼年的恩主"，并回转归向上帝（耶3:4—5）。

113. 另外，我也曾在《哥林多后书》5章瞥见过一节甘甜的经文："上帝使那无罪的，替我们成为罪，好叫我们在他里面成为上帝的义。"（林后5:21）我也记得，有一天我正在邻居家坐着，想到自己有那么多亵渎上帝的地方，内心十分难过，就在心里对自己说，像我这样卑鄙、可恶的人，有什么理由能承受永生呢？正在这时，有一句话出乎意料地临到了我："既是这样，还有什么说的呢？上帝若帮助我们，谁能敌挡我们呢？"（罗8:31）同样，下面这句话也给了我帮助："因为我活着，你们也要活着。"（约14:19）不过，这些都仅仅是暗示，是轻柔的碰触，是短暂的访问，虽然出现的时候非常甘甜，却持续不久；就像临到彼得的那块大布，突然又从我身边被收回天上去了（徒10:16）。

114. 然而，自那以后，主将他自己更丰满、更有恩慈地启示给了我。借着这些事情，他让我得到完全的释放，不仅除去了我良心上的罪恶感，而且也让我脱离了污秽和不洁；试探除去了，我的心思又重新回到了正道，变得和其他基督徒一样了。

115. 记得有一天，我走在往乡下去的路上，边走边仔细思考着自己内心的邪恶和亵渎，也想到了自己心中对上帝的敌意，就在这时，一句经文进入我的脑海：他"藉着他在十字架上所流的血成就了和平"（西1:20）。那天，透过这句话，我一遍又一遍地感觉到，借着基督的宝血，上帝和我的灵魂已经成为朋友了。是的，我看到上帝的公义与我有罪的灵魂，借着他的血可以相互拥抱，互相亲嘴了。这一天对我来说实在美好，我想我永远都不会忘记。

116. 还有一次，我坐在家中的炉火旁，因自己可怜的光景而陷入沉思。这时，主又赐给我一句宝贵的话语："儿女既同有血肉之体，他也照样亲自成了血肉之体，特要藉着死，败坏那掌死权的，就是魔鬼，并要释放那些一生因怕死而为奴仆的人。"（来2:14—15）圣经话语的荣耀是如此沉甸甸地落在我身上，当我坐着的时候，几乎有一两次都要晕眩过去；然而，这不是出于悲伤和烦恼，而是出于实实在在的喜乐和平安。

117. 这段时间，我也时常蒙受圣洁的吉福德先生的服侍，他所传讲的教训借着上帝的恩典大大坚定了我的信心。他对一件事情特别有负担，就是释放上帝的子民脱离我们在天性上易于接受的那些错误，以及乐于享受的那些不健康的安逸。他吩咐我们要特别留心，不要因信赖某人或某事而从中接受所谓的真理，反倒要竭力向上帝呼求，祈求上帝使我们相信真理的实在，并借着他的圣灵，在真道上得以坚固。"如果你不是因来自天上的确据而接受真理，"他说，"当试探强烈地临到你的时候，你就会发现自己缺乏帮助，没有力量去抵挡，就像之前你以为自己有能力去抵抗一样。"

118. 对我的灵魂来说，这样的教导实在是一场不迟不早的及时雨。透过自己悲惨的经历，我能感受出他所说的都是真的；也能体会到，"被上帝的灵感动的，没有说耶稣是可咒诅的；若不是被圣灵感动的，也没有能说耶稣是主的"（林前 12∶3），在遭遇魔鬼试探的时候尤其如此。我还感觉到，自己的灵魂靠着恩典，已经被这一教训深深吸引住了；我也常常向上帝求告，凡是关乎上帝的荣耀和自己永生福分的事，求他不要容让我在其中的任何一件上得不到从天上来的确证。现在，我已经清楚地看到了属血肉的见解与上帝的启示之间的巨大区别；也看清了依据人的智慧而来的信心是虚假的，而这种信心与由上帝而生的人所拥有的信心截然不同（太 16∶15—17；约一 5∶1）。

119. 哦！现在我的灵魂是何等顺畅地蒙受上帝的引导，从真理迈向真理！这真理从上帝独生子的降生，到他的复活升天，一直到他第二次从天而降，审判这个世界。

120. 借着这一切，我真真实实地感受到了至大的上帝待我是满有良善的。在我的记忆中，凡是我向他求告，祈求他向我显明并启示于我的，没有一件他不乐意为我成就；也就是说，主耶稣的福音中，没有哪个部分不是他循序渐进地引领我进入的。从四位福音书作者的叙述中，我看到了伟大的证据，见证了上帝奇妙的工作：从基督在母腹中，到他的出生，一直到他再来审判世界，上帝就是如此赐下耶稣基督来拯救我们。我觉得自己仿佛亲眼目睹了他的降生，看到他的成长，看到他从降生马槽到被钉十字架，行经这个世界的一生旅途。我还仿佛亲眼看到，他走近十字架时，如何柔和谦卑地舍弃自己的生命，为我的罪和恶行挂在十字架上，被钉死。正当我默想着这一切，默想主耶稣这一生的行程时，一句话突然落到了我的灵里：他是命定要被宰杀的（彼前 1:11、20）。

121. 我又想到基督复活的真理，并记起他对马利亚说的一句话："不要摸我，因我还没有升上去见我的父。"（约 20:17）这时，我仿佛亲眼目睹了他从死里复活，看到他满怀喜乐地从坟墓口一跃而出，胜过我们可怕的仇敌。我还在灵里看见，他为我坐在天父的右边，又看见他如何带着他的荣耀从天降临，审判这个世界。透过以下经文，我更加确信了在灵里所见的这一切：《使徒行传》1:9—10，7:56，10:42；《希伯来书》7:24，8:3；《启示录》1:18；《帖撒罗尼加前书》4:17—18。

122. 有一个问题曾经非常困扰我，即主耶稣是否同时又是人又是神。说实在的，在那段时间，除非有来自天上的印证，否则，不管别人说什么，对我来说都是言之无物，我不认为自己在上帝的任何一个真理上有完全的把握。所以，在耶稣是否又神又人这一点上，我是万般纠结，百思不得其解。最终，在《启示录》5章中我找到了答案："我又看见宝座与四活物并长老之中，有羔羊站立。"（启 5:6）我想，"在宝座中间"指的是他的神性，而"在长老中间"所指的，则是他的人性。哦！何等的闪亮！这是一次美好的遇见，它给了我一种甘甜的满足。在这个问题上，还有另一节经文也给了我很大的帮助："有一婴孩为我们而生，有一子赐给我们，政权必担在他的肩头上。他名称为奇妙、策士、全能的

上帝、永在的父、和平的君。"(赛9:6)

123. 上帝除了在他的话语中赐下这些教训，还利用两件事在这些问题上坚固我的信心。其一是贵格会（Quakers）的谬见，其二是对于罪的感觉。贵格会如何抵挡上帝的真理，上帝也如何借着他的带领，让我进入圣经，进入那奇妙地保全了真理的经文，使我更坚信他的真理。

124. 那时，这些贵格会友持有的谬见是：

（1）圣经不是上帝的话语。

（2）世上每一个人都有基督的灵，也都有恩典和信心。

（3）基督耶稣既然是在一千六百多年前被钉在十字架上死去，他并没有为人的罪而满足神圣的公义。

（4）基督的血和肉存在于圣徒里面。

（5）埋在教堂墓地里的义人与恶人的躯体并不能复活。

（6）义人复活的日子已经过去了。

（7）在耶路撒冷附近各各他山与两强盗同钉十字架的人子耶稣，并没有升到布满星辰的高天之上。

（8）被犹太人亲手治死的那一位耶稣，并不会作为人子在末日再来审判列国。

125. 在那段时间里，他们挑起了更多卑鄙可憎的事情，这促使我更加仔细地研读圣经。透过圣经的亮光和见证，我不仅获得了属灵的教益，而且在真道上得到极大的安慰与坚固。就像我在前面说过的那样，那种对罪的感觉给了我很大的帮助。每当罪恶感袭来的时候，基督就一次又一次地用他的宝血将它洗去，使我的内心无比甜美，正如圣经上说的那样。哦，朋友！应当呼求上帝将耶稣基督启示给你，因为没有一个人能像他那样教导人。

126. 若要详细叙述上帝是如何在所有关乎基督的事情上坚固我的信心，又如何引导我进入他的话语，那我所要花费的篇幅就实在太长了。是的，上帝将他的话语——包括他的存在本身、他的独生子的存在、圣灵、他的话语和福音等等——都向我一一敞开了，这些话语在我面前发着亮光，一次又一次地给我带来安慰。

127. 有一件事，也仅此一件，我之前说过，现在再对你们提一次：总的来说，上帝乐意带领我行经这样的路途。首先，他容许那些抵挡上帝话语的试探临到我，让我在这些试探中暂受苦难，然后再将这些话语向我显明。有时候，我因心里的罪恶感而不堪重负，几乎要被压垮在地，这时，上帝就会向我显明基督的死，并将基督的血洒在我的良心上，于是我就会发现，尽管方才律法还在主宰并肆虐着我的良心，但不知不觉间，上帝的仁爱和平安已经透过基督，驻留并安歇在我的良心中了。

128. 如我所料，现在我有了来自天上的得救的确据，这确据带着许许多多金色的印记，全都悬挂在我眼前。每当想起这幕情景和其他显于我的恩典，我就满心得安慰。我还时时渴慕切望最后审判日的来临，这样，我就会因着亲眼目睹基督、享受基督、与基督交通而让心里的火热永远长存——他曾头戴荆棘冠冕，被吐唾沫在脸上，身体破碎，灵魂为我们的罪献上为祭物。虽然此前，我躺在地狱的入口处，不停地瑟瑟发抖，现在我却已经将它远远地甩在身后，即便回头望去，也几乎看不到它了。哦！此刻我在想，但愿我现在已经八十岁了，这样我就可以快点去世，我的灵魂也就回到它的安息之处了。

129. 在远离那些试探之前，我就十分渴望能读到古代一些敬畏上帝之人的经历，这些经历是他们在我出生前数百年间写下的。至于我们这个时代的那些作者，我认为——在此我请求他们的原谅——他们仅仅记录下别人的感受，或是靠自己的聪明和才智，力图回应一些他们认为会对他人造成困惑的异议，而他们自己对这些异议并没有作深入的探究。我在心里这样渴慕了许久，之后有一天，掌管我们日子和道路的上帝让我得到了一本马丁·路德的《〈加拉太书〉注释》。我手上的这本书实在是太老旧了，以至于只是轻轻翻页，它就要酥成碎片。这样一本古书能落在我的手里，让我感到十分高兴。我仅仅研读了一小部分，就发现我的境况大都是路德已经历过的，有许多都在书中有充分的描述，整本书仿佛就出自于我自己的内心。这使我十分惊讶，因为我认为路德不可能知道现在基督徒的任何状况，他所写、所谈的必定是过往的经验。

130. 此外，他还在书中非常严肃地讨论了诸如亵渎、绝望等等这些试探的起因。他表示，摩西的律法以及魔鬼、死亡和地狱，这些都是引起试探的重要因素。起初我对这一论点感觉很陌生，但在观察和细想之后，发觉确是如此。在这里我不谈细节，只想让大家知道，除了圣经之外，在我读过的所有书籍中，我最喜欢的就是路德的这本《〈加拉太书〉注释》，它对受伤的良心来说是再适合不过了。

131. 正如我想的那样，我发觉自己深深地爱上了基督。哦！我的灵魂与他紧紧相连，我的情感与他紧紧相连，我对他的爱炽热似火。此刻，我想"我必死在家中"（伯29:18），就像约伯说的那样。可是，我很快就发觉，我的爱其实是微乎其微。我自认为对耶稣基督的爱已是如火如荼，可是，一件微不足道的事就能让我任由它离我而去。上帝实在知道如何使我们降卑，叫人不行骄傲的事（约33:17）。此后不久，我的爱就因此而受到试炼。

132. 主以上面这类方式恩慈地释放了我，使我脱离那又重又苦的试探，让我信靠他神圣的福音，享受甘甜的安息，又赐给我来自天上的有力的安慰和蒙福的确据，证实我对于基督的爱的渴慕。然而，在这之后，撒但又来搅扰我，这次试探比以前更痛苦、更可怕。

133. 这试探是：出卖并舍弃至为神圣的基督，用他来交换今世的事物。这次试探临到我有一年之久，它不停地纠缠，我几乎无法摆脱，就是一个月之间也得不着一天的平安；不，除非睡着，否则好几天加在一起也得不着一小时的平安。

134. 虽然在我的判断中，我已经能够相信，一个人在基督里的地位一旦真实应验，他就永远不会再失去他了，因为上帝说："地不可永卖，因为地是我的。"（利 25:23）我希望，透过上帝的恩典，我已经分明看到自己是活在这样的光景中了。可是，耶稣基督既然已为我成就了一切，而我在心里却还有如此多抵挡他的念头，一想到这，我又常常苦恼不已；然而，那时我的脑袋里除了那些亵渎的念头，真的就几乎别无他念。

135. 不论我多么厌恶自己那亵渎的思想，也不论我多么渴望并竭力去抵挡它，这一试探的权势却一点动摇不了，也没法让它有一刻的停息。无论我在想什么，这个亵渎的思想总会在我的脑海里交织、纠缠，以致不论我是吃饭、俯身拿钉子、劈柴，甚至只是东看看西瞧瞧，都会听见这试探在说：卖了基督换这个吧！卖了基督换那个吧！出卖他，出卖他！

136. 有时，这个声音会一直缠磨着我，不下百遍地喊着：出卖他，出卖他，出卖他！于是，在数小时之内，我只能一刻不停地迫使自己竭力去抵挡它，生怕自己或许会心生恶念，在不知不觉间答应下来。有时，撒但也会诱使我相信自己已经同意那么做了，这样，有好几天我都会因此而痛苦不堪，就像被绑在拉肢刑架上一样。

137. 这个试探令我如此惧怕，我生怕自己会在某一刻答应下来，就那么去做了，被这试探胜过了。于是我费尽心力抵抗这邪恶的思想，甚至加上整个身体的动作，用手和肘拼命往外推。只要撒但说："出卖他！"我就尽可能快地回答："我不！我不！我不！不，就算用千千万万个世界来交换，我也不会出卖！"我这么出价，是因为害怕在遭受攻击的当间，自己会茫然无措，不再冷静，从而将出卖基督的价码定得过于低贱了。

138. 这段时间里，撒但甚至不容我安安静静地吃一顿饭。我一到餐桌旁坐下吃东西，就必须放下食物，起身离开去祷告；我必须现在就撂下食物，现在就撂下，这个魔鬼居然也会如此地假装圣洁。当这样遭试探的时候，我就会在心里对自己说，我正在吃东西呢，让我先吃完吧。不，魔鬼应道，你必须马上去祷告，否则就会得罪上帝，就是轻视基督。我被这些事情折磨得十分痛苦，又因自己天性上的罪恶，就猜想这些事情可能是从上帝而来的，如果我拒绝那么做，似乎就是拒绝上帝。于是，尽管只是没有顺从撒但的诱惑，我却也像破坏了上帝的律法一样，感觉自己犯了罪。

139. 长话短说，一天早晨，我正躺在床上，这个试探又开始攻击我，比往常都更猛烈。出卖他，出卖他，出卖他，出卖他，出卖他！这个邪恶的暗示又出现在我脑海里，就仿佛一个人用最快的语速在那里喊着。我也和往常一样在心里回击道：不，不，就是给我千千万万个世界也不换！我说了不下二十遍，竭力抵挡，最终几乎都要喘不过气来了。这时，一个念头进到我的心里：如果他愿意，就让他走吧！我还发觉自己在内心竟也随意地答应了。哦！撒但是多么卖力！哦！人心是多么绝望！

140. 我输掉了这场争战，就像一只鸟儿从树梢被射落了下来，陷入无限的自责和可怕的绝望之中。于是，我起了床，闷闷不乐地往田野去了。上帝知道，此刻我的心情极其沉重，是过于凡人所能承受的。我在田野上待了两个小时，就像一个即将丧失生命的人，已经无可救药，注定要被捆绑，接受永远的刑罚了。

141. 此时，我的灵魂被以下这句经文紧紧抓住了："有贪恋世俗如以扫的，他因一点食物把自己长子的名分卖了。后来想要承受父所祝的福，竟被弃绝，虽然号哭切求，却得不着门路使他父亲的心意回转。这是你们知道的。"（来12:16—17）

142. 那时，我就像一个被捆绑着囚禁起来的人，正在等候审判的到来。在其后的两年里，与我相伴的只有沉沦，以及对沉沦的等待。是啊！除了这种感受如影随形，什么都没有了，只是间或有过几次片刻的释放，你们在稍后的叙述中会看到。

143. 有关以扫的那几句话给我的灵魂上了一具枷锁，就像给我双腿套了一副铜镣一样。有好几个月，我仿佛都是在不停铿铿作响的脚镣声中度过。但有一天，约莫在十点或十一点钟，当我正满怀愁苦和罪恶感在树篱下散步，正为心里冒出的那个出卖基督的念头哀恸叹息不已的时候——上帝知道这一切，一句话突然猛冲进我的心坎里：基督的宝血赦免了一切的罪。这句话让我心里怔了一下，随之，另一句话又紧紧抓住了我："他儿子耶稣的血也洗净我们一切的罪。"（约一1:7）

144. 就这样，我的心里重又满怀平安。我似乎看见撒但斜睨了一下，从我身边溜走了，就好像为自己所做的事感到羞耻一般。与此同时，我明白了这一点，即与基督的宝血相比，我的罪实在是微不足道的，就像我跟前的一个小土块或一粒小石子较之于我所能看到的这片广袤的田野一样。这个思想让我精神振奋了两三个小时，在这期间我自认为，借着信心我已经看到了，上帝的独生子正为我的罪受苦。可是，这振奋的心情也没停留多久，我又陷入情绪的低谷，罪恶感又极度加增，内心再度失去了平安。

145. 这次灵里的低落主要是由于上面提到的有关以扫出卖长子名分的经文所致，因为这句话整天、整周甚至一整年都缠绕在我心里，一直压制着我，以致我根本无法使自己振作起来。每当我试图将注意力转向其他经文，想从中得着安慰的时候，它总是会在我内心响起："有贪恋世俗如以扫的，他因一点食物把自己长子的名分卖了。后来想要承受父所祝的福，竟被弃绝，虽然号哭切求，却得不着门路使他父亲的心意回转。这是你们知道的。"

146. 当然有时候，《路加福音》22:32 中主的话也能使我有所触动，即"我已经为你祈求，叫你不至于失了信心"，但这种感觉并不会持续太久，每当想到自己的境况，想到自己已经犯了那么多的罪，我甚至找不到能让恩典在自己心中扎下根来的一丁点儿理由。有好几天，我的心都仿佛要被层层地撕扯开来。

147. 接下来，我又满怀哀伤、忧愁地想到，自己犯下的罪真是又深又大。于是，我查考上帝的话语，看看是否能在什么地方搜寻到带应许的话，或者鼓励人心的句子，好从中得到安慰。我想到了《马可福音》3 章的一节经文："世人一切的罪和一切亵渎的话，都可得赦免。"（可 3：28）无论如何亵渎都可得赦免。此处的经文在我看来——念及于此，我不禁惭愧——实在带有又大又荣耀的应许，它应许说再大的罪都能得赦免。可是，再认真想想，又觉得它更应当这样理解：这个应许更主要是关乎那些在未蒙光照的天然状态中犯下上述诸罪的人；它与我无干，因为我是蒙受过光照和怜悯，后来还悖逆所蒙的恩，所为所行曾经是如此轻慢过基督。

148. 因此，我很害怕。生怕自己这一邪恶的罪就是那桩不得赦免的罪，论到这桩罪，主在经上是这么说的："凡亵渎圣灵的，却永不得赦免，乃要担当永远的罪。"（可 3：29）前面提及的《希伯来书》上的那句话也使我更加相信这一点："后来想要承受父所祝的福，竟被弃绝，虽然号哭切求，却得不着门路使他父亲的心意回转。这是你们知道的。"这段话就像一根刺一样，一直留在我身上。

149. 现在，我成了自己的负担和梦魇。我从来没有像现在这样深知，什么叫作厌倦生命，又惧怕死亡。哦！这时候，我是多么盼望自己不是自己，而是别人；不是人，而是别的什么东西；不是自己现在这样的光景，而是别的任何光景！那样，我会多么高兴！当时，在我的脑海里，出现最频繁的就是这样一个念头：我的过犯已经不可能蒙赦免了，不可能得救，不可能逃脱将来的刑罚了。

150. 于是，我就使劲儿地想要找回过去的时光，成百上千次地巴望有人告诉我，我被引诱去犯这种不得赦免之罪的日子并未来到。最后义愤填膺地总结道：不管我内心多么不愿意，不管遭遇任何的攻击，我情愿被撕成碎片，也决不要成为一个在不得赦免的罪面前苟且屈从的人。但是，唉！这些想法、愿望和决心都来得太晚了，现在都已经于事无补了；心里掠过这样的念头：上帝已经放弃我了，我已经沉沦了！哦！我自忖："惟愿我的景况如从前的月份，如上帝保守我的日子。"（伯29:2）

151. 因为极其厌恶、极其不愿意就此沉沦，我又开始将自己的罪与别人的罪加以对比，看看是否能找到一个和我犯过同样罪的人却蒙恩得救了。我查考了大卫王所犯的奸淫和谋杀之罪，发现这些十恶不赦的罪都是他在蒙受了光照和恩典之后才犯下的。然而，仔细思考之后，又发觉，他只是违背了摩西的律法；主基督可以借他话语的应许，将他从这样的罪恶之中释放出来。可是，我抵挡的却是福音，是抵挡那位做中保的；我把我的救主出卖了。

152. 此时，我痛苦得就像躯体在刑车上被扯裂一般，因为我想到，自己除了被罪恶感辖制之外，还如此地完全丧失恩典，如此深陷撒但的蛊惑。为什么偏偏犯的是这个罪？为什么偏偏犯这样的大罪（诗19:13）？为什么那恶者竟要这样害我（约一5:18）？哦！所有这些话语，对我真如针刺一般！

153. 我又想到，是不是只有一种罪不可赦免，只有一种罪会使一个人的灵魂得不到上帝的怜悯？为什么我要犯这种罪？我犯的一定是这种罪吗？在无数的罪中，是不是只有一种得不到宽恕，而我却偏偏犯了？哦，可悲的罪恶！哦，可悲的人！这些事情使我心碎欲绝，神魂颠倒，完全不知如何是好。有时候，我觉得这些情绪要使我的神智接近崩溃了；可是，那让我的痛苦无以复加的话仍在我的脑海里穿梭："后来想要承受父所祝的福，竟被弃绝……这是你们知道的。"哦！除了我自己，没人知道那些日子是多么可怖！

154. 这以后，我想起彼得所犯的不认主的罪。在我所能找到的罪中，这个罪是与我所犯的罪最相近的了，因为彼得像我一样，在蒙受了主的光照和恩慈之后背弃了自己的救主。是的，主已经预先警告过彼得了。我也这么想过，彼得之前有两次不认主，而在这之间他是有时间思考的。尽管我把这些情况都一并考虑了，认为也许能从中得着帮助，但在仔细思考过后，我发现彼得只是不认主，而我却出卖了我的救主。因此，我觉得比起大卫王或彼得，自己更像是犹大。

155. 一想到这，我心中的痛楚又火烧火燎地蹿了起来，苦不堪言。是的，一想到别人都蒙上帝的保守，而我却陷入网罗之中，我仿佛都要被这痛苦碾成碎末了。因为当我这么思考别人所犯的罪，又将它们与自己的罪比较的时候，我能明显看出，不管那些人有多罪恶，上帝却那么保守他们，不让他们成为灭亡之子，而我却已经是灭亡之子了。

156. 哦！此时此刻，我的灵魂是多么珍爱上帝对他子民的保守！哦！他们行路是多么坦然，因为上帝已将他们的四周围住！尽管他们在本性上和我一样败坏，但上帝却看顾、保守并特别眷顾他们。因为上帝爱他们，所以不会听任他们跌落到他恩慈的范围之外；至于我，我已经跌落了，是我自己离弃了上帝。他不保守我，也不看顾我，任由我自己跌倒，因为我已经被他弃绝了。这种时候，那些论到上帝保守他子民的神圣的经文，就如同太阳，在我眼前发出耀眼的光芒，不是为了安慰我，却是向我显明那些蒙上帝祝福的人，他们的光景何等有福，他们在主里的产业何等佳美，而我却无分于此。

157. 现在我意识到，上帝在他的选民身上有美好的旨意和安排。所有那些会迫使他们得罪上帝的试探都在他的掌管之中；他将这些试探和祸患指示他们，以免他们陷入邪恶之中。他让他们暂时经受罪的试探，并不是要毁灭他们，而是要使他们谦卑下来；不是将他们排除在上帝的恩慈之外，乃是让他们可以重新蒙受怜悯。哦！我看见上帝待他的子民是何等慈爱，何等关切，何等恩慈和怜悯，同时又是何等可畏，何等威严！他容许大卫王、所罗门、希西家王、彼得以及其他人跌倒，却没有让他们陷入不可赦免的罪中，也没有让他们因罪而沉沦。哦！我想，他们都是上帝所爱的人，尽管他们受过上帝的惩戒，但靠着上帝他们都能站立稳固，并住在全能者的荫下（诗91:1）。想到这些，我的忧伤、悲痛和恐惧再度加剧，因为现在无论我想到什么，总会让我痛不欲生。倘若想到上帝如何保守他的子民，我便痛不欲生；倘若我想到自己如何将自己绊倒，我也痛不欲生。正如"万事都互相效力，叫爱上帝的人得益处，就是按他旨意被召的人"（罗8:28），同样，我也觉得万事都互相效力，但都是在促成我的毁坏，促成我永远的被弃绝。

158. 接着，我又开始对比自己的罪与犹大所犯的罪，希望如果可能的话，能发现我的罪与那个明摆着是不可赦免的罪有所不同。哦！假如能找到不同点，即便只能找到像头发丝那样大小的差别，那么我的灵魂所处的境况该是多么值得我高兴！通过仔细思考，我发觉犹大是明知故犯，而我则是在不断祷告与挣扎之后才犯下那罪；而且，他犯罪是有充分预谋的，而我犯罪则十分仓促，甚至完全出乎自己的意料。这段时间，我就像一只被抖出来的蝗虫（参诗109:23），内心惶恐不安，甚是烦恼、忧愁，脑海里也一直会浮现出以扫跌倒的景象及其可怕的结局。

159. 不过，对犹大和他所犯之罪的这些思考，倒也让我暂时有点释怀，因为就犯罪的情节来说，我并不像犹大那么卑鄙无耻。但这点安慰很快就又消失得无影无踪了，因为我自忖，犯不可赦免之罪的手段可能不止一种，而且就像其他犯罪那样，在犯那种不可赦免之罪的时候，也会有犯罪的不同阶段；因此，不论我作何理解，我的这种罪恶行为永远都不可能不被追究。

160. 那会儿，我时常觉得羞愧，因为自己竟然跟犹大这样丑恶的人为伍。我也想到，在审判的日子，当面对众圣徒的时候，我会是何等令人憎恶。这种感觉强烈到一个地步，只要一碰到一个我认为是有良心的好人，我的心都会在他跟前战栗发抖。哦！我终于看到了，与上帝同行是何等荣耀！在上帝面前存无亏的良心，又是蒙上帝何等的慈爱与怜悯！

161. 大约也是这个时候，我又受到一个试探，接触到这样一些让我聊以自慰的错误观念：没有末日审判这回事，我们不会复活，罪也并不是一件那么可怕的事。那试探人的如此这般暗示说："即便这些事情是真的，你不要相信它，这样，你目前就可以自由自在过日子。果真要沉沦的话，也绝不要事先就这么折磨自己。把下地狱的思想从你心里赶出去，拿无神论者和'浮嚣派'用以支持自己的观点来武装你的头脑。"

162. 不过，哦！当这些念头从我内心穿过的时候，我仿佛看见死亡和审判抢先一步在等着它们了；我看见审判官正站在门口，似乎已经为这场审判做好了准备，于是，所有那些念头落荒而逃。通过这件事，我明白了，撒但一定会不择手段地阻止人的灵魂去寻找基督。它不喜欢人的灵魂警醒；自我安慰、盲目、黑暗和谬见都是邪恶之子特有的领地和居所。

163. 那时，我还感到自己很难开口向上帝祷告，整个人好像被绝望吞没了一样。我仿佛被一阵暴风雨从上帝身边吹走了。每当我向上帝呼求，祈求上帝怜悯的时候，心里总会这么想："已经太迟了，我已经迷失了。上帝任由我跌倒，不是要惩戒我，而是要定我的罪。我所犯的罪是无可赦免的。"我还总是想起以扫，他本该蒙受祝福，但在出卖长子的名分之后，反被弃绝了。这期间，我碰巧读到一本书，书中记录一个可怜的人弗朗西斯·史柏拉（Francis Spira）的悲惨故事。①这本书对我困惑、忧愁的心来说，就仿佛是一把盐搓在新鲜的伤口上。书中的每一句话，那个人的每一声哀哼，他哀伤时的每一个动作——祷告祈求、哀哭切齿、紧搓双手、身体蜷曲，他在上帝大能的手惩戒下的衰颓憔悴，这一切都令我心如刀割；尤其是他说的这句话，更是让我惊恐万分："人知

---

① 弗朗西斯·史柏拉，16 世纪中叶的一位意大利律师，在接受了归正的信仰后，受到异教裁判所的审讯，于是就声明放弃信仰，后在极端懊悔和绝望中死于 1548 年。班扬以他为原型，塑造了《天路历程》中在"解释者"屋里"坐在铁笼子里"的那个人。——译者注

道罪的起头，但罪的结局又有谁能界定？"到了最后，有关以扫的那段经文如晴天霹雳般再次击中了我的良心："后来想要承受父所祝的福，竟被弃绝，虽然号哭切求，却得不着门路使他父亲的心意回转。这是你们知道的。"

164. 这次击打令我恐惧战栗，有时甚至感到整个身体连同头脑都整天整天地在颤抖、摇晃。我能感觉到上帝可怕的审判，这审判随时会临到犯了那桩最可怕的、无可赦免的罪的那些人身上。由于极度恐惧，我也常常感到腹部滞胀发热，有时甚至觉得胸骨好像都要被劈裂了。这使我想起了经上所记有关犹大的一句话："这人用他作恶的工价买了一块田，以后身子仆倒，肚腹崩裂，肠子都流出来。"（徒 1:18）

165. 我担心这也正是主加在该隐身上的记号，也就是，该隐流了他兄弟的血后，上帝控告他，让他背负上沉重的罪的负担，为此活在无休止的恐惧战兢中。我也同样在这样的罪担之下辗转、纠缠、畏畏缩缩。我被这罪的重担压迫得如此厉害，站不住，走不了，也躺不下，无论休息时还是安静时，都是如此。

166. 有时，《诗篇》上的这句话也会进到我心里："你在人间，就是在悖逆的人间受了供献，叫耶和华上帝可以与他们同住。"（诗 68:18）我认为，"悖逆者"无疑是这样一些人，他们曾经顺从于他们的君主，也发过誓要顺从于他的统治，但后来却拿起武器来反对他；我想我的境况正是如此。我也曾热爱他，惧怕他，服侍他，但如今却成了一个叛逆者；我已经出卖了他，我曾说过："如果他愿意，就让他走吧！"可是，既然对悖逆者他仍有恩赐给他，为什么他会不给我呢？

167. 我思想着这个问题，竭力想要抓住它，好使自己得到哪怕是一丝丝的安慰。但我又一次错失了我的希望，被撵得远远的；我就像一个走向刑场的人，在刑场附近恨不得能悄悄地躲藏起来，但却毫无可能。

168. 这以后，我特别查考了圣徒们所犯的罪，发现自己的罪都超过他们的。于是，我自忖，假设我把他们犯的所有罪都加在一起，再与我的罪相比，难道这样我还不能找到一点安慰吗？尽管我的罪比他们中的任何一个都要大，但如果和他们加在一起的罪不相上下，那我就有盼望了；因为基督的宝血有足够的功效洁净他们所有的罪，必然也有足够的功效洗净我的罪，纵然我的罪足以和他们所有的罪相当，甚至可能更大。在这一点上，我又想起了大卫王、所罗门、玛拿西、彼得，以及其他大罪人所犯的罪，希望在公平的前提下，多考虑一些情况，尽可能加重或加大他们的罪行。但是，唉！一切都枉费心机。

169. 我这样自我思忖，大卫王借亚扪人子孙手中的剑，用流人血的罪来掩盖他犯奸淫的罪；倘若不是有预谋地连续犯罪，他是无法实施的，这一点大大加重了他所犯的罪。但我转念又想到，这些罪只是违背了律法，上帝已经赐下耶稣来拯救他们脱离那罪；而我的罪却是抵挡救主，谁又能救我脱离这个罪呢（参撒下11章）？

170. 之后，我又思想所罗门所犯的罪。他娶外邦女子为妻，受引诱去拜偶像，并为她们建偶像的庙，而且这是他年老的时候，在蒙受上帝的光照和丰盛的慈爱之后所行的事。但与前述相同的结论也如此打断了我的思考，即，他所行的一切只是违背了律法，上帝已经为此赐下救赎，而我出卖的是我的救主，如今再没有赎罪的祭了（来10:26）。

171. 于是，我在他们所犯的罪上，再加上玛拿西所犯的罪。他在耶和华的殿中为偶像筑坛，又观兆，用法术，行邪术，立交鬼的和行巫术的，把自己的孩子作为火祭向魔鬼献上，还流许多无辜人的血，充满了耶路撒冷（参王下21:1—18）。我认为这些都是大罪，充满了血腥的色彩。但我回过头来又想，这些罪在性质上与我的罪完全不同；我离弃了耶稣，出卖了我的救主。

172. 我的罪直截了当地抵挡了我的救主；我犯了大罪，因为我在内心说过："如果他愿意，就让他走吧！"一想到这些，我便心如刀绞。哦！

我的罪比一个国家、一个王国甚至是全世界所能犯的罪都大！没有一个可赦免的罪与我的罪相当，即使所有的罪都加在一起，也赶不上我所犯的罪。我的罪比他们每一个人所犯的罪都要大。

173. 于是，我发现自己一心想要逃避上帝，就像从可怕的审判官跟前逃开一样。可是，令我痛苦的是，我并没有办法逃脱上帝的手，"落在永生上帝的手里，真是可怕的！"（来 10:31）然而，赞美上帝的恩典！在这些落荒而逃的罪当间，圣经上的话却在呼唤着我，就仿佛在我身后追赶我似的："我涂抹了你的过犯，像厚云消散；我涂抹了你的罪恶，如薄云灭没。你当归向我，因我救赎了你。"（赛 44:22）当从上帝面前逃离的时候，这句话临到了我内心。我从上帝面前逃开，也就是说，我的心、我的灵都从他面前逃跑了，因他的至高，我无法忍受（伯 31:23）。可是，却有经上的话在大声喊着："你当归向我，因我救赎了你。"这声音还真的让我停留了片刻，好像还扭头往身后看了看，看看有没有手上握有赦罪权柄、满有恩典的上帝在紧跟着我。但我刚一扭头，有关以扫的那句话又出现了，仿佛黑云一般遮蔽了一切："后来想要承受父所祝的福，竟被弃绝，虽然号哭切求，却得不着门路使他父亲的心意回转。这是你们知道的。"因此，我顾不上回头，只能逃离，尽管那声音不时还在喊着"回来，回来"，仿佛就跟在我身后。可是，我还是害怕靠近它，生怕那不是上帝在呼唤我，因为就像我说过的那样，此时另一个声音依然在我的良心中回响："后来想要承受父所祝的福，竟被弃绝了！"

174. 有一天，我在一个善良的人的商铺里踱来踱去，不停地悲叹自己凄惨阴郁的境况，为自己邪恶、不敬的思想十分憎恶自己，又被这种自厌自弃弄得苦不堪言。我也深深地哀叹自己这艰难的命运，因我竟犯下了如此的大罪。我非常害怕自己得不到赦免，同时，我也在心里祈祷说，倘若我这罪不同于那抵挡圣灵的罪，就求主将这点启示于我。正当我要深陷恐惧之中不能自拔的时候，突然间，好像有一阵疾风跃窗而入，临到我，那风声悦耳动听，就仿佛有一个声音说道："你是否曾拒绝过靠基督的宝血称义呢？"霎时间，我过往的整个生命和我承认的道都在我眼前展开了，我由此看见自己并没有蓄意拒绝过，于是在内心呻吟着应答道："不，从没有过。"此时，上帝的话语大有能力地临到我："你们总要谨慎，不可弃绝那向你们说话的。"（来 12:25）这句话奇妙地抓住了我的心，它带来了亮光，又吩咐我心中那些嘈杂纷乱的思想安静下来。之前，这些思想就像没有主人驯养的地狱之犬，习惯于又吼又吠，在我内心发出极其可怕的噪声。这话也向我表明，耶稣基督仍然有充满恩慈、怜悯的话语给我，他并没有像我害怕的那样完全抛弃我、与我的灵魂断绝关系。是的，这是在检验我是否会继续滑向绝望——虽然我是如此罪大恶极，但倘若我还不鼓起勇气去寻求上帝儿子的救赎，这对我来说也就是一种威胁。至于这一奇妙的安排，我不知道该如何判定，不知道它是怎么回事，也不知道它从何而来。20 年过去了，我至今仍无法判定；当时想到的那些，现在提都不愿意提了。不过，一个真真切切的感受是，那阵不期而至的疾风确实就仿若天使降临。但对这阵风和它所意味的得救我先暂且搁置，不做判断，直等到审判的日子。我唯一明白的就是，这阵疾风带出的权柄大大平静了我的灵魂，使我确信自己仍有盼望。它向我显明了什么是不可赦免的罪，也让我看到，我的灵魂仍然拥有蒙福的特权，可以逃到耶稣那里去寻求怜悯。但我要说，关于这个奇妙的安排，我依旧不知道该说什么；这也是为什么在这本书中，一开始我并不讲异象之类的事。现在我谈了，目的也是为了将它留给具备正确判断力的人去思考。我的得救不在于这件事，乃在于上帝，是借着上帝的应许。不过，鉴于我写的都是我内心深处的东西，那就无妨让它也展露出来，尽管现在我还无法把它当成自己的经验来讲述。这次奇妙的经历让我回味了约莫三四天的样子，之后又开始怀疑，又陷入绝望之中了。

175. 因此，我的命运依旧在我面前悬而不决，我不知道自己会往哪个方向倾倒。我的灵魂唯一渴望的就是借着祈求和祷告，俯伏在耶稣基督脚前仰望恩典。但是，唉！现在我很难再觍着脸祈求基督赐下怜悯。我得罪了基督，犯了最卑劣的罪。我要说，在如此卑劣地得罪基督之后，再想见他的面实在是太难了。实际上，从他身边堕落之后，我发觉自己很难借着祷告回归上帝，借由其他任何途径也一样是徒劳。唉，如今羞愧和我如影随形，尤其是方才我还如此轻看基督，现在却打算向他祈求怜悯。我因犯下这样邪恶的罪而羞愧难当、惊慌失措。我发觉自己只有一条路可走，就是到基督那里，谦卑地祈求他借着他自己奇妙的恩慈，向我施怜悯，可怜我那可悲、犯罪的灵魂。

176. 这件事情撒但也察觉到了，于是它极力怂恿我不应该向上帝祈祷，说祷告对任何像我这种情形的人都不适合，也不会给我带来任何好处；因为我已经拒绝了中保，而一切祈祷都必须借着中保才被父神所接纳，没有中保，任何祷告都不能到达他面前。因此，现在祷告只能罪上加罪；上帝既已弃你而去，这时候的祷告只能是以另一种方式冒犯上帝，触怒他，其程度比之以往将有过之而无不及。

177. 撒但说："在过去这些年间，上帝早已经厌烦你了，因为你不是属乎他的；你在他耳边的哀哼恸哭，对他来说已经不再悦耳。因此，是他让你犯下这样的罪，好把你彻底剪除。现在，你仍要祷告吗？"魔鬼这么刺激着，并解释道，在《民数记》中，摩西也曾对以色列人说，因为他们没有照上帝所吩咐的那样上去得那地为业，所以尽管他们日夜祷告，流泪哀哭，他们自此之后却再也不得进迦南地了（民14:36—37）。

178. 另有一句经文这样说道，一个任意用诡计犯罪的人，就是逃到上帝的坛那里，也当捉去把他治死（出21:14）。正如约押，他逃到耶和华的帐幕，所罗门王却差人将他杀死了（王上2:28—29）。这几处经文令我十分痛苦不安。我的境况是如此令人绝望，我自忖自己是必死的了；而如若果真这样，将来有一天，人们会说这个人是俯伏在基督脚前祷告的时候死去的。上帝知道，我在向他祷告祈求，尽管那是如此困难。与此同时，有关以扫的那段经文依旧在击打着我的心，它就像那把发出火焰的剑，把守着生命树的道路，恐怕我伸手摘了生命树的果子吃，就永远活着（创 3:22—24）。哦！有谁知道进到上帝的面前祷告是多么艰难！

179. 我渴望上帝的子民为我祷告，但又担心上帝并未赐给他们代祷的心志。是的，我的灵魂害怕得发抖，恐怕他们中的一些人会立刻告诉我说，上帝让他们不要为我祷告，因为他已经弃绝了我。关于以色列人，上帝也曾对先知耶利米说过同样的话，"你不要为这百姓祈祷"（耶11:14），因为上帝已经弃绝了他们。是的，我想上帝已经悄悄地和他们中的一些人说过这话了，只是他们不敢告诉我，我也不敢向他们问起，恐怕若是果真如此，我便要因此而痛苦得发疯。那个中途放弃信仰的意大利律师史柏拉就曾经说过："人知道罪的起头，但罪的结局又有谁能界定？"

180. 大约就在这个时候，我找机会向一个老基督徒坦陈心迹，告诉他我的全部情况。我告诉他，自己恐怕犯了亵渎圣灵的罪，而他告诉我，他也是这样认为的。因此，在他那里，我没得到什么安慰。与他多交谈了一会儿之后，我发现他虽是个良善的人，但在与魔鬼争战上却像是一个局外人。于是，我又回到上帝那里，尽我所能祈求他的怜悯。

181. 现在，撒但又开始讥讽处在悲惨境地中的我。它说，由于我已经离开了主耶稣，并使他感到不悦，而我又必须靠他来阻止我的灵魂被地狱之火吞噬，所以现在只有一条路可走，那就是，祈求天父在他的儿子和我之间作中保，使我们得以和好，这样我才可能在基督里有分于他有福的圣徒们所蒙受的那些恩惠。

182. 此时，圣经上的一句话紧紧抓住我的心："只是他心志已定，谁能使他转意呢?"(伯 23:13)哦! 我明白了,向上帝祈求这样一件事的难度,几乎等同于说服他在已有的世界、已立的约和已有的圣经之外,再造一个新的世界,再立一个新约,或再赐一本新圣经。这无异于是要让上帝相信他已成就的一切都十分荒谬,是要说服他改变——是的,就是废除——整个救赎的方式。"除他以外,别无拯救。因为在天下人间,没有赐下别的名,我们可以靠着得救。"(徒 4:12)这句经文几乎要把我的灵魂撕成碎片。

183. 如今,满有自由、满有恩典的福音话语竟成了我最大的痛苦。是的,甚至没有什么比想到耶稣基督更让我痛苦的了。由于我把救主弃绝了,所以一想起他,就显出我的罪大恶极,也连带着提醒自己失丧的光景。没有什么比这更能刺痛我的良心了。每当想到主耶稣,想到他的恩典、慈爱、良善、温柔,想到他的死亡、他的宝血、他的应许和神圣的劝勉,想到他所赐下的安慰,我的灵魂就仿佛要被利剑刺穿了。因为每当想到这些的时候,我的心里总会不由自主地涌出这样的念头:"是的,这就是慈爱的救主耶稣,上帝的独生子,而你却如此轻看、怠慢、亵渎他,竟将他抛弃了;这是唯一的救主,唯一的救赎主,只有他能如此爱罪人,甚至用自己最珍贵的宝血洗净他们的罪,但你在基督里却是无分的,因为你已经离弃了他,并且在心里说过:'如果他愿意,就让他走吧!'现在,你与基督隔绝了,你将自己与基督隔绝开来。瞧啊,你已经与基督的恩慈无分了!"哦! 我失去了什么! 我离弃了什么! 我使自己的灵魂不能承受上帝的国! 哦! 让救主由羔羊变成狮子和毁灭者,并被上帝的恩慈和怜悯所毁灭是多么令人悲哀(启6)! 正如我说过的那样,每当看到上帝的圣徒,特别是那些深爱他、在这世上定意与他同走天路的,我都感到恐惧战兢,因为他们惧怕得罪他们的宝贵救主,言行举止谦卑温柔,这一切都令我深觉自己有罪,更加增了我内心的羞愧和痛苦。他们的名声使我惊恐惧怕,在上帝的诸撒母耳面前,我亦战战兢兢

（撒上 16∶4）。

184. 此时，撒但又开始用另一种方式嘲弄我的灵魂。它说，事实上，基督非常同情我的境况，也对我的失丧感到惋惜。不过，鉴于我所犯的罪，他一点都帮不了我，也不能将我从恐惧中救拔出来；因为我的罪与基督为之流血舍身的那些人的罪性质不同，不能归到被钉十字架的基督身上。因此，尽管他的确十分可怜我，但除非他从天上下来，为我的这种罪再死一次，否则，我不可能得到上帝的恩惠。这一切在别人看来似乎很可笑，因为它们本身的确十分荒唐，可是对我来说，思考这些事情却最令我不堪折磨。耶稣基督赐给我如此的大爱，如此怜悯我，却依然救不了我，这更加增了我的痛苦。我认为他救不了我的原因并不是因为他欠缺能力，或他的救恩在别人身上已经耗尽了，而是因为他是信实的，必施以公义的审判，不会对我格外施恩。此外，正如我已经说过的那样，我的罪并不在按着应许必蒙赦免的范围之内；既是如此，我着着实实知道，就是把天地废去也要比我得永生来得容易一些。总之，我的所有这些恐惧源自于我对上帝神圣话语的坚信不疑，也源自于我就自己犯罪性质所受的误导。

185. 唉，想到基督并不是为我所犯的罪而死，我的痛苦就愈发加增了。这些想法如此蒙蔽、禁锢、捆绑我，使我失去信心，不知该如何是好。哦！唯愿他再次舍身！哦！人的救赎工作仍需由基督来成就！我何等愿意向他祷告，祈求他把我的罪归入他为之舍身的那些罪之中！可是，这句经文却给了我致命的打击：“基督既从死里复活，就不再死，死也不再作他的主了。”（罗 6∶9）

186. 就这样，那诱惑者以各种奇奇怪怪、异乎寻常的方式来攻击我，以致我的灵魂就像一艘破船，随风飘摇，有时一头栽入绝望之中，有时又触上律法之约的暗礁，有时又盼望能再订立一个新约，而这个新约及其附带条件能够比照我所认为与我相关的情形，调整方向并作更改。在这过程中，我仿若撞上了一座座岩礁，都要被撕裂扯碎了。哦！罪的实行引发不可思议的妄想、惊骇和恐惧，继而结出绝望的恶果。我就像那与死人一起"常住在坟茔里"的人，"昼夜常在坟茔里和山中喊叫，又用石头砍自己"（可5:2—5）。但我要说，这一切都是徒劳，绝望并不会带来安慰，律法之约也不会带来拯救。就是到天地都废去了，上帝的话语和恩典的法则一点一画也不能废去，都要成全。我看到、感觉到了这一点，为此哀哼叹息；但我也因此而得益处，那就是，进一步证实了救恩之道是确凿无疑的，并且圣经就是上帝的话语。哦！我现在无法用言语表达我所看到并感觉到的耶稣基督，这块人类救恩的磐石是何等恒久稳固；他所成就的一切都不能废去，既不能加添，也不能更改。我也实在看到了，那不可赦免的罪会驱赶一个人的灵魂远离基督；但那被罪如此驱赶的人有祸了，他将被上帝的话语关在门外。

187. 因此，不论想什么或做什么，我总是十分颓丧。有一天，我徒步到附近的一个小镇去，坐在街边的靠背长椅上，脑子里纠缠着自己因着罪而陷入的极其可怕的光景。我沉思良久，一抬头，瞥见了那照耀天空的太阳，但似乎连太阳也吝啬给我一缕光芒。铺在街上的每一块石头、屋顶上的每一片瓦似乎也都一门心思要来攻击我。在我看来，它们似乎全都联合起来，要将我逐出这个世界。它们厌恶我，不乐意我住在它们中间，也不愿意我有分于那天上的恩惠，因为我已经得罪了救主。哦！如今这地上的每一个受造物都要比我快乐！他们站立得稳，持守得住，而我却失丧、灭亡了。

188. 我抑制不住心中的愁苦，哀叹了一声，自言自语道：上帝怎么会安慰像我这样的可怜人呢？我的话音刚落，有一声应答就像回声一般临到了我："这罪不至于死。"顿时，我好像一个死人从坟墓里复活了，大声呼喊道："主啊！你怎么能找到这般奇妙的话语呢？"我为此大大希奇，这句话既出乎意外，又恰如其分，就像一场及时雨。它带着能力、甜美、亮光与荣耀临到我，对我来说实在是太奇妙了！在过去，我一直害怕自己的罪是不可赦免的，害怕自己因此失去祷告和忏悔的权利，或者即便那么做了，也得不到任何益处；此刻，所有这些大困惑顿时都烟消云散。我想，倘若我的罪不至于死，那就是可赦免的了；如此，我就得到鼓励，靠着基督进到上帝面前寻求怜悯，相信赦免的应许必定会张开双臂接纳我，恰如接纳别人那样。知道自己的罪是可赦免的，是不至于死的（约一5:16—17），这给了我极大的慰藉。只有经历过这一切的人，才能理解我遭遇过的祸患，也才能明白经由这样的思考，我的灵魂所得到的安慰。它解开了我的绑索，使我脱离了狂风暴雨。如今，我似乎可以和其他罪人站在一起了，并且像他们中的任何人那样，也拥有读经、祷告的美好权利了。

189. 现在，我可以说，我有了盼望，盼望自己的罪不是不可赦免的；而且，我也可能有希望获得赦免。但是，哦，撒但真是竭尽全力要再次将我击倒！只是在这一天和第二天的大部分时间里，它都没能办到，因为临到我的这句话就像一根磨坊柱那样稳稳立在我身后。可是，到了第二天的晚上，我感觉这句话开始离我而去了，不再给予我力量，我便又回到了原有的恐惧之中，但我真是非常的不情愿，非常的愤懑，因为我实在害怕那悲伤绝望的光景。我的信心还是小的，还容纳不下这句奇妙的话语。

190. 第二天，我被恐惧折磨了一晚上，最终还是去寻求主。当我在祷告的时候，我向主大声呼求，我的灵魂用尽气力向主呼喊道："哦，主啊！求你向我显明你是以永远的爱爱我。"（参耶31:3）我刚喊出这句话，又有一个声音带着甘甜像回声一般临到我："我以永远的爱爱你！"我立刻安静了下来，便上床睡觉去了。当我第二天早晨醒来的时候，这句话在我心里依然那么新鲜活泼。我相信主是以永远的爱来爱我的。

191. 但撒但仍旧在纠缠我，费尽心机想要扰乱我内心的平静，在一天的时间里，它攻击我的次数绝不下百次。哦！我遭遇了怎样的争战与冲突！当我努力要持守主的应许的时候，有关以扫的那句经文就会像电闪雷鸣一般从我面前掠过。我的心情时好时坏，有时一个小时之内竟反复二十次之多。但上帝不断让我振作起来，保守我的灵魂不致沉沦。由此，一连有好几天，我的内心充满了得蒙赦免的盼望，这给了我无比的甘甜和慰藉；因为我清楚地看出，当我犯这罪的时候，上帝依然爱我，而且不论过去、现在和将来，他都永远爱我！

192. 现在，我明白自己所犯的是最野蛮的罪，是污秽不堪的；我不得不承认自己极其可怕地亵渎了上帝神圣的独生子，心中无比羞愧和惶恐。我的灵魂热爱他，同情他，我的肺腑心肠切慕他；因为我看见他依旧是我的朋友，我以恶待他，他却以善待我。是的，我的心中燃起了对救主耶稣基督炽热的爱，此刻这份爱让我巴不得自己因亵渎主而受到重重的责罚。当时我想，只要我的救主吩咐我，就算我的血管里有一千加仑的血，我也愿意白白地洒在他的脚前。

193. 于是，我开始思考到底该如何爱主，如何表达我对他的爱。当我研经、沉思的时候，有两节经文临到了我："主耶和华啊，你若究察罪孽，谁能站得住呢？但在你有赦免之恩，要叫人敬畏你。"（诗 130:3—4）这两节经文，特别是后一节，对我来说实在是太宝贵了；也就是说，主有赦罪的恩典，他是当受敬畏的。换言之，依据我当时的理解，就是要叫人爱他，敬畏他；因为我已经清楚明白，至高的上帝是如此看重他可怜的受造物对他的爱，以至于他宁愿赦免他们的过犯，也不愿放弃他们的爱。

194. 此时，另一句话应验在我身上，使我心里复苏畅快："好使你在我赦免你一切所行的时候，心里追念，自觉抱愧，又因你的羞辱就不再开口。这是主耶和华说的。"（结 16:63）那一刻，我的灵魂从过去的罪恶感和惊惧惶恐中得到了释放，我当时真的认为，自己永远不会再受它们的折磨了。

195. 尽管蒙受了如此多的恩典，但几个星期之后，我又开始悲观失望了，唯恐自己最终还是会受到蒙蔽而灭亡。这个念头在我的脑海里是如此强烈，以至于无论从永生应许的话语中得到怎样的慰藉和平安，我都要到圣经中去寻找与之相应、相一致的印证，并以前所未有的力量紧紧地抓牢它，否则到最后我都会觉得不是那么一回事；因为"经上的话是不能废的"（约10:35）。

196. 我的心因此而痛楚难忍，担心自己最终还是会遭遇失望。于是，我极其认真地开始省察自己所得的安慰，并查考是否有人犯了与我同样的罪，却依旧能满有信心地仰赖上帝的信实，并像我一样倚靠那些给予我慰藉的上帝的话语。然而，我在心里想到的却是这样几句话："论到那些已经蒙了光照、尝过天恩的滋味，又于圣灵有份，并尝过上帝善道的滋味，觉悟来世权能的人，若是离弃道理，就不能叫他们重新懊悔了，因为他们把上帝的儿子重钉十字架，明明地羞辱他。"（来6:4—6）"因为我们得知真道以后，若故意犯罪，赎罪的祭就再没有了，惟有战惧等候审判和那烧灭众敌人的烈火。"（来10:26—27）"恐怕有淫乱的，有贪恋世俗如以扫的。他因一点食物把自己长子的名分卖了。后来想要承受父所祝的福，竟被弃绝，虽然号哭切求，却得不着门路使他父亲的心意回转。这是你们知道的。"（来12:16—17）

197. 此刻，福音的话语从我的灵魂中被夺走了，我在圣经中也找不到能够带给我应许和安慰的话语。"以色列啊，不要像外邦人欢喜快乐。"（何9:1）这句话击打在我的心上，折磨着我。那些信靠耶稣的人当然有理由欢喜快乐，而至于我，则因罪将自己与基督隔绝开来了；在宝贵的永生应许上，我找不到可以倚靠或者立足的地方。

198. 如今，我实实在在地感觉到自己仿佛陷入了深渊，又好像一所根基已毁坏的房子。我的光景好比一个小孩掉进水潭之中，他在水中挣扎扑腾，却因为抓不到可以稳住自己的东西，最终还是丧了命。撒但的新攻击正要攫噬我的灵魂，另一句经文又临到了我的心："这……关乎后来许多的日子。"（但10:14）我发现事实就是如此，因为大约在两年半之久的时间里，我都无法得到释放，再也找不着内心的平安。尽管"许多日子"这几个字本身有些令人沮丧，但对于惧怕这样的光景没有尽头的我来说，它们有时却能带给我一些帮助和鼓励。

199. 我想，"许多日子"就意味不是永远，就有个尽头。因此，尽管痛苦不堪的时日并不短暂，而是许多日子，但我却为这"许多日子"感到高兴。有时，我会想到这些，由此得到一些帮助。不过，尽管我这么想了，但也只是偶尔这么想想而已，这些想法还没有扎根在我心里，还不能在任何时候都给我以安慰。

200. 当这些经文在我面前展开，同时也把罪活生生展示在我面前时，《路加福音》18章的经文"常常祷告，不可灰心"（路18:1），以及其他一些类似的经文的确也带给我鼓励，敦促我向上帝祷告。但撒但接着又开始猛烈地攻击我，说上帝的慈爱和基督的宝血完全与我无关，对我的罪毫无用处，因此我的祷告也是徒劳无益的。然而，我想，我还是决意要祷告。"但是，"撒但说，"你的罪是不可赦免的！""我要祷告！"我这么回答。"这是徒劳无益的！"撒但又说。"我还是要祷告！"我回答道。于是，我就去向上帝祈祷。我在祷告的时候，发出这样的祈求："主啊，撒但说你的慈爱与宝血都不足以拯救我的灵魂。主啊，你若愿意，就必能救我。主啊，你是要我这样相信来荣耀你，还是不要这样相信去荣耀撒但？主啊，愿荣耀归于你！我相信凡你愿意的，就必成就！"

201. "你的信心是大的。"（太15:28）当我这样跪在上帝面前祈求的时候，这句经文紧紧抓住了我的心；它临到我，就仿佛有人拍了拍我的背。不过，当时我还不敢相信这就是信心的祷告，一直到大约半年之后我才确信这一点。那时我并不认为自己有信心，更不认为自己的信心会在一句话中彰显出来。因此，我仍旧像是被绝望吞噬了一般，在可悲的光景中忧伤叹息："难道上帝的慈爱已经穷尽了吗？难道他的慈爱再也临不到我身上了吗？"当我这样悲伤叹息的时候，并不能确信问题的答案究竟如何；但我非常害怕事实就是如此。

202. 现在，我最想弄清的就是这个问题的答案，没有一件事比这更令我渴望的了。正当我十分急切地想知道自己是否还有盼望的时候，下面这几节经文不知不觉间进到了我的心里："难道主要永远丢弃我，不再施恩吗？难道他的慈爱永远穷尽，他的应许世世废弃吗？难道上帝忘记开恩，因发怒就止住他的慈悲吗？"（诗77∶7—9）它们一直萦绕在我的心头，在我看来，这就是给我的答案，告诉我他的慈爱可能仍未穷尽。是的，对我来说，它们发出的质问蕴含着这样一个确据：他的慈爱不会穷尽，他不会丢弃我，仍会施恩于我；他的应许永远不会废弃，他的恩典和慈悲永不止息。当时，临到我的还有另一节经文，虽然现在我已经回想不起那句话了，但它与这几节经文一起使我的心充满了甘甜。由此我得出这样的结论：上帝的慈爱永远不会消失，也永远不会穷尽。

203. 这以后，记得有一天，我又在苦苦思考着另一个问题，也就是，基督的宝血是否足以拯救我的灵魂。从早晨一直到晚上七八点，我被这个疑问不停地困扰着，心中惶恐不安，最后几乎要被这恐惧搅得崩溃。这时，突然有一个声音在我心底响起："他能够拯救到底！"（来7∶25）其中，"能够"这个词说得特别大声。这个词在我心里映成了如此大的字，仿佛巨笔写就，将盘踞了一整天的恐惧和疑惑重重地撞出了我的心房。在我的一生中，无论那天之前还是之后，我都没有受到如此大的撞击。

204. 一天早晨，我又因恐惧而战兢发抖，在祷告的时候，害怕再没有上帝的话语能帮助我了。但圣经中的一句话又速速临到我："我的恩典够你用的。"（林后 12 :9）这使我得到了些许鼓励，似乎又有了盼望。哦！上帝赐下他的话语，实在是太美妙了！其实在两星期前，我在圣经中恰恰就看到了这句话，但那时并没有得到什么安慰，我的灵魂也不能完全亲近它，以至于我在一气之下竟将圣经丢开了。那时，我认为上帝的恩典对我来说并不够大；不！一点都不够我用！然而，此刻上帝恩典的臂膀却是如此宽广，不仅荫庇着我，也荫庇着许许多多其他的人。

205. 在这之后七八个星期的时间里，圣经上的这句话一直在扶持我，但我的内心却依旧经历着极大的争战。我心中的平安时有时无，有时一天之内这样交替达二十次之多。有时刚得到些安慰，转眼间烦恼就又袭来；这阵子平安了，前一阵子内心的恐惧和负罪感却几乎大得不可承受。这种情形并非偶尔出现，而是我整整七个星期真实的经历。有关"上帝的恩典够用"和"以扫放弃长子名分"的两段经文，在我脑海里仿佛置于一架天平的两端，有时这端更重，有时另一端更重，而我的内心或平安或烦恼，总是随之起起落落。

206. 我还是不停地向上帝祷告，祈求上帝将这句经文更充分地启示于我；也就是说，祈求上帝帮助我完整地理解这句话，因为我自己还不能做到这一点；他给我的，我便拾起来（参诗 104 :28）。但我能做的也仅限于此，因为迄今为止我只从"我的恩典是够你用的"这句话中寻找到这样一个盼望，即上帝的恩典可能有分于我。尽管这句话没有给我进一步的启示，却已经回答了我的前一个疑问，也就是说，我依然存有盼望。然而，因为上帝并没有特别启示我说："我的恩典是够你用的！"（林后 12 :9）所以，我无法真正得到满足，只能向上帝祈求赐与我特别的恩典。有一天，当我参加一次基督徒聚会的时候，我所惧怕的又强烈地临到了我，我的心中又充满了悲伤和恐惧；我想我灵魂的光景不可能变得更好了。但就在我最悲观绝望的时候，这句话却突然大有能力地接连三次临到我："我的恩典是够你用的！我的恩典是够你用的！我的恩典是够你用的！"对我来说，这句话中的每个字、每个词对我都充满了大能：
"我的"、"恩典"、"够用"、"你"。这些字眼从那时到如今仍时常比别的字
眼给我更大得多的安慰。

207. 也就在那一刻，我的悟性大大蒙了光照，我仿佛看见主耶稣正
从天上透过房顶的瓦片俯视着我，向我面对面直接说出那些话。想到这
些，我又是忧伤心碎，又是满了喜乐；在上帝面前，我仿若一粒尘土般
卑微。一连几个星期，我都受到鼓励，满怀盼望。不过，这样满有荣耀、
满有畅快和安慰的光景并没有持续太久。一俟那话语大能的功用在我心
中消失，有关以扫的那句经文就像过去那样又出现了。于是，我的灵魂
重又像被置于那架天平之上，时起时落；这会儿有平安，不一会儿又陷
入恐惧之中。

208. 就这样，我时而满有安慰，时而又沉浸在痛苦之中，恍惚间又
过了好几个星期。有时，这种痛苦会变得特别不堪忍受，因为前面提到
的《希伯来书》中有关以扫的那节经文总是会浮现在眼前；正是它将
我挡在了天堂之外。于是，我又开始后悔，后悔一开始怎么会让那样
的思想进到我脑子里；我也会自顾自地想：唉！有多少经文跟我作对
呢？不就只有三四处吗。难道上帝就不能略去它们，看在其他经文的
分儿上拯救我吗？哦！假若没有这三四处经文，现在我该得到多少安
慰啊！有时，我几乎无法再忍受下去了，只能希望这些经文不再出现
在圣经里。

209. 这时，我仿佛看见彼得、保罗和约翰等所有的作者都在轻蔑地
看着我，嘲笑我。我仿佛听见他们在对我说："我们全部的话语都是准确
无误的，每一句话都带着同样的权柄和能力。不是我们要剪除你，而是
你自己让自己被弃绝了。"他们还告诫我，让我紧紧抓住他们所说的这样
一些话语："得知真道以后，若故意犯罪，赎罪的祭就再没有了"（来
10:26）；"他们晓得义路，竟背弃了传给他们的圣命，倒不如不晓得为
妙"（彼后2:21）；因为"经上的话是不能废的"（约10:35）。

210. 在我看来，这些话语就好比是逃城的长老，他们是我和我的案子的审判官。我站在逃城的城门口战兢发抖，听候审判，而那些报血仇的正在我身后紧追不舍。此刻，我心中有万千的恐惧和不信任，我怀疑他们会永远将我关在城门之外（书20:3—4）。

211. 于是，我又陷入困惑之中，不知道该做什么。对于是否会在圣经里找到让我灵魂得救的依据这一问题，我也不知道是否会得到满意的答案。在使徒面前，我甚是恐惧战兢；我知道他们的话语都是真实无误的，他们的话必永远立定（参赛40:8）。

212. 我记得有一天，我的心情依旧是时好时坏，依凭临到我的那些经文的性质而定：如若是满有恩典的，我就有平安；如若是有关以扫的，我就异常痛苦。主啊，我急切地想知道，如果这两种性质的经文同时进到我心里，究竟哪个会占上风呢？于是，我热望着它们一起临到我心中；是的，我祈求上帝成就这事。

213. 两三天之后，事情果真这么发生了。两种不同性质的经文同时临到了我身上，不可思议地在我心中一同作工、争竞了一会儿。最终，有关以扫出卖长子名分的那节经文消弱、退却，突然消失得无影无踪了；有关"上帝的恩典够你用"的那节经文带着平安和喜乐得胜了。正当我默想此事的时候，下面这节经文又临到了我身上："怜悯原是向审判夸胜。"（雅2:13）

214. 对我来说，这实在是太奇妙了。我认为这的的确确是出于上帝，因为律法的言语和愤怒必然要让位于永生之道和恩典；若是定罪的话语有荣光，那使人蒙受救恩、得着生命的话语就越发有荣光了（林后3:8—12；可9:5—7）。同样，摩西和以利亚必然退去，留下的只有基督和他的圣徒。

215. "到我这里来的，我总不丢弃他。"（约6:37）这节经文也适时来造访我的灵魂，使我深觉甘甜。哦！"总不丢弃"这几个字对我来说是何等的安慰！这好像是说，无论我做了什么，他绝不会因任何事情而丢弃我。然而，撒但却费尽心机想要把这应许从我手中夺走。它说，基督在这句话中说的不是我这类人，而是那些犯了轻罪的人，他们并没有犯我所犯的那种罪。但我再次回应道："撒但，在这句话中，没有这样的例外；'到我这里来的'指的是任何一个人。凡是愿意到他那里去的，他都绝不丢弃。"撒但为了将圣经的话语从我心里夺走而玩弄的那套伎俩，我依然清清楚楚地记得。"但你是按正道到他那里去的吗？"撒但不断用这个问题来攻击我，以前它从没有这么丧心病狂过。我想，它这么做的原因是，它知道我现在已经完全弄清了"按正道去"指的是什么。因为我明白了，"按正道"就是按我原本的样子——一个卑贱的、不敬畏上帝的罪人——到基督那里去，俯伏在他脚前，向他认罪，祈求他的怜悯。　在我的一生中，如果撒但和我在上帝的话语上有过争夺的话，大概就是争夺基督的这句恩言了。撒但在一边，我在另一边。哦！这是何等的争战！为了《约翰福音》中的这句话，我们都在努力拉拽、抗争。撒但拼命往那边拉，我也拼命往这边拉。但上帝是应当称颂的，我胜过了撒但，从这节经文中品尝到了甜美。

216. 虽然有这么多的帮助，也有来自恩典话语的祝福，但以扫出卖长子名分的那节经文还是会不时来折磨我的良心。尽管不久前刚刚得了最甜美的安慰，但有关以扫的那段经文浮现在脑际的时候，我又会变得惊恐不安。我无法完全摆脱它，每天都不堪其扰。于是，我只好另辟蹊径，试图找到这一亵渎思想的本质，我的意思是，对这段经文进行细致的研究，逐字逐词地赋予它们原本的能力和力量。当我这么进行思考的时候，我发现，如果公平地看待这些词句，这段经文总体上其实就等同于我所说的那句邪恶的话："倘若他愿意，就让他走吧！"——我让主耶稣基督自由选择是否要作我的救主。这时，下面这句经文叫我有了盼望："我总不撇下你，也不丢弃你。"（来13:5）

"主啊！"我说，"可是我却丢弃了你！"

"但我总不离弃你！"（参创 28:15）感谢上帝，我再次得到了回答。

217. 尽管如此，我还是十分害怕上帝会丢弃我。由于我曾经如此冒犯过上帝，所以我发现自己很难完全信靠他。如果那个亵渎的思想从没有发生过，那我该是多么欢喜快乐，那样，我就可以满有平安、自由地倚靠上帝的恩典了。这个亵渎的思想压在我心头，就好像那深重的罪恶感压在约瑟哥哥们的心头一样，他们心里满了恐惧，害怕他们的弟弟最终会厌弃他们（参创 50:15—17）。

218. 在临到我的经文中，最能给我以安慰的，莫过于《约书亚记》20 章了。那里谈到一个人误杀了人，逃到了逃城。在那一章中，摩西这么说道："若是报血仇的追了他来，长老不可将他交在报血仇的手里，因为他是素无仇恨、无心杀了人的。"哦，感谢上帝赐下这样一句话！我确信自己就是杀了人的，那报血仇的正追我而来，令我甚为惊恐。此刻，我唯一能做的就是打听自己是否有避入逃城的权利。我发现，那些埋伏以待流人血的没有这样的权利；只有误杀了人的拥有这样的权利，故意杀人的则没有。那误杀人的是无心流了人血，而不是出于怨恨、妒忌，也没有预谋；他不是故意杀人，之前和邻居也素无仇恨。

219. 因此，我确信自己是可以避入逃城的，因为我就是那与邻居素无仇恨，但却在无意中侵犯了邻居的人。我与上帝也素无仇恨；是的，素无仇恨！我时常向上帝祷告，也时常因得罪上帝而悲伤、苦恼。是的，之前我与那邪恶的试探足足争战了一年之久，而且，当那亵渎的思想进入我心中的时候，我是极其不愿意从我嘴里说出的。因此，我认为自己有进入逃城的权利，而且逃城的长老——上帝的使徒们——不会将我交出去。这给了我极大的安慰，也使我的盼望变得有根有基。

220. 可是，由于我对自己还是非常挑剔，我的痛楚又使我无法确知到底哪一块根基才能足够稳固地支撑住我，我便急于弄清一个十分关键的问题，那就是，那些的的确确犯了不可赦免之罪的人，是不是仍有可能借着基督得到从上帝来的灵里真正的安慰，哪怕这安慰只有那么一点点。经过多方思索之后，我找到的答案是：不，他们不可能得到。理由如下：

221. 首先，犯这种罪的人已经得不到基督宝血的遮盖，被拒之门外了。他们的盼望没有根基，所以，也得不到灵里的安慰，因为对他们来说，"赎罪的祭就再没有了"（来 10:26）。其次，他们被拒于永生的应许之外，已经与之无分了，并且"今世、来世总不得赦免"（太 12:32）。第三，上帝的独生子已经将他们排除在外，不为他们代求了，"在他父的荣耀里，同圣天使降临的时候，也要把那人当作可耻的"（可 8:38）。

222. 可是，当我又仔细想了一遍这件事之后，得出的却是这样一个必然的结论，即，上帝其实一直是在安慰我，即便在我犯了那邪恶的罪之后也是如此。于是，我觉得现在敢冒险前去亲近那些最令人生畏的经文了。好长一段时间，这些经文令我万分恐惧。事实上，此前我甚至不敢将目光投向它们。真的，我费了好大的劲儿，忍受它们不下上百次，一直巴不得它们从圣经上消失不见，因为我觉得它们真会毁了我。但如今，我前面说了，我开始鼓起一些勇气去亲近它们，我开始读这些经文，思考、体会它们的含义，并从中感受这些圣经经节的力量。

223. 当我开始这么做的时候，我发现这些经文似乎改变了面貌，看上去不再像我从前以为的那样冷酷无情了。我最先看的是《希伯来书》6章，心里依旧恐惧战兢，害怕会像从前那样被它击倒。仔细思考之后，我发现在这一章中，"离弃"一词指的是完全的离弃。正如我所认为的那样，离弃在这里就是指离弃福音的真理，完全否认借着基督罪可得赦免。在这一章的头三节中，使徒正是依据这样的福音真理提出他们的论点。我又发现，在这里，"离弃道理"是公开的，是在众目睽睽之下，所以是"明明地羞辱了基督"。我还发现，这里提到的那样一类人都是盲目、刚硬且不愿悔改的，他们永远与上帝隔绝，已经不可能叫他们重新懊悔了。上帝是永远当赞美的！通过这些细节，我知道自己所犯的不是这里所指的那种罪。首先，我承认我自己跌倒了，但我并没有"离弃道理"，也就是说，我并没有否认"信耶稣得永生"。其次，我承认自己犯了罪，使基督蒙羞，但我并没有明明地羞辱基督。我没有在人面前不认基督，也没有在世人面前指责他是那不结果子的。第三，我觉得上帝并没有把我交在仇敌手中，或拒绝我到他那里去，尽管我发觉单凭悲伤、懊悔确实很难进到他的面前。愿颂赞归与上帝，他的恩典不可测度！

224. 接着，我又查考《希伯来书》10 章，发现那里提到的"故意犯罪"指的并不是每一种有意识的犯罪，而是指抛弃基督，同时也抛弃他的诫命。而且，"故意犯罪"一定是公开进行的，有两三个见证人，这样才能满足律法的要求（参来 10:28）。此外，除非顽固地抵抗恩典的灵，蔑视弃恶行义的劝诫，否则，一个人是不可能犯下这罪的。上帝知道，尽管我犯下的罪是如此邪恶，但却不能与这种罪相提并论。

225. 有关以扫出卖长子名分的《希伯来书》12 章一直令我芒刺在身，如同要被杀死一般。但如今我有了这样的思考：首先，这不是一个与他的惯有思想相抵触的草率念头，而是他经过深思熟虑，在思想上完全赞同，之后才付诸行动的（创 25）。其次，这是一个公众的、公开的行为，即便没有很多见证人，至少他的兄弟见证了这件事；就罪的性质来说，这一点远比这个行为的其他方面更令人可恨。第三，以扫一直轻看自己的长子名分；"以扫吃了喝了，便起来走了。这就是以扫轻看了他长子的名分"（创 25:34）。是的，即便在二十年之后，他依然轻视他的长子名分。"以扫说：'兄弟啊，我的已经够了，你的仍归你吧！'"（创 33:9）

226. 接着，我又想到了以扫欲寻求门路，使他父亲的心意回转这件事。我是这么思考的：首先，这不是关乎名分，而是关乎福分。使徒清楚地表述了这一点，以扫自己对此也心知肚明："他从前夺了我长子的名分；你看，他现在又夺了我的福分。"（创 27:36）明了这一点之后，我又转向使徒的话语，去看看有关以扫的罪，在新约的背景和意义上，上帝的心意是什么。就我所能认知的而言，上帝的心意是这样的：长子名分指的是重生，福分指的则是永远的产业。因为使徒曾如此暗示说："恐怕有淫乱的，有贪恋世俗如以扫的，他因一点食物把自己长子的名分卖了。"在这里，使徒似乎是说，恐怕你们之中会有人将上帝赐福的起点抛弃了 —— 这起点如今还在你们身上，为要让你们得着新生 —— 变得像以扫那样，本应承受父祝福，最终却被弃绝了。

227. 至于那许多的人，他们在恩典和怜悯的日子里轻看属天的长子名分，当决定性的那一天来临时，这些人必要像以扫那样大声哭喊说："主啊，给我们开门！"但就像以撒不会回转心意一样，天父也绝不会后悔，必说："我已经赐下祝福，是的，他们将来也必蒙福；至于你们这一切作恶的人，离开我去吧！"（参创 27:34；路 13:25 —27）

228. 当查考这些经文的时候，我发现如此理解经文并不会与其他经文发生冲突，反而会相互印证。这进一步给了我鼓励和安慰，同时也对圣经里没有我灵魂得救的依据这一说法给予有力的一击。现在，暴风雨临近尾声了，雷声已消失在远方，只剩下一些雨点还不时落在我的身上。不过，由于之前经受的恐惧和痛苦实在过于深重，我到那时仍常心有余悸，就像一个从火场中死里逃生的人，感觉听到的每一丁点儿声响都像是在喊："火，火！"每一次轻轻的触碰似乎都会伤害到我柔弱的良心。

229. 一天，当我正从田间经过的时候，良心仿佛又受到了几记重击。我又担心起来，生怕并非一切都万无一失。就在这时，突然一句话临到我："你的义在天上。"透过内心的眼睛我看见，耶稣基督正坐在上帝的右边；于是我说：我的义就是在那边，所以，无论到何处，无论做什么，上帝都不会对我说，他要索取我的义，因为我的义就是在他面前。不仅如此，我还看到，并不是好的内心光景能让自己的义变得更好，也不是坏的内心光景能让我的义变得更糟，我的公义就是耶稣基督自己，他昨日今日，直到永远，都是一样的（来13∶8）。

230. 此刻，锁住我双腿的铁镣脱落了，我从捆锁与患难中得到了释放，所有的试探全都奔逃四散而去。从那时起，那些可怕的经文也不再搅扰我了。因着上帝的恩典与慈爱，我欢欢喜喜地回家了。一到家中，我便查阅圣经，看看是否能找到"你的义在天上"这句话，但最终都没有找到。于是，我的心又低沉了下去。这时，又有一句话让我想起："但你们得在基督耶稣里是本乎上帝，上帝又使他成为我们的智慧、公义、圣洁、救赎。"（林前1∶30）借着这节经文，我知道"你的义在天上"这句话是真的了。

231. 借着这节经文，我看到作为人子的耶稣基督，尽管就肉身的同在而言，他如今离我们相去甚远，但他在上帝面前正是我们的公义和圣洁。这以后的一段时间，借着基督，我满有平安喜乐地活在上帝面前。哦！基督！基督！我的眼里只有基督，别无其他。我不仅专心将基督的恩惠一个一个地分别查考，比如他的流宝血、他的埋葬、他的复活，我也专心地将他作为完整的基督（a whole Christ）来看待！在基督身上，所有这些恩惠，连同他的其他所有的美德、交往、职分和功用，都交织相会在一起；不仅如此，他还坐在高天之上，位于上帝的右边。

232. 能够见证基督被高举，见证他恩惠的价值被人们珍视，通行在地上，这对我是何等的荣耀！现在，我可以把目光从自己身上移开，一心仰望基督了。上帝赐与我的一切恩典在我身上还是新鲜嫩绿的，但在我看来，它们只好比家藏万贯的富人随身携带的钱囊中的那些许碎银，他大块的金银都藏在家中的藏宝箱内！哦，我看到我的金银也都藏在家中的藏宝箱内！藏在基督，我的主和救主那里！基督就是我的一切，是我一切的智慧、一切的公义、一切的圣洁、一切的救赎（参林前1:30）。

233. 接着，主又引领我进入与上帝独生子联合的奥秘之中。我与基督联合，成为他身上的肢体，就是他的骨、他的肉（参弗5:30）；《以弗所书》中的这节经文对我来说真是甜美。借着与基督的联合，我在基督里的信心更加坚固，也更坚信基督就是我的公义。因为，倘若我与基督合一，那么他的公义就是我的义，他的功德就是我的功德，他的得胜也就是我的得胜。如今，我看见自己既是在天上，同时也是在地上；对于我的肉身和人格而言，我是在地上；但借着基督，也就是借着我的元首、公义和生命，我却是在天上。

234. 现在我明白了，上帝如何看待基督，我们也当如何看待他。当看他为一个为众人所共享的人，他的全体选民总是作为一个整体，被看为或算作是藏在他里面的。我们正是借着基督成全了律法，借着他从死里复活，借着他胜过罪、死亡、魔鬼和地狱。他死了，我们也死了；他复活，我们也复活。"死人要复活，尸首要兴起。"（赛26:19）"过两天他必使我们苏醒，第三天他必使我们兴起，我们就在他面前得以存活。"（何6:2）如今，这一切都借着坐在诸天之上至高者右边的人子得以应验，正如《以弗所书》所记载的那样："他又叫我们与基督耶稣一同复活，一同坐在天上。"（弗2:6）

235. 在那些日子里，这些神圣的经文和蒙福的思考，连同许多同样蒙福的事情，都在我眼前闪闪发光。我禁不住发出这样的赞美："你们要赞美耶和华！在上帝的圣所赞美他，在他显能力的穹苍赞美他。要因他大能的作为赞美他，按着他极美的大德赞美他。"（诗150:1—2）

236. 至此，我用不长的篇幅，让大家感受到了我内心经历的悲伤与痛苦。我因自己邪恶的思想一直被罪恶感辖制着，活在恐惧之中。之后，我从中得到释放，蒙受了甜美的祝福和安慰，这些大家都已有所了解了。这些安慰驻留在我心中，长达一年之久，让我感到言语无法诉说的惊异。现在，倘若出于上帝的旨意，我愿在叙述后面的故事之前，先用三言两语解释一下，我为什么会遇见这样的试探，以及后来这试探又最终为我的灵魂成就了什么样的益处。

237. 我认为自己受到试探，主要出于两个原因，而这两个原因我一直深信是我所受的这一搅扰的源头。原因之一是，当从先前的试探中得到释放之后，我并没有继续向上帝祷告，祈求上帝保守我免遭那将来的试探。尽管如此，事实上可以这么说，在遭受这次试探之前，我在内心中也有过多次的祷告，只不过那时我在大部分的祷告中主要还是祈求上帝使我脱离目前的困境，并对上帝在基督里的爱有新的发现，这在事后看来是远远不够的，我也应当向至高的上帝祷告，祈求他保守我脱离那将来的罪恶。

238. 对于这一点的经历使我对大卫王的祷告有很深的感触。他活在上帝的怜悯之下，却时时警醒，祈求上帝保守他远离罪恶和将来的试探："求你拦阻仆人不犯任意妄为的罪，不容这罪辖制我，我便完全，免犯大罪。"（诗 19:13）在我经历这漫长试探的整个过程中，大卫王的这句祷告总是使我羞愧不已，深受责备。

239. 我是如此愚昧，竟忽视了自己祷告的本分。为此，下面这另一句经文也在重重地谴责我："我们只管坦然无惧地来到施恩的宝座前，为要得怜恤，蒙恩惠，作随时的帮助。"（来 4:16）我没有照这样去做，所以才会犯罪、跌倒，因为经上记着说："你们要祷告，免得入了迷惑。"（路 22:40）事实上，直到今日，这件事一直让我心里有如此大的负担和恐惧，以至于每当向主祷告的时候，我都一直跪着，不敢起身，直到我向主发出这样的祷告，祈求他赐下帮助和怜悯，以使我能抵挡那将来的试探为止。我因自己不警醒祷告而遭受折磨，整日、整月、整年地忧伤、懊悔。哦，亲爱的读者，我恳求你们从我所经历的痛苦中学会谨慎自守，免得像我一样忽视了自己的本分。

240. 我受到这个试探的另一个原因是我曾经试探过上帝。事情的原委是这样的：有一回，我的妻子身孕正重，但还没到足月的时间，可是，有一天她却剧痛难忍，仿佛就要临产的妇人，甚至好像立刻就要产难而死，生出个不足月的孩子来。就在这一刻，我受到一个强烈的诱惑，想要试探上帝是否真的存在。于是，一边是妻子躺在我身边，痛苦地哭喊，一边是我以人能想到的最隐秘的方式，在心中对上帝说："主啊，你若此刻能让我妻子脱离这么难受的折磨，让她今晚不要再这么受苦——而她现在正剧痛难忍——这样，我就知道你连心中最隐秘的思念都能辨明了。"(参来4:12)

241. 我在心里一说出这句话，我妻子的痛楚就立刻消失了，她沉沉地睡了过去，一觉就到了天亮。这使我感到十分惊讶，脑子一片木然。有好长时间我都毫无睡意，而我妻子也一直都很安静，之后我也睡着了。第二天早晨起床散步的时候，我又记起昨晚自己在心中所说的话，记起主如何向我显明他能知道我隐秘的思想，一连好几个星期，我一直为此惊骇不已。

242. 唉，大约一年半之后，那个邪恶的思想——"如果他愿意，就让他走吧!"——就钻进了我邪恶的心，这一点我在前面已经说过了。当我为出卖基督的这个思想深觉有罪的时候，我就会不由得想起自己试探基督的那个想法，想起它的后果，它们都在回击我，重重地斥责我：现在你知道上帝明了你心中最隐秘的思想了吧!

243. 随后，我又想起上帝的仆人基甸向上帝求印证的记载。基甸在本应该信靠上帝，大胆照上帝的吩咐行事的时候，却用羊毛的湿和干来试探上帝，所以，上帝后来就让他受大试炼，差遣他去抵挡数不清的敌人，而且看上去也没有给他任何支援或帮助（参士6章，7章）。上帝如此待我是公义的，因为我本来也应该相信他的话，不应该对无所不察的上帝有丝毫的怀疑。

244. 现在，我要说一说从这场试探中我所得到的益处。首先，借着这场试探，我在灵里持续拥有一种非常奇妙的感觉，对上帝及其独生子的存在和荣耀有了完全的把握。以往，在遭遇试探的时候，我总是非常困惑，内心纠结着不信、亵渎，心里刚硬，怀疑上帝和基督的存在，也怀疑圣经的真理和来世的实在性。那时，我还遭受无神论的强烈攻击和折磨。但如今，情形完全两样了。如今，上帝与基督时常在我面前，尽管感受到的安慰不多，更多的是恐惧和战兢。这段时期，上帝圣洁的荣耀的确将我破碎；基督的怜悯和同情也使我肝肠寸断，就仿佛在刑车上被扯裂一般。我只能将他想象为一位被我们丧失又被我们拒绝的基督，而我一想到这里，就仿佛浑身的骨头都要一根根被折断。

245. 现在，圣经的话语对我来说变得奇妙无比。我看到，圣经话语的真理和真实性正是通往天国的钥匙。凡是圣经所赞同的，必承受祝福；凡是圣经所反对并定罪的，必永远灭亡。哦！"经上的话是不能废的"（约10:35），这句话几乎要撕裂我的胸膛。下面这句经文也是如此："你们赦免谁的罪，谁的罪就赦免了；你们留下谁的罪，谁的罪就留下了。"（约20:23）现在，我明白了，众使徒就是逃城的长老（书20:4）；凡是被他们收进逃城的，必得着生命，凡是被他们关在门外的，必死在报血仇之人的手中。

246. 哦！经上的一句话在我心中产生的痛苦和惊恐——我指的是圣经上那些反对我的话——甚至强过一支前来攻击我的四万人的军队，有时我觉得它们中的每一句都有如此的力量。那些被经上的话定罪的人有祸了！

247. 但是，借着这个试探，我却比以往任何时候都更明白应许的本质。我在上帝大能的手底下战兢发抖，不断被上帝公义的大雷撕裂、破碎，这使我谨慎、警醒，极其认真地一页页阅读圣经，又心怀恐惧战兢地殷勤查考圣经中的每一个句子，思考其字里行间带出的能力和应用的范围。

248. 我也因着这个试探，彻底摒弃了从前愚蠢的做法——从前，每当应许的话语临到心里，我总是将它搁置一旁，如今，尽管我无法像从前那样汲取应许中的安慰和甘甜，但我也正如一个行将溺水的人，拼命抓住凡能看到的任何东西；从前，除非我能感受到应许带来的安慰，否则我是不愿搭理它的，但如今已经时不我待了，那报血仇的正紧追着我不放。

249. 因此，我乐于抓住那话语，尽管仍担心自己并没有理由或权利拥有它，我深愿扑进那应许的怀抱，尽管仍担心它会向我关上心门。对于圣经上的话，我也努力地做到上帝如何写下就如何领受它，不去限制哪怕其中一个音节的字面上的力量。哦！此时，我在《约翰福音》6章所看到的是何等有福的话语："到我这里来的，我总不丢弃他。"（约6:37）我暗自思忖道，上帝口中所出的应许是何等大，远超过我心所思所想。我还私下这么想：上帝说话不慌不忙，也不仓促、草率；他有无限的智慧和判断力，他所说的完全出自于真理和信实。

250. 在这些日子里，我一直在痛苦地挣扎，试图靠近这个应许，就像一匹陷入泥沼的马儿想要踏上安稳之地。我就像一个因恐惧而快要神志不清的人，推想着在这个应许中自己应该可以停下来歇口气，剩下的事就等着赐下这个应许的天上的上帝来成就了。哦，为了《约翰福音》6章中这奇妙的应许，我与撒但有过多少的争战！如今，我已经不像过去那样只专注于寻求安慰了，尽管这安慰对我来说是多么求之不得；我要寻求的只是这么一句话，好让我疲倦的心灵能有所依靠，这样我才不至于永远沉沦！我所渴望的就是这个。

251. 是的，每每我要靠近应许的时候，我似乎总是感觉上帝要永远弃绝我。我常常觉得自己好像是在一排长矛尖上奔跑，而上帝正手持一把发火焰的剑向我刺来，阻止我向他靠近。于是，我往往会想到以斯帖，她冒死违例去觐见王（斯4:16）；我也想到了便哈达的臣仆，他们头套绳索，到敌人那里寻求怜悯（王上 20:31）；还有那迦南妇人，虽然基督将她比作狗，但她却毫不退缩（太 15:21—28）。此外，那个"半夜借饼"的比喻（路 11:5—8），也给了我极大的鼓励。

252. 此前，我从未意识到上帝的恩典、慈爱和怜悯是如此长阔高深，这次试探之后我体验到了。大的罪引出大的恩典，哪里有最可怕、最凶猛的罪，上帝在基督里的怜悯就在哪里向我们满有能力地显明出来。当约伯从苦境转回之后，上帝赐给他的，比他从前所有的加倍（伯 42:10）。愿颂赞归于我们的主耶稣基督！此时此刻，我原本有许多感悟想要写下来，但还是长话短说，略去不表。我唯愿祈求上帝，好使我的恶行能让他人引以为戒，免得他们跌倒，像我一样地负上铁轭。

在我从这次试探得释放的过程中，我有两三次对上帝的恩典有如此奇异的体会，几乎产生一种无法承受的感觉，那恩典奇异的程度如此难以测度，当我想到它可能临到我时，我甚至觉得如若让那感觉长久停留在身上，我就会变得无法继续我的活计了。

253. 接下来，我想说一说主在其他一些事情上对我的引领，以及主在不同时期里对我的恩待，也说一说在这之后我所遭遇的试探。我想从自己最初加入贝德福德城上帝子民的团契这件事说起。我向教会提出，我渴望和他们一起照着基督的吩咐和典章而行，他们接纳了我。在这期间，我想到了基督圣洁的圣餐礼，他在死前和门徒在一起吃最后一次晚餐时，吩咐他们说："你们也应当如此行，为的是记念我。"（路 22:19）对我来说，这句经文实在非常宝贵，因为主借着它临到我心中，向我显明他是为我的罪而死。那时，我仿佛感觉到，基督已经将我投入他为罪受死的美德之中了。但是，看哪！就在我刚参加圣餐礼没多久，一个可悲的试探就如此凶猛地开始不停攻击我。它既亵渎圣餐礼，又咒诅说圣餐礼上所吃的是毒物。于是，我不得不专注地向上帝祷告，祈求他保守我远离亵渎，以免自己在任何时候因苟同这可怖的邪恶思想而犯下大罪。我也向上帝呼求，祈求上帝祝福传递中的这饼和杯。后来我意识到，之所以遭受这次试探，是因为我在第一次领受圣餐的时候，内心并没有怀着应有的敬虔之心。

254. 在之后大约九个月的时间里，我一直不得安息，没有平安。但最终，主临到我，用之前临到我内心的相同的经文鼓励我。这以后，当我再参加蒙福的圣餐礼时，我就一直非常自在，满有安慰了，我相信主的身体是为我的罪而破碎的，他的宝血也是为我的罪而流。

255. 有一阵子，我像是害上了肺痨，将近春天的时候，身体突然感觉极度虚弱，以至于我觉得自己快要死了。于是，我又重新开始严肃地思考自己未来的光景，思考自己是否拥有来世蒙福的确据。我竭力让自己的眼睛专注于来世的福益，这已经成了我日常的功课，在我困苦的日子里更是如此。我要赞美上帝的名！

256. 然而，还没等我开始回忆自己所经历的上帝的良善和慈爱，我所犯下的那些数不清的罪和过犯就一下涌入我的脑海。在这些罪恶和过犯中，此刻最令我感到痛苦的是自己在当尽的神圣本分上的麻木、迟钝和冷漠。我的心偏离了正道，厌倦各样的善事，缺乏对上帝、上帝的道和上帝子民的爱。这些是基督教义的果实吗？这些是蒙福之人的记号吗？随之而来的这两个问题也令我痛苦异常。

257. 我的病因自己在这些事情上的忧虑而加重了，因为现在我的内心和外体一样也生了病，我的灵魂挤满了罪恶。过去所经历的上帝的良善和慈爱从我脑海里消失得一干二净，就好像从没出现过，也没被看到过一样。对上述两个问题的思考使我的内心极其困窘：活，我是没资格了；死，我又不敢。我在灵里面陷入极深的低谷，不能自拔，放弃了一切努力，就等着沦丧。可是，就当我在屋里来回踱步，感觉是世间最不幸的人时，上帝的一句话突然抓住了我的心："如今却蒙上帝的恩典，因基督耶稣的救赎，就白白地称义！"（罗 3:24）哦，这句话让我身上发生何等奇妙的回转!

258. 我好像从痛苦的睡眠或噩梦中惊醒,听到了来自天上的声音。我听见上帝仿佛在对我说:"罪人,你以为我因你的罪和软弱而无法拯救你的灵魂吗?看哪,我的儿子就站在我身边,我是看他行事,而不是看你行事,我是照着我对我儿子的喜悦来对待你。"这话像一道大光照亮了我的心,让我明白上帝在任何时候都可以使罪人称义;他只是看在基督的分儿上,把赐与基督的恩惠归给我们,一切的工就是如此立即作成的。

259. 正当我如此沉思的时候,另一句经文大有能力地进到我心里:"他便救了我们,并不是因我们自己所行的义,乃是照他的怜悯。"(多3:5;提前1:9)此刻,我仿佛被带到了高处,看见自己正处在恩典和怜悯的怀抱之中。虽然之前我十分害怕想到自己濒死的时刻,现在,我却可以大声喊道:"让我死去吧!"在我眼里,死亡是如此之美,如此可爱,因为我看到,在我们进入另一个世界之前,我们从来没有真正活过。哦,在我看来,与来生相比,此生不过是打了个盹儿。在这一刻,我对"上帝的后嗣"(罗8:17)这几个字的理解,远不是我生活在这个世上所能表述出来的。哦,上帝的后嗣!上帝自己乃是圣徒的产业。我所看见的,实在无比奇妙,但我却无法用言语描述我所看到的一切。

260. 又有一次,也是逢上我病得十分厉害、虚弱无力的时候。整个生病期间,撒但又一直在猛烈地攻击我。我发现,撒但最乐于袭击那些行将就木的灵魂。现在,它的机会来了。它竭力掩盖我过去所经历的上帝的良善和慈爱,又将死亡的恐惧和上帝的审判摆在我面前,以至于我害怕自己如果那会儿死去,就必定要永远沉沦了。那时,我虽死期未至,却仿若已死了一般,觉得自己似乎已经被埋进墓穴了。我觉得,我已经无路可走,只能下地狱了。但是,看哪,有关天使将拉撒路带到亚伯拉罕怀中的那段经文(路16:18—31)一下冲到了我的面前,像是对我说："当你离开这个世界的时候，一定会像拉撒路那样。"这甜蜜的话语使我的灵魂苏醒过来，让我转眼仰望上帝。我沉思了一会儿，心里满得安慰。这时，又有一句话大有能力地进入我的心中："死啊，你得胜的权势在哪里？死啊，你的毒钩在哪里？"（林前15:55）顿时，我身心舒畅，病痛随即消失了，我又可以满有安慰地为上帝而工作了。

261. 还有一回，就在片刻前我还感觉灵里刚强、愉悦，突然间，一大片乌云将我罩住，将上帝和基督的事情向我完全遮蔽，仿佛我这辈子从没见过、也未听说过那些事情一样。我的灵魂被如此牢牢地霸占住，整个内心的光景变得愚钝、冷漠，丝毫感觉不到基督的恩典和生命对我的灵魂有任何触动。我的腰仿佛被折断了，我的手、我的脚也仿佛被铁链捆锁起来。这期间，我感觉自己整个外面的人被某种软弱攫住，以至于我身上的其他苦楚也变得越发沉重，越发令人不安。

262. 在这样的光景中挨过三四天之后，有一次，我正坐在炉火旁边，突然感觉有一句话在我心里响起："我一定要到耶稣那里去！"顿时，眼前的黑暗和对上帝的不信之心遁身而去，那蒙福的属天事物在我眼前一一呈现。这从天而降的惊喜来得太突然了，我急忙起身问妻子说："圣经上有'我一定要到耶稣那里去'这句话吗？"妻子回答说，她不能确定。于是，我又坐下细想，看是否能回忆起这句话的出处。不到两三分钟，有一句话就临到了我："那里有千万的天使。"接着，《希伯来书》12章中有关锡安山的那几节经文便浮现在眼前。

263. 于是，我高兴地对妻子喊道："哦，我知道了，我知道了！"那个晚上对我来说是如此之美，是我所经历过的最美好的夜晚。此刻，我多么渴望和上帝的子民为伴，这样就可以与他们分享上帝向我显明的一切。那个夜晚，耶稣对我来说实在宝贵无比。因着基督，我已经得胜了，内心的平安和喜乐使我久久无法入眠。这无比的荣耀陪伴着我，一直到第二天早晨。之后的好多天，《希伯来书》12章的那段经文（来12:22—24）仍一直给予我祝福。

264. "你们乃是来到锡安山、永生上帝的城邑，就是天上的耶路撒冷。那里有千万的天使，有名录在天上诸长子之会所共聚的总会，有审判众人的上帝和被成全之义人的灵魂，并新约的中保耶稣，以及所洒的血。这血所说的比亚伯的血所说的更美。"（来 12:22—24）借着这圣洁的话语，上帝一遍又一遍地引领着我。他先向我显明这个词的奥秘，接着又显明另一个的。最终，他将这段经文中每个字所蕴含的奇妙荣耀都显明在我面前。从那时起，这段经文就时常供应着我，使我的灵魂得到极大的复兴。愿颂赞归于赐怜悯与我的上帝！

简述作者如何蒙召从事圣工

265. 在继续讲述我的经历之前，我想在这里插几句话，提一提我怎样开始传讲上帝的道，也讲一讲在这方面上帝是如何对待我的。在我的灵被唤醒后的五六年间，我清楚地明白了我们主基督耶稣的价值，知道自己需要主，并且大胆将自己的灵魂交在他手里。我们中间一些最有能力的圣徒，我是说生活最圣洁、最有判断力的圣徒们，他们经过深思熟虑，确实察觉到上帝已经赐我一些智慧悟性，让我能明白他透过他圣洁、有福的话语启示出来的旨意，也赐给我某种程度的口才，让我能将所看到的传讲出来，造就人。于是，他们很认真地征求我的同意，希望我能偶尔在某次聚会上，尝试着去传讲劝勉人的话。

266. 起初，这样的请求让我感到局促不安，但他们仍然十分热切地恳求我，最终我便同意了。我在两次不同的聚会上，不公开地讲了两次道。虽然这两次讲道的缺点和弱点还很多，但他们也从中发现了上帝给我的恩赐。这两次讲道不仅让他们看上去有所触动和安慰，他们也在至高的上帝面前，严肃认真地向我明言了这一点，同时也感谢满有怜悯的父神赐恩与我。

267. 这以后，当他们中的一些人到乡下去传道的时候，有时我也会受邀同行。虽然到那时为止，我还不能大胆地在公开场合使用传道的恩赐，但在私底下，当我来到那些地方一些良善的人中间时，我依然会不时对他们传讲一些劝勉的话语。因着上帝给我的怜悯，这些话语他们也都欢喜接受了，并且还公开表示自己的灵性因此得到了造就。

268. 长话短说。此后，教会仍然不断地请求我，经过多次认真的禁食祷告，我最终接受了这特别的呼召，被按立负责例行的公开讲道。我不仅在信徒中间讲道，也向那些仍未接受信仰真理的人传讲福音。大约在那个时候，我明显地发现自己心里有这样一种隐秘的喜爱传道的倾向。我为此赞美上帝，但并不是出于渴慕虚荣，因为那段时间，我其实正在遭受魔鬼的折磨，魔鬼在关乎我永恒光景的事情上，一直用火箭攻击我（参弗6:16）。

269. 现在，除非我将传道的恩赐实际运用出来，否则我就不能得到心灵的满足。在这方面，敬虔的人们不懈的期望是对我极大的鼓舞，使徒保罗在《哥林多前书》中的话语更是对我莫大的激励："弟兄们，你们晓得，司提反一家是亚该亚初结的果子，并且他们专以服侍圣徒为念。我劝你们顺服这样的人，并一切同工同劳的人。"（林前16:15—16）

270. 从这段经文中可以看出，圣灵从不认为那些具有讲道恩赐和才能的人要将他们的能力深埋地下，相反，他总是吩咐并激励他们去操练讲道的能力，并吩咐那些已经做好预备、善于讲道的人也这样行。"他们专以服侍圣徒为念。"在那些日子中，这句经文不断浮现在我的脑海里，给我以勉励，坚固我为上帝做工的信心。我还从其他一些经文和信徒的榜样中得到鼓励，这些经文和榜样在圣经书卷以及其他一些古代史中都有详细的记述（徒8:4，18:24—25；罗12:6；彼前4:10；福克斯的《殉道史》）。

271. 虽然我认为自己是基督徒中最不堪不配的那一个，并且也看见了自己的软弱，但我还是心怀恐惧战兢，开始了我的传道工作，按我所得的恩赐，照着信心的程度，传讲上帝在圣经中向我显明的神圣的福音真理。消息传开之后，从各地来听道的有数百人，尽管他们到这里来的缘由显得繁杂不一。

272. 感谢上帝，他赐给我一颗同情怜悯的心，让我对他人的灵魂有一定程度的负担，这促使我在讲道的时候格外认真、勤勉地找寻合宜的话语，并祈求上帝祝福这些话，好使它们能抓住并唤醒他人的良心。在这一点上，良善的主垂顾他仆人的祈求，因为在我传道后不久，就有一些人受到上帝话语的触动，他们认识到自己的罪的深重和对耶稣基督的需要，因而在心里生出极大的困苦。

273. 但一开始，我并不相信上帝会借我的口去感动任何人的心，我依旧认为自己是不堪不配的。然而，那些受到如此触动的人却用爱待我，且特别尊重我。虽然我不认为他们是被我唤醒的，但他们却都承认这一点，而且在上帝的圣徒面前也如此申明。尽管我是如此不堪不配的恶棍，但他们都为我而感谢上帝，并把我当成上帝的器皿，认为是我给他们指明了救恩之道。

274. 见他们如此坚定地这么说，又这么做，又见他们在心里如此真诚地想要认识耶稣基督，且见他们因上帝曾差遣我到他们那里去而欢喜快乐，我于是推想事实可能就是这样，上帝要兴起一个像我这样愚蠢的人为他所用。那时，有一句上帝的话语临到我心里，给我以无比甜美的安慰："将要灭亡的为我祝福，我也使寡妇心中欢乐。"（伯29:13）

275. 这句话使我甚为欢喜。是的，上帝借我所传的道唤醒了许多人，他们的泪水对我来说就是最好的安慰和鼓励，因为我想到了这样一句经文："倘若我叫你们忧愁，除了我叫那忧愁的人以外，谁能叫我快乐呢？"（林后2:2）我又想到另一句："假若在别人，我不是使徒；在你们，我总是使徒。因为你们在主里正是我作使徒的印证。"（林前9:2）对我来说，这些经文可视作上帝呼召我的另一个证据，也表明了当我在传道的时候，上帝与我同在。

276. 我在传道的时候，特别注意到一点，那就是，上帝总是引导我以他论及罪人的那些话语作为起头来阐明他的救恩，也就是指出，凡有血气的人，都是有罪的；人从降生到这个世上起，就因着自己的罪，按照律法处在上帝的咒诅之下，并配得这一切咒诅。在我完成这部分工作的时候，我总是深有感触，因为对律法的恐惧和因自己的过犯而产生的罪疚感，一直沉重地压在我的良心上。我所传讲的，都是我自己的感受，是我痛苦地感受过的，是我可怜的灵魂曾经为之叹息并惊骇战栗的那一切。

277. 事实上，我就像从死人中起来的，被差遣到他们那里去。我自己戴着镣铐，去向戴着镣铐的人传道。我自己的良心中带着那地狱的烈火，好劝说他们也要意识到那火。我可以诚实地、不带任何掩饰地说，每次前去讲道的路上，直到踏进讲台的门那一刻，我心中总是充斥着罪恶感和恐惧。不过，一站上讲台，这种情形就中止了，直到讲道结束，我的内心都充满了自由。可是，没等我走下讲道台的台阶，我的状况又立刻变得和之前一样糟了。然而，尽管如此，上帝还是用他大能的手一路引领着我前行，不论是罪还是地狱都不能阻止我继续传道。

278. 这样的情形持续了两年。这期间，我奔走呼号，与罪恶相争，警醒众人不要因罪而陷入可怕的光景之中。之后，主透过基督，带着稳固的平安和慰藉临到我的内心；借着基督，我更多地尝到主恩的甜美。于是，我在讲道的时候，就有了一些变化，因为迄今为止，我所传讲的都是我所看到、感受到的事情。现在，我更多地去传讲耶稣基督自己，传讲他的职分、他和世界的关系以及他带给世界的福分。我也努力去揭露、谴责并清除那些世人所倚靠的虚假的支撑和支柱；世人因倚靠虚假，以致堕落并灭亡。我在讲道的时候花在这些事情上的时间，几乎和花在其他事情上的时间一样长。

279. 这以后，上帝又引领我进入与基督联合的奥秘之中。于是，我又将这一点展示并传讲开来。在大约五年的时间里，我一直在传讲上帝话语的这三个主要方面。后来有一天，当正在讲道的时候，我被捕了，并被下在监里。我在监狱里又待了大约五年的时间，借着受苦，为真理作见证，就如同我从前照着圣经讲道为真理作见证一样。

280. 感谢上帝，每次在我传道的时候，我总是会以极大的真诚向上帝呼求，祈求上帝让我所传的道对灵魂的得救显出功效。我仍然会感觉心里忧愁，害怕仇敌将我所传的道从人的良心中夺走，以致结不出果子。因此，我竭力以这样的方式传讲福音，盼望如果可能的话，借着我所传的道，上帝能够将世人的罪和他们个人的罪孽特别指明出来。

281. 讲完道的时候，我有时也会在心里这么想：如今我所传讲的福音就像雨水落在石头地上，但我还是从心底期盼那些在当天听过我讲道的人，都能像我一样明白什么是罪、死亡和地狱，明白什么是上帝的咒诅。我也期盼他们能明白什么是恩典、慈爱和上帝的怜悯，明白上帝要借着基督将这些都赐与跟他们处在同样光景中的人，纵使他们现在与上帝还是全然生疏的。我甚至常常在心里对主说，如果此刻就让我在他们眼前被吊死，如果这能够作为一种手段来唤醒他们，使他们在真理上得以坚固，我也心甘情愿。

282. 在我讲道的过程中，特别是每次当我讲到得永生是靠基督而不是靠行为这一教义的时候，上帝的使者好像就站在我的背后鼓励我。哦，这教义带着如此的能力和属天的确据临到我的内心，以至于当我在传讲它、阐明它、竭力使听道者的心转向它的时候，我不能仅仅满足于说：我相信，并且确信。在我看来，我所传讲的那些事情的真实性，远远不是"确信"这两个字所能表达出来的。

283. 在我刚开始外出传道的时候，当地的博士、教士们都起来公开反对我。但我坚信这一点：不以辱骂还辱骂，倒要看看自己能说服他们中间多少属肉体的自称的信仰者（carnal professors），让他们认识到，他们靠律法称义的光景是何等悲惨，认识到基督的价值和他们对基督的需要。我相信，当以后他们来查看我的工价时，这便可替我作出回答（创30：33）。

284. 我从不想介入圣徒间的争论，尤其是那些在无关紧要的事情上的纷争。但为了传讲信主的道，传讲借着耶稣的受苦与受死而得着罪的赦免，我却十分乐意为真道竭力争辩。至于其他的事情，我想，就任由它们去了，因为我知道它们只会徒生纷争，而且争或不争都不会使我们更蒙上帝的喜悦。此外，我知道自己眼下当做的工就是传讲真道，甚或只是传播一句能唤醒人的话语。在这条道上，我将坚持到底。

285. 我从不试图利用、也不敢利用他人的讲章（罗15：18），虽然我并不完全谴责那样的做法。我实在认为，而且在传道经验中也发现，凡是上帝的道和基督的灵教导我的，我都能凭着最坚定的信心和最无亏的良心去传讲、坚持和捍卫。尽管我现在没法把对这件事情的认识都说出来，但我的经验使我对下面这段经文备感兴趣——这或许是我们中许多弟兄没有意识到的——"弟兄们，我告诉你们，我素来所传的福音，不是出于人的意思，因为我不是从人领受的，也不是人教导我的，乃是从耶稣基督启示来的。"（加1：11—12）

286. 至于那些因听了我所传的道而被唤醒的人，假如他们中的一个后来重又坠入罪中——有时这样的事并不少见，我可以诚实地说，他们的失丧对我来说不亚于失去自己的一个亲生孩子。我可以在上帝面前凭着良心说，除了害怕自己的灵魂得不到救赎之外，没有其他事能像这件事那样让我特别有负担。我总是认为，我的孩子出生在哪里，哪里就好比是我的宫殿和庄园。如今，我的心全然被这份非凡工作的荣耀所吸引，我认为借着这份工作上帝对我的祝福和尊荣远超过其他一切，胜过不传道而位居基督教世界君王的宝座，或享尽世间一切荣华富贵。"这人该知道叫一个罪人从迷路上转回，便是救一个灵魂不死，并且遮盖许多的罪"（雅5：20）；"义人所结的果子就是生命树，有智慧的必能得人"

（箴11:30）；"智慧人必发光，如同天上的光；那使多人归义的，必发光如星，直到永永远远"（但12:3）；"我们的盼望和喜乐并所夸的冠冕是什么呢？岂不是我们主耶稣来的时候，你们在他面前站立得住吗？因为你们就是我们的荣耀、我们的喜乐"（帖前2:19—20）。借着上述话语，连同多处类似的经文，我的心灵得到了极大的复兴。

287. 我注意到，我每到一处为主做工的时候，灵里仿佛总是先有一份从上帝来的差遣令，要我在那里讲道。我也注意到，我在心里对某些人的灵魂特别有负担，急切地盼望他们能够得救，后来，他们真的都成了我传道所结的果子。我还注意到，在讲道的时候，有时随口说的一句话，却比所有其他的话语都更奏效。有时我认为自己讲得不太好，却得到最好的果效；另有一些时候，我认为自己应该"得人如得鱼"了，但最终连一条"鱼"都没得到。

288. 我还注意到，一旦圣灵在罪人的心里开始动工，撒但就必定会在那里暴跳如雷，它的奴仆也会随声附和。是的，当邪恶世界最为猖獗的时候，往往就有罪人的灵魂被上帝的话语唤醒。关于这一点，我本可以举一些实例，但还是按下不表吧。

289. 我特别渴望到乡下最黑暗的地方去，到离信仰最远的人群中去，以尽我传道的职分。这并不是因为我不能容忍亮光，惧怕向已蒙光照的人传讲福音，而是因为我发现自己更愿意做唤醒人、使人回转的工作。我谨记在心的使徒保罗的话语也引领我这样行："我立了志向，不在基督的名被称过的地方传福音，免得建造在别人的根基上。"（罗15:20）

290. 我在传道的时候，实在是受了很多苦；为了使人回转得新生，我仿佛在经历产难。除非我的传道能结一些果子，否则我就不能得到满足。倘若没结任何果子，人们对我的称赞就变得无关紧要；倘若结下了果子，纵使有再多的人指责我，我也毫不介意。我常常这么想，"有智慧的必能得人"（箴11:30）；"儿女是耶和华所赐的产业，所怀的胎是他所给的赏赐。少年时所生的儿女，好像勇士手中的箭。箭袋充满的人便为有福。他们在城门口和仇敌说话的时候，必不至于羞愧。"（诗127:3—5）

291. 如果看到人们仅仅是沉醉于吸取各样观念，却显然忽视了耶稣基督，这一点都不能让我满意；然而，能重视自己灵魂得救的价值，能对自己的罪，尤其不信的罪有个健全的认识，内心能燃烧起一股热火要求蒙基督的拯救，能热切地渴望获得一个真实成圣的灵魂——这些是我所喜悦的，这些人的灵魂是我算为有福的。

292. 我在传道的时候，正如在其他事情上那样，也会遭遇各种试探。有时我会感到十分气馁，担心自己讲的道根本不能造就人，甚至说出一些对他人毫无意义的话。于是，我整个人就一下莫名其妙地变得极其虚弱无力，以至于几乎无法挪步往讲道的地方去。

293. 另有一些时候，当我正在讲道时，一些亵渎的思想会对我发起猛烈的攻击，诱惑我在会众面前张嘴说出亵渎的话。有时，在讲道开端，我还条理清晰，证据充足，也发挥得十分自如，但临近结束的时候，却仿佛受到蒙蔽，变得思路昏昧，离题甚远，在众人面前说起话来也笨嘴拙舌，仿佛连刚才要做什么都不大清楚，也记不起来，整个过程脑袋就如同闷在一个口袋里窒息了一般。

294. 还有一些时候，当我准备要传讲圣经中一些措辞严厉的智慧话语时，我发现撒但又如此暗示我："什么？你要讲这些吗？这可是会对你自己定罪的，你在灵魂深处就犯过这样的罪！还是一句都别讲这个吧！如果非要讲，那就说得模棱两可些，给自己留条后路，免得不仅没把别人唤醒，自己的灵魂还背上罪的重担，再也不得挣脱。"

295. 但是，感谢主，我并没有苟同这些可怕的建议；相反，无论在什么地方发现罪和过犯，我都会像参孙临死时所做的那样，用尽自己的气力去谴责它，纵使这样做也会给自己带来良心上的罪感！我想，"我情愿与非利士人同死"（士16:30），也不愿讹解上帝神圣的话语。"你既是教导别人，还不教导自己吗?"（罗 2:21）在我看来，以直白坦率的方式传道，使听道者的良心受审判，远远要比以不义的方式曲解真理，使听道者误以为得救强得多。愿颂赞归于上帝，因为在这方面，他用大能的手扶持了我!

296. 我还发现，在为主做圣工的时候，撒但常常试探我，想让我变得自高自傲。虽然我不敢说这个试探对我没有任何影响，但事实上，因着主无比宝贵的怜悯在我身上的工作，大多数情况下，我对这一试探并没有太大的兴趣。因为我每天都必定会被带到一种感觉中，看到我自己内心的罪，还看到里面是如何满了各种各样的败坏和软弱，这使得我无论有多少恩赐和成就，都只能低垂下头。我觉得，有这样一根刺加在我肉体上（林后 12:7—9），实在是上帝赐给我的怜悯。

297. 与这根刺一齐临到我的，还有圣经中另一些著名的经文，其中有些句子尖锐有力，谈到有些人灵魂的沉沦，尽管这些人才华出众、天赋异禀。比如，下面这句经文就给我以极大的帮助:"我若能说万人的方言，并天使的话语，却没有爱，我就成了鸣的锣、响的钹一般。"（林前 13:1）

298. 鸣的锣和响的钹都是乐器，一个熟练的乐手可以用它们奏出动人心魄的悦耳旋律，使听者忍不住随之起舞。但请注意，锣和钹都是没生命的，它们本身不能生发音乐，乐曲动听与否靠的是演奏者的技艺。所以，哪怕它们曾经被用来演奏如此美妙的音乐，最后仍可能变得毫无价值，终遭抛弃。

299. 由此我想到，那些有恩赐但未蒙受救恩的人的光景也是如此。他们在基督的手中，就仿若大卫王手中的钹一样。大卫王在敬拜上帝的时候，用琴瑟和钹作乐，鼓舞敬拜者的士气;同样，基督也可以使用这些有恩赐的人，引领他们去打动教会中他子民的灵魂。但是，当基督行了这一切的事之后，就不再使用他们了，就像挂起一件曾经响过的无生命的铙，不再使用一样。

300. 这一思考在很大程度上给一颗自高自傲、渴慕虚荣的心以重重的一击。于是，我自忖，难道因为自己是鸣的铜锣，就该自高自傲吗？就算是一把小提琴，又有什么可自得的呢？难道有生命的最小生物不比它们更富有神性吗？此外，我还明白了，爱永远不会消逝，但这些恩赐却终将归寂消亡。由此，我得出结论，哪怕是一丁点儿的恩典，一丁点儿的爱，一丁点儿对上帝真正的敬畏，都要强过所有这些恩赐。是的，我完全相信这一点，即一个沉默寡言、说话条理不清的人，可能比那些靠着天赋知识、能够像天使一样说话的人多蒙受一千倍的恩典，也更蒙主的悦纳和喜爱。

301. 于是，我认识到，有恩赐本身并不是坏事，上帝赐下这恩赐为的就是造就人，但一个人如果仅仅有恩赐，那么这恩赐对他来说并没有力量，也没什么意义。同样，恩赐也不是一个人是否拥有幸福光景的表征，它仅仅是上帝在一些人身上特别的安排。他们是否用这恩赐发挥更好的作用呢？在他们身上那一点额外的爱耗尽以后，他们就要为这一点在将要审判活人死人的主面前交账（参彼前 4:5）。

302. 我也意识到，单单拥有恩赐是危险的，这危险并非出于恩赐本身，而是出于伴随恩赐而来的一些恶行，如心里骄傲、渴慕虚荣和自命不凡等等。当得到轻率的赞许和喝彩时，这些恶行很容易自我膨胀，致使那些有恩赐的可怜人遭遇危险，落在魔鬼所受的刑罚里（参提前 3:6）。

303. 于是，我明白了，一个拥有恩赐的人必须看清恩赐的本质，也就是要看明，恩赐并不会使他处在真正蒙恩得救的光景之中。倘若他过于倚靠恩赐，最终必亏缺了上帝的恩典。

304. 一个有恩赐的人还当以自己为小，存谦卑的心，与上帝同行，要谨记这份恩赐不是属于他自己的，而是属于整个教会的。正是靠这份恩赐，他才成为教会的仆人，最终，他必须把他所经管的向基督耶稣交代明白。能交出一份好账，实在是一件蒙福的事！

305. 但愿每个人都能怀着一颗敬畏主的心，珍惜自己身上那份小小的恩赐。恩赐确实值得拥有，但大恩典、小恩赐无疑要比大恩赐、无恩典好得多。经上没有说主赐下恩赐与荣耀，而是说主赐下恩典与荣耀。那些蒙受主所赐的真正恩典的人有福了，因为恩典毫无疑问是荣耀的先行者。

306. 但是，当撒但发觉它的试探和攻击都未能如其所愿以后——它的目的就是要败坏我传道的职分，使我的传道不产生果效——它就试图以另一种方式来攻击我。它蛊惑一些愚昧、邪恶的人，对我进行毁谤和侮辱。如今，我可以说，撒但的图谋和伎俩无非就是到处煽动民众来反对我。就像我说的那样，他们以为这样一来就可以使我放弃传道。

307. 于是，他们开始在人群中四处传播谣言，说我是行邪术的，是耶稣会会士，是拦路抢劫的强盗，如此等等。

308. 对所有这些指控，我只能说，上帝知道我是清白的。至于那些指控我的人，除非上帝赐给他们悔改的心——我将一心为此祷告，否则就让他们做好准备，到上帝独生子的审判台前去见我吧，在那里，他们要将这些事情和他们所有其他的罪孽都一句句供出来。

309. 但他们传播得最肆意放胆的是这件事：他们说我与妓女有染，说我在外面养了几个情妇，有几个私生子。是的，他们说我同时有两个妻子，还说了其他一些诸如此类的话。如今，这些诽谤连同其他指控都成了我的荣耀，因为撒但及其子孙加在我身上的仅仅是造谣中伤和愚蠢、狡诈的谎言。要是这世界不如此恶待我，我就少了一个基督徒和上帝的儿女的记号，因为主耶稣说："人若因我辱骂你们，逼迫你们，捏造各样坏话毁谤你们，你们就有福了。应当欢喜快乐，因为你们在天上的赏赐是大的。在你们以前的先知，人也是这样逼迫他们。"（太5:11—12）

310. 因此，他们归到我身上的这些事情，一点都搅扰不了我。

不，这些事情就是再多二十倍，也是一样。我的良心无亏，倒是那些毁谤我的恶人，因对我在基督里的好品行妄加毁谤，必将自觉羞愧（参彼前 3:16）。

311. 那么，对那些如此诋毁我的人，我有什么可说的呢？我该威胁他们吗？我该斥责他们吗？我该讨好他们吗？我该恳求他们不要再说话吗？不，我不会！要是这些事情还不足以使谣言的始作俑者和唆使者下地狱的话，我会对他们说："接着传谣吧，因为这将加增我的荣耀！"

312. 因此，我把这些谎言和诽谤当作自己荣美的装饰。在这世上遭诋毁、诽谤、羞辱和咒骂，是我作为基督徒所当受的。所有这些实在是微不足道，因为我的上帝和我的良心可以为我作见证，我为基督的缘故受羞辱是可喜乐的。

313. 我也吁请那些愚顽的无赖们，费点心思去证实一下他们之前指控我的任何一件事，也就是，我与其他妇人行淫，或诸如此类的事情。他们可以穷尽一切力量，极尽窥探之能事，上天下地四处搜寻，看能不能找到攻击我的确证，证明我在何时、何地，在白天还是晚上，曾经试图与其他妇人行不洁之事。我这么说，是要恳求我的敌人高看我吗？不，断乎不是。在这件事情上，我并不乞求任何来自人的安慰：相不相信我，对我来说都是一样的。

314. 我的敌人在向我射击的时候脱了靶子，因为我不是那样的人。我倒是希望他们自己是清白的。如果英格兰所有犯淫乱和奸淫的人都被处以绞刑，那么，直到他们都死了，我，约翰·班扬，他们嫉妒的对象，将仍然活着，并且活得很好。除了我的妻子，我对妇人的了解只是她们的服饰、子女和名声，除此之外，整个天穹之下，我甚至都感觉不到她们的存在。

315. 在这一点上，我要称颂上帝的智慧，从我悔改归信至今，他都让我在妇人面前感觉羞怯。那些与我关系密切的人都知道，他们也可以为我作见证，若能看见我在妇人面前不拘束，实在是件稀罕的事情。我回避与妇人打招呼，甚至不管看见谁那么做，我都觉得厌恶。我不能忍受独自与妇人们交往，甚至很少与她们握手，因为我认为这些对我来说是不适宜的。当我看见那些良善的人在造访妇人，或是在妇人来访时行亲吻礼的时候，我常常反对这样做。他们会说，这只是一种礼仪而已，而我会告诉他们，这并非得体的举止。有些人会强调圣吻礼（holy kiss），但我会反问，为什么他们会漏过一些人呢？为什么他们只亲吻最美丽的，却不亲吻不漂亮的呢？所以，这样的事情，无论在别人眼中是多么值得赞赏，在我看来都是不得体的。

316. 为了给这件事作个了结，我在这里不仅向众人呼吁，也向天使呼吁：若是我与妻子之外的任何妇人有过肉体关系，请求他们证实我有罪——我也不怕再次发出这样的呼吁。我知道自己不能在这样的事情上得罪主，所以祈求上帝给我的心作见证，证明我在这些事情上是清白的。我不犯这样的罪，并不是因为我内心的良善多过任何人，而是因为上帝一直在怜恤我，保守我。我当时向上帝祷告，祈求他继续保守我，不仅脱离这样的罪，也脱离罪恶的道路和诸般的凶恶，并救我进他的天国。阿们。（参提后4:18）

317. 撒但煞费苦心地辱骂我，毁谤我，目的就是想让我的同胞轻看我，并且如有可能的话，使我的讲道变得毫无果效。于是，他们干脆给我加上一次长而乏味的监禁，想借此让我害怕再传主的道，也让世人不敢来听我讲道。关于这一点，我将在下一章中作简要叙述。

简述作者的囚徒生活

318. 在我悔改归信很长一段时间，并传讲了大约五年基督荣耀的福音之后，我在乡间一次众圣徒的聚会上被捕了。若他们没有管我，那天我原本是要讲道的，可是他们把我从会众中带走，把我带到审判官那里去。我提供了担保，保证出席接下来的庭审，但审判官随后还是判我入监，因为他认为我的担保不足以约束我不再向众人传道。

319. 在随后的庭审中，我被指控是非法聚会和非国教教派的秘密集会的支持者和拥护者，还被指控不遵循英国国教的礼拜仪式。当我在审判官面前作了一番抗辩之后，他们将我那些坦诚的话语，当作是他们所谓的对起诉书指控事实的供认不讳。最终，他们的判决是将我永远逐出教会，因为我不遵奉英国国教会的惯例。于是，我又被交回到监狱长的手中，下进监里。在被关押的整整十二年中，我耐心等候上帝，看上帝将容忍那些人对我做些什么。

320. 借着上帝的恩典，我虽身处逆境，却十分知足。但我的内心也多次摇摆不定，主的恩典、撒但的攻击和我自己的败坏在我心里激烈争战。愿荣耀归于基督耶稣！借着所有这些，我也得到了许多东西，这其中，我更认清了自己的罪，领受了许多训诲，悟性也得以提升。对这一点，我在这里不作详述，只给一两个提示，或许其中的一句话可以激励敬虔的人向上帝献上赞美，并为我向上帝祷告。同时，他们也可以从我这里得到鼓励，如若处在我这样的情景中，他们必不会惧怕，人能把他们怎么样呢（参诗 118:6）？

321. 在我的一生中，上帝的话语从来没有像现在这样对我如此敞亮地开启过。在这样的处境中，那些过去在我看来并不起眼的经文，向我发出闪耀的光芒。耶稣基督从未像现在这样又真又活，在这里，我真真切切地看到并感受到了基督的存在。"我们从前将我们主耶稣基督的大能和他降临的事告诉你们，并不是随从乖巧捏造的虚言，乃是亲眼见过他的威荣。"（彼后 1:16）"你们也因着他，信那叫他从死里复活，又给他荣耀的上帝，叫你们的信心和盼望都在于上帝。"（彼前 1:21）哦，在我身陷囹圄的时候，这两节经文对我来说，是何等有福的话语！

322. 在狱中，给我以极大安慰的，还有以下这些经文："你们心里不要忧愁，你们信上帝，也当信我。在我父的家里有许多住处；若是没有，我就早已告诉你们了。我去原是为你们预备地方去。我若去为你们预备了地方，就必再来接你们到我那里去；我在那里，叫你们也在那里。我往哪里去，你们知道；那条路，你们也知道"（约14:1—4）；"我将这些事告诉你们，是要叫你们在我里面有平安。在世上你们有苦难，但你们可以放心，我已经胜了世界"（约16:33）；"因为你们已经死了，你们的生命与基督一同藏在上帝里面。基督是我们的生命，他显现的时候，你们也要与他一同显现在荣耀里"（西3:3—4）；"仰望为我们信心创始成终的耶稣。他因那摆在前面的喜乐，就轻看羞辱，忍受了十字架的苦难，便坐在上帝宝座的右边。那忍受罪人这样顶撞的，你们要思想，免得疲倦灰心。你们与罪恶相争，还没有抵挡到流血的地步"（来12:2—4）。细细品味这些经文，我就会从心底蔑视那毁灭者，也就不会惧怕那将来的审判。我在狱中甜蜜地看见了自己罪得赦免，也看见了自己在另一个世界中与主耶稣在一起。哦！锡安山，永生上帝的城邑，天上的耶路撒冷，在那里有千万的天使，有审判众人的上帝和被成全之义人的灵魂，并新约的中保耶稣（来12:22—24）。这一切对狱中的我来说，是何等的甜蜜！我在狱中所看见的那一切，我相信自己今生都无法用言语来表达，正如经上所说的那样："你们虽然没有见过他，却是爱他。如今虽不得看见，却因信他就有说不出来、满有荣光的大喜乐。"（彼前1:8）

323. 以前，我从不知道在每个关头，在撒但每次向我发起攻击的时候，上帝都和我在一起意味着什么。但自从入狱之后，我便看到了这一点，因为不管恐惧何时出现，上帝的鼓励和扶助总会立刻临到我。是的，每当受到惊吓，有时甚至只是被自己的影子给吓着了的时候，上帝总会以慈悲待我，不容许我受到搅扰。他总是用一两句经文使我壮胆，去抵挡一切。上帝给我的安慰实在太多了，以至于我常常问自己："这样是合理的吗？我可以为了多得基督的安慰，而祷告祈求多受苦楚吗？"（参传7:14；林后1:5）

324. 在入狱之前，我已经预见到将发生什么，也特别思考了两件事情，这两件事情都让我的内心充满温暖。我想到的第一件是，如果死亡是我当受的分，那么我能怎样去面对？关于这一点，《歌罗西书》1:11 对我是一段宝贵的信息，那就是，向上帝祈求要让我能照他荣耀的权能，得以在各样的力上加力，好叫我凡事欢欢喜喜地忍耐宽容（参西1:11）。在我被囚禁前，我少有能这么祷告的，但在我被囚后整整一年的时间，这句经文，或者说这句甜美的祈求就仿佛会自己刺入我的脑海，劝告我说，如果真要经历长久受苦，我必须要有耐心，尤其是我若还想欢欢喜喜地忍耐受苦的话。

325. 至于第二个问题，下面这节经文给了我极大的帮助："自己心里也断定是必死的，叫我们不靠自己，只靠叫死人复活的上帝。"（林后1:9）借着这节经文，上帝让我明白了，倘若我要正确地受苦，我首先要将所有确切说来是属于今生思虑的事情都处以死刑；我自己、我的妻子、我的孩子、我的健康、我的快乐等等，这一切对我来说都要看作是死的，同样，我对于它们来说也是死的。

326. 第二个问题就是，如何靠那位看不见的上帝而活。正如使徒保罗在另一处所说，我们不至丧胆的方式是，"不是顾念所见的，乃是顾念所不见的；因为所见的是暂时的，所不见的是永远的"。于是，我自忖，倘若我只做好坐监的准备，那么皮鞭和镣铐就会使我受到惊吓；再者，倘若我只为皮鞭和镣铐做好准备，那么我就不能忍受流放、充军；此外，倘若我只把流放、充军当作最坏的打算，那么假使死亡来临，我便会惊慌失措。所以，我明白了，经受苦难最好的方式，就着来世而言，就是借着基督信靠上帝；至于今生，就当将坟茔当作房屋，以黑暗为我的床榻；对朽坏说，你是我的父，对虫说，你是我的母亲姐妹，也就是，把这些事情都当成自己的至亲（参伯17:13—14）。

327. 尽管有了这些帮助，我发现自己依旧是个被各种软弱所困的普通人。在狱中，与我的妻子和可怜的孩子们分开，这时常让我感受到骨肉撕裂般的痛苦；这不仅是因为我过于眷恋上帝赐给我的这些地上的恩慈，也是由于我不时会想到，一旦被迫与我可怜的家人分离，尤其是与我那比任何一切都更让我揪心的可怜的失明的孩子分离，他们就可能遭遇到多少艰难、困苦和缺乏。哦！一想到我可怜的失明的孩子所要经受的一切艰难，我真是心如刀绞。

328. 可怜的孩子，我自语道，你在世间将遭遇怎样的苦难作为你的分啊！你会受鞭打，不得不乞讨，饥寒交迫，赤身露体，蒙受千灾百难，而此刻的我，哪怕一丝寒风吹到你身上我都不能容忍啊！一想到要离开你们，我真是撕心裂肺。然而，我也提醒自己，必须大胆地把你们全部交托给上帝。哦，在这样的光景中，我只觉得自己就像一个人正亲手把他妻子、孩子头上的房顶掀掉。可是，我只能这样做！我只能这样做！此刻，我想到了那两头母牛，它们运送上帝的约柜往以色列去，却将它们的牛犊关在家里（撒上6:10）。

329. 在别妻离子的这一试探中，有许多方面的思考帮助了我。在这里，我特别点明其中的三点。首先，我想到了下面这两节经文："你撇下孤儿，我必保全他们的命，你的寡妇可以倚靠我。"（耶49:11）"耶和华说：'我必要坚固你，使你得好处。灾祸苦难临到的时候，我必要使仇敌央求你。'"（耶15:11）

330. 其二，我考虑到，如果我大胆地将一切都交托给上帝，那么我就和上帝立了约，让他照管我所挂虑的事情。但如果我因害怕危难临到我或我的家人，而离弃了他的道，那么我不仅玷污了自己所承认的道，也表明我并不放心把心中的挂虑卸在上帝脚前，见证他的名，仿佛这样做还不如否认上帝的道，把所有挂虑都自己担着。这个念头令我十分痛苦，就像一根刺扎进我的肉中。基督发出的那段反对犹大的祷告也越发强烈地抓住我的心，他求上帝挫败陷入自私意念中的犹大，是那自私的意念让犹大出卖了自己的主。请严肃地读一读《诗篇》109:6—20吧。

331. 其三，我还想到了令人恐惧的地狱中的折磨，这是那些因害怕背负十字架而在世人面前退缩，不再承认基督信仰，逃避基督话语和律法的人所要遭受的。我也想到了基督为那些在信心、爱心和忍耐上，面对世人持定主道的人预备的永远的荣耀。虽然，当我想到我和我的家人要因我对所承认之道的持守而面临苦难时，内心就痛苦得抽搐，但前面的这些思考也就在这种时候给了我极大的帮助。

332. 每当想到我可能会因自己所承认的道而被放逐的时候，我总会想到这段经文："被石头打死，被锯锯死，受试探，被刀杀，披着绵羊、山羊的皮各处奔跑，受穷乏、患难、苦害，在旷野、山岭、山洞、地穴飘流无定，本是世界不配有的人"（来11:37—38），因为他们认为我太坏了，不配住在他们中间。我也会想到另一节经文："但知道圣灵在各城里向我指证，说有捆锁与患难等待我。"（徒20:23）有时，我会实实在在地想到自己灵魂的光景，并推想自己遭驱赶、被放逐时的悲惨处境，想到自己将如何遭遇危险、敌人，饥寒交迫，衣不蔽体，蒙受千灾百难，最终像一只可怜的孤羊，倒毙在沟壑之中。但我要感谢上帝，迄今为止，这些脆弱的推想并没有使我产生动摇，相反，我借着这些，进一步证明了自己向着上帝的心。

333. 我要告诉大家一件有趣的事：有一阵子，大约好几个星期的时间，我都处在极度悲伤、低落的情形中。那时，我刚入狱不久，不熟悉法律，心里翻来覆去地想，不知为什么，总觉得自己坐监的结局就是被绞死。撒但便趁机猛烈地攻击我，要让我灰心、沮丧，这么暗示我说，你要是真的到要死的时候，还处在目前这种情形中，也就是，还没尝到属神事物的滋味，在心里也没有任何证据能表明你来生的境况会更好，那你该如何是好？在这段时间里，所有属乎上帝的事情对我似乎真的都是隐藏不见的。

334. 一开始想到这点时，我内心十分烦乱不安，因为我自认为，以我目前的光景，我并未为死做好准备。即使蒙召去赴死，我也实在觉得自己没准备好。此外，我私底下还这么想，倘若我必须仓仓促促地爬上梯子去受绞刑，我可能会吓得发抖，甚至出现昏厥的症状，这样就给了仇敌辱骂上帝之道和上帝子民的机会。想到这些，我里面非常痛苦，因为我觉得，如果真是这样，赴死的时候面色惨白、双膝发抖，这实在是一件非常蒙羞的事。

335. 于是，我向上帝祷告，祈求他安慰我，赐给我力量去做他呼召我做的事，为他的名受苦。但安慰似乎没有出现，一切对我依然是隐藏的。这阵子，我满脑子想的都是死，常常觉得自己仿佛已经头套绞索，站在了梯子之上。唯一让我稍得安慰的是，我想我可能有机会向来看我受刑的一大群人说几句话。我想，倘若真是这样的话，只要有一个人能借我最后的几句话而回转归信，那么我这一生也就不算失败，不算一文不值了。

336. 但上帝的事情一直在我的视界之外。撒但仍然对我紧追不舍："你死的时候会到哪里去？你会变成什么样子？来世你会待在什么地方？你有什么证据能得着天堂的荣耀，并和一切成圣的人同得基业？"有好几个星期，我为此烦乱不安，不知道该做些什么。到了最后，有一个想法结结实实地落在了我心里：我是为上帝的话语、上帝的道而受苦的，由此，我下定了决心，绝不退缩半步。

337. 我还想到，上帝可以选择何时赐给我安慰，或是立即赐下，或是在我赴死的时候。但对于是否持守自己所承认的道，我却没有选择。我是受捆绑的，而他是自由的。是的，持守上帝的道是我的本分，不论他是否曾眷顾过我，也不论他最后是否会救我。于是，我心想，既然如此，我要继续向前，将自己永世里的境况大胆地交在基督手中，无论在此世是否得着安慰。我在心里打定主意，即便上帝不介入，我也要孤注一掷，闭上眼睛从梯子上往来世一跃，不论是跃入天堂还是地狱。主耶稣啊，如果你愿意接住我，就请接住；如若不愿，我也愿为你的名冒这个险。

338. 我刚下定这个决心，就有一句经文突然临到我："约伯敬畏上帝岂是无故呢？"（伯1:9）撒但好像还控告说："约伯不是一个正直的人，他侍奉你是有条件的。'你岂不是四面圈上篱笆围护他和他的家，并他一切所有的吗？他手所作的都蒙你赐福；他的家产也在地上增多。你且伸手毁他一切所有的；他必当面弃掉你。'（伯1:10—11）"我想，一个人被剥夺尽净，却仍定意要侍奉上帝，这难道不是正直人的记号吗？一个人愿意侍奉上帝，不图任何回报，且永不放弃，这难道不是一个敬虔的人吗？愿颂赞归于上帝！我盼望自己有一颗正直的心，因为我已经下定决心——愿上帝赐与我力量，绝不背叛我的信仰，纵使我为上帝受苦却一无所获。当我这么思想的时候，《诗篇》44篇便在我眼前展开："你卖了你的子民，也不赚利，所得的价值，并不加添你的资财。你使我们受邻国的羞辱，被四围的人嗤笑讥刺。你使我们在列邦中作了笑谈，使众民向我们摇头。我的凌辱终日在我面前，我脸上的羞愧将我遮蔽，都因那辱骂毁谤人的声音，又因仇敌和报仇人的缘故。这都临到我们身上，我们却没有忘记你，也没有违背你的约。我们的心没有退后，我们的脚也没有偏离你的路。你在野狗之处压伤我们，用死荫遮蔽我们。倘若我们忘了上帝的名，或向别神举手，上帝岂不鉴察这事吗？因为他晓得人心里的隐秘。我们为你的缘故终日被杀，人看我们如将宰的羊。主啊，求你睡醒，为何尽睡呢？求你兴起，不要永远丢弃我们。你为何掩面，不顾我们所遭的苦难和所受的欺压？我们的性命伏于尘土，我们的肚腹紧贴地面。求你起来帮助我们，凭你的慈爱救赎我们。"（诗44:12—26）

339. 现在，我的心中满了安慰，这安慰对我来说是如此真实，倘若没有这次试炼，我所得着的就不可能这么多。每每回想起这次试炼，我总是满受慰藉。为着自己借此而得的教诲，我要永远赞美上帝！上帝恩待我的故事，我还可以说出许多，在此我要将这本书里的故事，作为为主争战的战利品献上，用以修造耶和华的殿（代上 26:27）。

结束语

1. 在我这一生所遭遇的试探中，最邪恶、最难以忍受的试探，是质疑上帝的存在和他福音的真理性。当这试探临到的时候，它总是妄图夺去我的束腰带，动摇我所站立的根基。哦，我常想到下面这两节经文："所以要站稳了，用真理当作带子束腰，用公义当作护心镜遮胸"（弗 6:14）；"根基若毁坏，义人还能作什么呢？"（诗 11:3）

2. 有时，当我犯罪之后，我会寻求上帝大能之手严厉的管教，但紧接着，我发现自己得到的是上帝赐下的恩典。有时，当我得到安慰之后，我会称自己为愚昧人，因为我在患难面前竟会如此颓丧。还有，当我灰心丧气的时候，一味向上帝求安慰，我认为这是不智慧的。所有这些经历都能够为我加添能力和属灵的分量。

3. 有一件事让我觉得十分困惑：虽然上帝从未像现在这样，在我心里将他自己如此彰显出来，但我发现，有时我的心中还是会接连数小时被黑暗充斥，以至于甚至都记不起上帝，也记不起他已赐下的那使我心灵复苏的神圣安慰。

4. 有时，我能明白圣经字里行间的意义，知道该如何照圣经所说的去做。但有时，整本圣经对我来说都显得枯燥乏味；更准确地说，是我的心对圣经变得如此漠然，无动于衷，以至于我虽然翻遍了整本圣经，也找不到一丝丝安慰。

5. 最珍贵的泪水是由基督的宝血化成的；最甜蜜的欢乐，是在喜悦中带着对基督的哀伤；哦，最美好的事情，莫过于拉着基督的手，跪在上帝的面前。我盼望自己对这些事情能有所领悟。

6. 迄今为止，我发现自己心中有七样是可憎恶的：（1）不信的倾向；（2）突然间忘记基督所彰显的爱和怜悯；（3）偏向于靠行律法称义；（4）祷告时三心二意、不冷不热；（5）忘记了常常祷告、耐心等候；（6）因为没有得到更多而心生抱怨，却常常挥霍自己已经拥有的；（7）在做上帝所吩咐的事情时，内心的败坏总是会钻出来。"我愿意为善的时候，便有恶与我同在。"（罗 7:21）

7. 我一直在经历上述这些事情，常常深受它们的压制，痛苦不堪。但上帝是智慧的，他也让我从中受益：它们让我憎恶自己；它们让我不仰赖自己的内心；它们让我明白，人天生的义是远远不够的；它们显明了逃往基督耶稣的必要性；它们促使我向上帝祷告；它们使我明白，自己必须警醒谨守；它们激励我去仰望上帝，祈求上帝透过基督帮助我，引领我走过今生。

阿们！

二、适时的劝勉：给受苦之人的忠告

编辑卷首语

这篇珍贵的讲章首次出版于1684年，是一个小开本；之后，仅重印过一次，即1767年怀特菲尔德版（Whitfield's edition）的班扬著作集，对开本，共两卷。

没有人比约翰·班扬更有资格给为义受苦的人提出忠告，而这本书恰恰致力于这个目标。在逼迫者的铁腕之下，班扬因拒绝遵从国教礼拜仪式，在恶臭难耐的牢狱中被关押了将近十三年，此间一直处在有可能被当作罪犯绞死的恐怖中。因此，他最了解什么是受苦，也同样明白安慰的源头在哪里。出于上帝旨意智慧的安排，在国王赦免他之前，他收到一份由贝德福德郡（Bedfordshire）的地方官签名、盖章的法律文书，证实了这一可怕监禁的原因。这件事记录在1672年5月15日枢密院的备忘录中，证明他受到如此严厉的刑罚是因为"参加非国教教派的秘密集会"，除此之外，没有其他诉因。在这篇"忠告"中，我们可以发现他关于逼迫起源、逼迫的手段、动机、残酷性的观点，以及他给受逼迫者的劝勉、忠告和扶持。他认为逼迫是一个奇怪的异常现象，"理由是，基督教是个完全无害的东西，倘若你从来不公开地承认它，它就妨碍不了任何人"。

请你们设想一下心地单纯、老老实实的约翰。在一个大家都学会勒紧腰带、自己修锅补壶的时代，你作为一个补锅匠，能有什么前途呢？基督信仰教导人们不要相信那些江湖医生，他们会为了一彼得便士的税金、什一税、葬仪费和红利，自称可以救治灵魂；相反，人们要亲自到那位至大的医生那里去，他必会倒出酒和油，为因罪生病的灵魂提供绝对可靠的救治，不需要你花一文钱，不需要任何代价。在班扬看来，这样的教义不仅对人无害，而且是上帝赐与人类最宽广、最博大的怜悯。然而，对教皇的等级制度、红衣主教、罗马教廷大使、主教、修道院院长和希腊教会教区牧师而言，还有什么比这更具毁灭性呢？在这种新的制度下，他们所有的礼拜仪式都可除去，祭司和高级教士的骄傲化作尘土。在这种情况下，那些传讲圣洁、谦卑、舍己的十字架教义的人会被逼迫至死，对此我们还能有什么可惊讶的呢？班扬的观点是，撒但是逼迫的始作俑者，它意图借逼迫来根除基督信仰。旋风和暴风雨拔起那些在信心上无根无基的人，他们中的一些人可能一直都会如雄伟的香柏树般挺立，直到痛苦的试炼来临；然而，谦卑的基督徒在这样的时候反而根扎得更深——把大地抱得更紧。他们的信心就是他们的锚，坚定且稳固；这锚固定在永世和天堂，在那里，撒但无计可施。在逼迫中，人只不过是魔鬼的工具，他们几乎不会想到自己正在为魔鬼做苦工。

这位属上帝的人用朴素的话语阐明了真理："除了由上帝生的，又从那圣者受了恩膏的人，没有人能算得上是基督徒。"属肉体的人不能容忍这一点；于是"争战就开始了"，这些惹麻烦的家伙可能被关进监狱，他们的家庭可能被剥夺财产，逼迫者则因此变得富有。逼迫者的"圣职、圣袍、特定的手势——这一切表演和虚假宗教的外在的显要都处在危险之中"；他们奢华的典礼、堂皇的装饰和花样翻新的各种繁文缛节"将在朴素而威严的真理面前坍塌"。这位基督徒在家里与罪争战，然后，在神圣的敬拜中与罪恶的仪文争战。对他来讲，一切没有在上帝话语中定规的事情，都应予以制止。这样的态度在根源上对信仰中的迷信及其所有具有欺骗性的敛财方式予以重重的一击。正是这样，逼迫的风暴临到了这位基督的忠实追随者身上。敌基督者以为上帝的制度中有缺陷，因而宣布以人的绝妙发明来弥补。

　　这就是人心的狂妄和愚昧！尘土和炉灰竟指责这充满了完美的智慧、怜悯和爱的制度。他们如此执迷不悟，说："凡不遵从国教的，不容许他们中任何一个活下去！"班扬先生的劝勉和忠告充满了和平——"顺服掌权的"；当为逼迫者祷告，当以善报恶。逼迫者在上帝的手中；他能很快将他们夷为尘土，将他们的灵魂召去受庄严的审判。

　　尽管基督徒受苦的理由是正当的，但不要自寻苦楚——基督也曾隐身而退；保罗也曾在筐子里，从城墙上被人缒下去，逃脱敌手。若有人在这城里逼迫你们，就逃到那城里去。"上帝的仆人能够很快收拾好行囊，随身带上自己的信仰，将他对上帝的认识供应给另外一族人。"上帝是受逼迫之人的扶持者；"他用大能托起一些人，他在震怒时撇下另一些人；他让小树立定，他容许香柏树倒塌；他使人的计谋昏乱，他让魔鬼的伎俩落空；他与自己的子民同在，他驱逐仇敌进入黑暗；他为分别为圣的人彰显其内心的正直，也将其他人的伪善暴露无遗。这些都是他在他发怒的日子，在旋风和暴雨的日子所行的灵界中的奇迹。"

　　"是的，我们真的需要那些苦口的良药，尽管我们为之眉头紧蹙，避之不及。我们的医生已经接手我们了。愿上帝借着这些苦药试炼我，审判我，如同审判他的众圣徒，免得我们和世人一同被定罪。"这些都是约翰·班扬经历漫长苦难之后的感受，是一颗圣洁之心所结的果子。亲爱的读者，我们蒙受的恩典何其伟大——随着对基督认识的传播，逼迫者的手已经变得软弱无力。我们仍将经历讥讽和辱骂，有时也会蒙受财产的损失，但我们已经从我们的天路客先辈们经历的那些可怖的试炼中被救出来了。

　　愿上帝的怜悯将我们分别为圣，愿上帝赐与我们丰丰满满的恩典，使我们能怜悯、宽恕那些教派，他们曾在过去的时代成为撒但的工具，他们的居所充满了残忍。

乔治·奥弗（Geo. Offor）

致基督徒读者

亲爱的弟兄们，我知道你们中的许多人今日正遭遇患难，因此我觉得应当在这里给你们一些关乎受苦的忠告。我想说的是，你们应当谨慎，殷勤保守你们的心，不要容让自己陷入网罗之中，这些网罗是上帝许可为世上某些人设置的。"你们要防备人"，他们在基督的会里，"要把你们交"出去（太10:17）。为这个缘故，无论对待上帝或世人，你们都当保守自己在诚实正直的界限内，因为这能坚固你们，保守你们；即便无法救你们脱离人的暴怒，也能使你们在他们的暴怒之下仍然得着内心的安慰和平安。所以，要做这样的事，也只能做这样的事——那能证明你们清白无辜的事；这样的事能让你们在遭逼迫的时候，凭着无亏的良心，而不是靠强词夺理，来向上帝申诉，也能诉诸各人的良心。

感谢上帝！这样的劝勉也是我自己所采纳的，因为我发现，除了上帝和上帝借基督赐下的恩典之外，再没有什么比良善、无亏的良心更能让一个人站在这样的地位上了。

我希望自己能说，上帝已经使我成为一名基督徒了。基督徒必须是一个无害之人，要做到这一点，他所信奉的也只能是无害的行为准则。基督徒之为基督徒，他的本分就是信靠耶稣基督，并借着耶稣基督信靠父神；他还要照着自己在世上的身份、地位和能力所允许的，为他周遭所有的人寻求益处，不好管他人的闲事，总是热心行善（参彼前3:13）。

基督徒是上帝国度的子民。这个国度因于恩典中开始，在荣耀中成全，所以不属于今生，乃属于来世。尽管古时有人惧怕这个国度，就如今天也有人可能惧怕，但其实这个国度对任何人都不会造成伤害，无论在原则上还是就这个国度本身而言。比方说，对基督的信心。这到底会有什么害处呢？一个受道德法则约束的生命，能有什么危害呢？一个因靠基督得着永生盼望而满心喜乐的人，能加害于谁呢？对我们的主的敬拜难道有任何邪恶的倾向吗？基督信仰教导我们要善待我们的敌人（参路6:35），"要爱你们的仇敌，为那逼迫你们的祷告"（太5:44），这里面又有什么恶事呢？而这些正是基督信仰的总纲，上述经文已经明明白白地将之显明出来了。因此，我奉劝你们，要牢牢持守这些教导，与此相争的事一点不可沾染。

当你们这样活在主面前时，若还有人如此愚昧，为着你们的行为是善的而试图伤害你们、苦待你们，你们不要以为希奇（约一3:12—13）；因为尽管你们的生活良善、无瑕，有时仍需要经历百般的试炼（彼前1:6）。撇去其他一些事情不谈，若非在患难的境遇中，上帝加在你们身上的某些恩典就不能彰显出它们的果效、荣耀和能力，也彰显不出恩典的作为。信心和忍耐只有在遭遇逼迫时才能有所作为，有所彰显，有所成就；基督徒的信心和忍耐就是在此，别无他处。此外，还有盼望中的忍耐以及因盼望而生的喜乐，这些也都与我们的患难相伴；在平静安逸中我们永远无法拥有这一切。只有经历苦难，我们才能明白诸般恩典都会永远长存，并胜过一切。我们身上所有这些出于恩典的行为在上帝眼中是何等有价值，何等被看重，也是何等蒙他喜悦——借着上帝公义的判断，受苦的机会必定会被用来彰显这些行为的美丽，以及其中隐藏的那莫大的荣耀。

我们也要想到，那些出于恩典的行为不是用来炫耀、自夸的，但当我们为基督受苦的时候，这行为将为那经炼过的人结出果子来；这样，在上帝的日子到来的时候，他们必将得着丰丰富富的安慰，并在荣耀里得以完全（彼前1:7；林后4:17）。

那么，为什么我们还认为无辜的生活就该使我们免受苦难呢？为什么患难还如此伤害我们呢？事实上，上帝允许患难临到我们，是为成就我们现在和将来的益处。我认为，为了灵魂的健康，这样的事情是必不可少的，正如勤勉、劳苦有益身体健康一样。生活奢华、无所事事会带给人身体上的疾病；同样，那些尽管在福音律例上满腹经纶，却没有经过患难试炼的人，他们也会变得粗野恶俗，病态十足，灵魂中充斥各种恶劣习性。我这么说，有些人或许会觉得稀奇，但如今，我们已经看到了以往时代所未曾见识过的确凿证据，验证了这一切实在是真的。

是的，我们真的需要那些苦口的良药，尽管我们为之眉头紧蹙，避之不及。若我们真的需要这些药物的洁净，最终也确实蒙了它的洁净，这药便真是良药。尽管我们的医生已经接手我们很长时间，但我敢说，我们的状况并未好转多少。有些恶症可能过不久会被清除出去，但目前，病情仍然危重。有些自称是基督徒的人便因此担心，他们的钱囊可能会因那些医病的药剂而被掏空，他们的这种担心甚至超过了对灵魂康复的渴望。我自己则知道，我仍需要那些试炼；倘若上帝能借着这些试炼审判我，如同审判他的众圣徒，以免我和世人一同定罪（参林前11:32），那么，我会大声呼求：恩典，永远的恩典！

当想到这些审判也是我们该受的，对于将来还会遭遇什么，我就默然不语了；也就是说，想到我们应该接受从上帝来的审判——虽然对人，我们并没有做什么亏欠的事——我就以手捂口，缄默不言。我们不是理应受管教吗？可我们还因为被管教而动怒！管教不是为了要拯救我们吗？可我们还将怒气向那施管教的手发作！我们的病情是如此之重，我们的仇敌已经注意到了；现在也要让他们知道，我们正耐心地接受那洗净的工作。如果说，我们愿意花钱去买为着我们身体健康之故而配给我们的药剂，不论它们让我们暂时感到多么不舒服，那么，若上帝让我们去买对我们灵魂有益的东西，我们为什么要怨恨呢？对于为我们带来药物的那些人来说，我们所支付的远远抵不上他们的辛苦劳碌。至于我，老实讲，我一定不会眼红他们的报酬，而去做他们那种工作。事实上，大多数医生是要有酬劳的，而吝啬的人并不愿意为此舍弃钱财。可是，一旦他们必须作出这种抉择：要么吃药，要么死，两害之间，他们就愿意取其轻者。为什么呢？受苦总是强于犯罪；倘若上帝差遣苦难为使我们脱离罪恶，就让我们感谢他吧，并且乐于付酬金给上帝差派的使者。

但你们却如此不愿意为自己的罪、为那些带你们经历恩典操练的方法付上代价，而这些都是为让你们将来得福的。当留心上帝的试炼，免得他给你们的药剂量加倍。孩童吃了生果子，定然需要治疗，但生性幼稚的孩童会拒绝服药；其结果却只能是双倍地受苦，也就是，大人会冲他皱眉、呵斥，进而威吓，还要强迫他服下苦药丸。所以，我劝你们，要顺服，服下你们的药剂；我告诉你们，为了你们心灵和内在的健康，这是绝对必要的。原因如下：首先，在今世受审判，或等待在来世与不敬畏上帝的人一同被定罪，哪一样更好呢？第二，对于出于恩典的行为，你愿意做个外人，陌生人，并因此失去那已经预备好了的奖赏——那极重无比、永远的荣耀，还是愿意在日子来临的时候，在每个人为自己的行为得到上帝称赞的时候，也从上帝手中得到奖赏？第三，我要再强调，受管教是儿子名分的记号，是爱的凭据，而不受管教，却是私子的记号，是恨的表征（来12:6—8；何4:14）。倘若我们的身体带有爱的凭据和记号，表明我们是属于基督的，这难道不好于声明自己是不属于基督的吗？至于我，上帝帮助我作了抉择；我宁愿与上帝的子民一同受苦，也不愿贪享片刻的罪中之乐（参来11:25）。慈爱的上帝已经为我作了预备，让我能遵循他的旨意而行。

我并非自寻苦楚，但倘若敬畏上帝将使我遭遇苦难，但愿耶和华上帝使我更加敬虔，因为我相信还有一个将来的世界。基督徒读者，我只想恳求你，倘若十字架沉重地落在你身上，不要对上帝动怒，也不要对人动怒。不对上帝动怒，因为他不会无缘无故行事；不对人动怒，因为他们是上帝的工具，无论他们愿意与否。对你而言，他们是上帝的仆人，为要使你得益处（诗17:14；耶24:5）。因此，要存感谢的心，领受上帝借着他们加给你的一切。倘若那带给你苦楚的差役将你置于他的掌控之下，伤害你，苦待你，并为此得意，摇头嘲笑你的灾难（参耶48:27），那么你当同情他，怜悯他，为他向天父祷告；他不知道自己所做的，不明白上帝的审判。他透过自己的行为表明了，尽管按着上帝的命定，他是借着折磨你来服侍你，他自己这方面的用意却别无其他，仅仅是要摧毁你；如此，他便在你面前预示了这样一种光景——他造就了你，却为自己招致沉沦。因此，当将这可怜的光景放在你的心上，向他以善报恶，以爱报恨；你当显明自己是倚靠圣善的灵行事，有你天上的父的样式。这样，即便你的怜悯和祷告不能给这样一个人带来什么好处，这怜悯和祷告也定然会在某个地方发出光亮，或像一艘满载而归的船，带回满满的祝福，倾倒入你的怀中。

在这一切之外，命定的黑暗难道真的让我们一无所获吗，难道不是为我们重见天日、重获洞察世事的能力而设的吗——当这样的日子再临到我们的时候，我们不是觉得它尤其可爱吗？在电闪雷鸣、风狂雨暴、下冰雹、黑暗的时候，难道就真看不见上帝，看不见他的智慧、大能和良善吗？为什么说"他乘旋风和暴风而来"呢（鸿1:3）？为什么古时上帝的仆人会写下这样的记录，观察到如此奇妙、美好的事情呢？在这样的日子中我们所看见的上帝的作为，是在其他时候见不到的。他用大能托起一些人，他在震怒时撇下另一些人；他让小树立定，他容许香柏树倒下；他使人的计谋昏乱，他让魔鬼的伎俩落空；他与自己的子民同在，他驱逐仇敌进入黑暗；他为分别为圣的人彰显其内心的正直，也将其他人的伪善暴露无遗；这些都是他在他发怒的日子，在旋风和暴雨的日子所行的属灵的奇迹。这样的日子！对任何一个基督徒来说，这样的日子都是最恰当的时机，让他们对自己有最准确的测度。在风平浪静的日子中，我们容易自高，过于高看自己，自以为足够刚强；当试炼的日子临到我们时，却发现情形并非如此。在试炼来临之前，迦勒和彼得都曾大大夸口，但当试炼临到时，他们却发现自己远远缺乏他们认为自己本该具有的胆气（士 9:38）。

在试炼来临之前，我们认为自己可以在海面上行走，但起风的时候，我们就感觉自己开始下沉了。因此，这样的时刻恰是对我们的试炼，让我们认识到自己的本相，这难道是无益的吗？这日子不正能使我们顺服、谦卑，并为着自己在兴盛时所犯的过错而俯伏在上帝面前吗？这难道不会给我们带来益处吗？这难道不会让我们正确地矫正对自己的判断，使我们了解自己，并剪去在我们身上那些多出来的蔓生的骄傲、自负的枝条吗？若非上帝的手使我们回转，我们便不能存活。若非经历合时令的冬季，我们就会在肉体上过分生长。据说，有一些地方，树木会生长，却不结果子，因为那里没有冬天。主赐福四季给他的子民，帮助他们在每一个从身边流逝的日子中，行走在正道上。

再会。

属于你们并在福音上服侍你们的

约翰·班扬

给受苦之人的忠告

"所以，那照上帝旨意受苦的人要一心为善，将自己灵魂交与那信实的造化之主。"（彼前 4:19）

这封书信是写给患难中的基督徒的，特别是写给那些奉割礼之人，彼得是他们的使徒。彼得在他们急难中写这封书信劝勉、安慰他们。劝勉的内容关乎他们受患难的缘由，在患难中如何管理自己，以及如何完成他们的职事。另外，关于如何从上帝那里支取随时的帮助，如何获得上帝必将赐给他们的奖赏（只要他们忠心到底），他也在信中给予他们安慰。就所有这些，我们将利用下面的话，做更清楚的讲论。

　　上面所引的这节经文是一句总结，总结使徒在前面对正处于患难中的受信人所做的劝勉和安慰。他仿佛在这么说：我的弟兄们，因你们现在正在受苦，可见受苦对你们是有必要的，也是满有益处的；所以，当甘心忍受。你们当以基督徒的知足和忍耐来忍受苦楚，这于你们也是合宜的；当将自己的灵魂交托给上帝，就是那信实的造化之主。"那照上帝旨意受苦的人要一心为善，将自己灵魂交与那信实的造化之主。"

　　在这句总结中，我们看到有三件事非常值得受苦之人去思考。第一，它指出一个绝对必要的本分；第二，它描述了被引向如此必要之本分的人；第三，它暗示了随之而来的美好果效，这果效是凡以适当的方式接受这一美好建议的人必然要收获的。

　　这绝对必要的本分是，"将自己的灵魂交与上帝"；这里所指的受苦者，是那些"照上帝旨意受苦的人"；这里暗示的美好，指的是我们真正如此行的果效，也就是，我们将发现上帝是一位"信实的造化之主"。

一、指明受苦之人当尽的本分

　　我们首先来谈这里指明的受苦之人当尽的本分，即将他们的灵魂交与上帝。"……要一心为善，将自己灵魂交与……主。"

　　在继续阐述之前，我觉得有两件事情需要先解释一下：第一，我们必须理解什么是"灵魂"；第二，如何将自己的灵魂"交与"上帝。

　　1. 首先，"灵魂"在这里被认为是一个人最卓越的部分。它住在人的身体里头，是不朽坏的灵体本质，也就是说，它具有生命、意志，也富有感性与理性。是的，当人的躯体照着原本的样子重归尘土之后，灵魂将是一个持续下去的理性存在。这是我们主耶稣所指的那件大事，他吩咐他的门徒说，在受试炼的日子里，"惟有能把身体和灵魂都灭在地狱里的，正要怕他"（太 10:28；路 12:5）。我认为，他警告他们要留心的那件大事，照着彼得在这里所说的，就是"要一心为善，将自己灵魂交与……主"。

2. 将灵魂"交与"上帝，就是将灵魂带到他那里，向着他举起来，双膝跪在他面前，向他祷告，祈求他借着主耶稣基督，将这灵魂置于他圣洁的照看和保守之中；也祈求上帝救它脱离埋伏于今生和来世之间所有的网罗，纵使曾有如此众多的攻击临到它，仍确保它平平安安地来到那大而可畏的审判台前。大卫王就是这样将自己的灵魂交与他，他向上帝祷告说："耶和华啊，求你起来，前去迎敌，将他打倒，用你的刀救护我命[灵魂]脱离恶人"（诗17:13）；"耶和华啊，求你开恩搭救我；耶和华啊，求你速速帮助我。愿那些寻找我、要灭我命[灵魂]的，一同抱愧蒙羞。"（诗40:13—14）

好了，我已经向你们指明了灵魂是什么，以及如何将灵魂交与上帝。使徒劝勉受苦之人所当尽的本分就是在此：将自己的灵魂带到上帝面前，留给他看顾，同时在世上为他的名作见证。从使徒关乎这一极大本分的劝告中，我可以得出以下几点结论：

结论一，当一场逼迫兴起攻击上帝子民的时候，其中总有一个企图，就是要摧毁这些子民的灵魂，这是从使徒的劝勉中自然引出的一个结论。若非如此，又何必要将灵魂交与上帝？这句话中已经隐含了"交与上帝保守"的意思；正是因为有势力要摧毁他们，所以才有逼迫兴起来攻击他们。我不会如此不仁厚，认为是那些施行逼迫的人本身设计要摧毁他们的灵魂。①我实实在在相信，是撒但图谋了这一切，是它煽惑他们行如此可悲的事。彼得说，在试炼的日子里，"你们的仇敌魔鬼，如同吼叫的狮子，遍地游行，寻找可吞吃的人"（彼前5:8）。

哀哉，那些行这类事的人！他们的图谋是如此卑劣，甚至比卑劣还低下。他们中的一些人只敢向人的尸体行报复，欺压邻舍，夺取其财

---

① 逼迫者实在难以想象，他们仅仅是供魔鬼使用的工具，不论他们对基督徒的骚扰是剥夺其财物，抑或侵夺其自由乃至生命。万事都为基督徒效力，为逼迫者则只招致无穷的祸患。愿上帝赐他们悔改的心。——编者注（本书中的编者注均为英文原作的编者所加）

物、自由和生命，站在遭他们恃强毁坏后的废墟上自高自大；他们就是这样一类人，"买它们的宰了它们，以自己为无罪；卖它们的说：'耶和华是应当称颂的，因我成为富足。'"（亚11:5）

唉！但撒但不会就此被搪塞过去。它要的不是钱囊，不是折磨一个人的尸首；这取悦不了它，满足不了它。它的目标是人的灵魂；它竭力要得逞的是人宝贵灵魂的毁灭。在这里，彼得心里关切的，正是这件事，他仿佛在说：我的弟兄们，你们是否为信心的缘故遭遇患难与逼迫呢？你们要谨慎，撒但的手正在这件事情上，不管施行逼迫的人做什么，意图何在，魔鬼的图谋总是要毁灭你们的灵魂。当一群狗靠近一只鹰，特别是当这只鹰过于关心自己的肚腹，疏忽狗的本性的时候，放鹰者总会提醒说，鹰啊，要当心！同理，基督徒，你们要当心，基督徒，你们要谨慎，魔鬼正巴望着得着你们！还有谁比彼得本人更有资格发出这个劝诫呢？是谁正是在这件事情上，因着不谨慎，差一点被魔鬼活活吞噬掉呢？那些留心读经的人对此是一目了然的：当那场逼迫兴起来攻击他主人的时候，彼得偏离了有多远（路22）！

若一个暴君前去侵夺邻国国君的合法权益，他雇佣来攻城掠土的士兵可能只会为了半克朗之类的蝇头小利而战，得了工价之后便心满意足了。然而，暴君要的却是整个王国，除了王国，别的对他都没有用。情形就是这样：施行逼迫的人为的是钱，但魔鬼要的是人的灵魂，任何其他东西都满足不了它。所以说，受苦之人当"将自己灵魂交与上帝"，以免资财和灵魂一齐丧失。

结论二，倘若受苦之人不警醒，那么，当逼迫临到的时候，他们就可能过于懈怠，疏忽了将自己的灵魂交与上帝保守。这些话语既然是训诲，便是唤醒人的训诲。它呼唤那些身处险境的人，那些没有意识到危险的人，或是那些过于健忘的人。他们在为福音的缘故遭遇祸患的时候，忘了是撒但正在寻索他们的灵魂，正图谋毁灭他们。使徒仿佛在说，当祸患因福音的缘故临到你们的时候，你们要小心，不要忘了将自己的灵魂交与上帝。我们在本性上倾向于像义人基甸那样忙着打麦子，为要防备米甸人（士6:11）；我们并不会自然而然地忙碌于将灵魂交托于上帝来看顾和保守。其中的原因在于，我们更多是属乎肉体，而不是属乎灵；在我们体贴肉体的心思里，世界的喧嚣盖过了上帝的话语。因此，彼得在这里就像呼唤那些健忘的人那样呼唤我们说，那照上帝旨意受苦的人，要关心自己的灵魂，且要谨慎；那害怕在今世有一丁点儿损失的人，不要忘记为自己灵魂的失丧而担忧。受苦之人在动荡不安的时候，往往只是紧紧守住那些人手可以夺去的东西，与此同时，在关乎将灵魂交与上帝的这件事情上，却显出冷漠、麻木、疏忽和无动于衷。还有一种情形也十分常见，当受苦之人因信仰遭遇磨难时，他们会更多地琢磨如何转变观念，如何竭力说服自己的良心，容让自己的日子过得更自在些；如何倾听那些让肉体满足快乐的观点，追随不好的榜样，采纳邪恶的建议，以此来欺哄自己。他们并不想为自己的脚将道路修直，不想将灵魂交与上帝。我可怎么说呢？总有为数不少的人，只要在平安无事的日子里，就会在信仰上大吹大擂，但日头一变热，他们就枯干了，心生不满，脚步绊跌，违背那从天上警诫他们的（参来12:25）。所有这一切都是因为，人天然地倾向于更加关心自己眼前的利益、肉体的安舒和现世的生活，而不关心将灵魂交与上帝来保守。所以，我认为，经上这些话是为了唤醒我们去思考自己的灵魂问题，思考应如何将灵魂交与上帝，将其置于上帝的看顾、保护和怜悯之下，并借着我们的主耶稣基督达成此目的。

结论三，有时候，临到上帝子民的逼迫来势是如此凶猛，以至于他们除了一个灵魂需要挂念，其余的都被剥夺净尽；没有房屋、土地、金钱、财物、生命、自由留给他们去牵挂。除了灵魂，一无所有。财物被没收，自由被戴上镣铐，生命被定死罪，颈项被套上绞索，身体被绑上火刑柱。就这样，一切不复再有，唯一可关心的，只有自己的灵魂。"将自己的灵魂交与上帝"，这句话自然引出了上面这个结论。这就是为什么使徒在这里仅仅提及灵魂，因为这是受苦之人唯独剩下的，是他们曾经拥有的一切中仅只存留的。逼迫人的正是这样服侍了基督，他们没有给他留下一点东西，他所能关切的唯有自己的灵魂；逼迫人的也是这样服侍了司提反，他们没有给他留下一点东西，他所能关切的也唯有自己的灵魂。这两位所能挂念的都只有他们的灵魂。耶稣说："父啊，我将我的灵魂交在你手里！"（路 23:46）司提反说："求主耶稣接收我的灵魂！"（徒 7:59）至于其他所有的事，全都不复存在了。逼迫者当着基督的面，分基督的衣服，甚至就是在基督挂在十字架上，为他们将命倾倒的时候。主说："他们分我的外衣，为我的里衣拈阄。"（诗 22:18；太 27:35；可 15:24；约 19:24）后来的基督徒，他们的光景往往也是这样，所有的都被剥夺了，一切不复存在；除了"灵魂"，其他皆无以牵挂了。约伯说，他只剩牙皮逃脱了（参伯 19:20），所剩下的只不过一点点；然而，那丧失一切的人，生命连同所有都丧失的人，他们连这一点点都没有了；如今，我们唯独剩下灵魂了。尽管如此，还有第四个结论——

　　结论四，从上述经文还可看出另一件事，即魔鬼和恶人尽管已经竭尽其所能逼迫了敬虔人，敬虔人的灵魂却仍然是由他们自己来处置。他们无法夺走敬虔人的灵魂，也无法伤害他们的灵魂。没有上帝的许可，他们无权碰触灵魂，这灵魂是属乎上帝的。基督说："那杀身体不能杀灵魂的，不要怕他们。"（太 10:28）我认为，经文中清楚显明了这一点。劝勉我们的话预示了，其中提到的受苦之人无论丧失了什么，他们的灵魂还是归由他们自己来处置。但愿那些受苦之人，纵使失去了财物、自由和生命，他们仍将灵魂交与上帝去保守。使徒仿佛在这么说：尽管仇敌无所不用其极，夺走了他们的一切，他们的灵魂却不在其中；他们的灵魂仍然是脱离辖制的，是自由的，是可以照着他们自己的意愿来处置的。因此，当将灵魂交与上帝来保守，以免因过失或疏忽而让灵魂也被夺去。受苦之人既然可以处置自己的灵魂，他就可以将它交托给全能的上帝，魔鬼和这世界对它也奈何不得。受苦之人可以目睹他们瓜分自己的土地、家产，乃至自己的贴身衣服，但他们夺不走他的灵魂。他们"不能再作什么"（路 12∶4）。

结论五，从上述经文得出的另一个结论是：一个人，当他在受苦的时候，除了将自己的灵魂交与上帝，不能靠其他任何办法确保自己灵魂脱离地狱之手。你在受苦吗？是否因信仰而遭遇祸患？那么，不要把灵魂握在自己手中，以免和其他的一起丧失，因为没有人"能使自己的灵魂存活"①；不，在风平浪静的时候不能，在狮子酣睡的时候也不能。当强暴人催逼人的时候，如同暴风直吹墙壁，这时，人又如何能使自己的灵魂存活呢（参赛 25∶4）？对此，使徒保罗给出了答案。他在不断遭遇逼迫的时候，也深信上帝能保全交托给他的灵魂（徒 20∶22—24；提后 1∶12）。上帝，唯有上帝，才有能力保全人的灵魂，拯救它脱离危险，这一点我将逐步向你们阐明。人按着天性都是自欺者，是不可信任的，除非处在上帝眼目的鉴察之下。就灵魂而言，人则完全不可托付，当将灵魂全然交托给上帝，留给他看顾；将它放在上帝的脚前，让上帝看管，如若不然，它就会失丧，并永远沉沦。因此，对遭受苦难的人来说，若对自己灵魂所处的险境毫无察觉，不时时祷告，警醒自己，将灵魂交与上帝，这实在是一件危险的事情，因为这样做无异于将自己的灵魂和对灵魂的保守都交在自己诡诈的手中。他依靠的是自己的朋友、学识、人的承诺，甚或仇敌的可怜；抑或在自己心里设一个界限，限定好可以为信仰冒多大风险，该在什么地方停下来。这样行的人不以上帝为依靠，在遭遇试炼的时候，他定然是要跌倒的。如今，撒但正要寻索并毁灭人宝贵的灵魂，它的权势与计谋超乎人的想象。它有权使人心变得盲目、刚硬且麻木不仁；它也能使真理在受苦的人眼中变得乏味、渺小

---

① 参《诗篇》22∶29，根据原书直译。——译者注

且无关紧要。犹大没有将灵魂交与上帝，而是把它留在自己手中，留在自己的帐棚里；不久之后，我们就看见了他给自己、基督、天堂及所有一切所标的价：这一切对他来说，不值三十个银币。

由于撒但能把你所看重的真理变得无足轻重，它也同样能让你所遭受的痛苦变得苦不堪言，比将灵魂交与上帝的人所遭受的痛苦要可怕十倍。一所监狱可能会变得漆黑如地狱；丢失几把凳子和椅子，也可能如同丢失了许多袋金子那么糟。①为着这世界的救主去冒死，这看起来将是不可理喻、难以接受的。这样想的人宁愿在这世界的道路上冒一千次失丧灵魂的危险，也不愿为上帝神圣的道失丧自己悲惨可怜、至短至暂的生命。正如我所说的，原因就在于，他们没有将自己的灵魂交与上帝；那真正将自己的灵魂交与至大者的人，他已经舍弃了这地上的一切，已经与世界、朋友和生命作别了。他们竭力持守上帝的真理，行走在他的道路上，专心等候上帝；他们已经计算了花费，甘心接受上帝容许这世界加在他们身上的苦杯。

结论六，从上述经文得出的第六个结论是：上帝十分乐意负责看顾那些在这世上为他缘故而受苦的人交与他的灵魂。倘若这不是真的，这一劝勉就不是最终的答案。"将灵魂交与上帝"意味着受苦之人实实在在地将灵魂交给他好好看管；倘若上帝不乐意担负这一责任，这一劝勉的基础又该是什么呢？但这劝勉确实是以此为基础的，所以上帝定然愿意负责看顾那些为他的名而在世上受苦之人的灵魂。"耶和华救赎他仆人的灵魂；凡投靠他的，必不至定罪。"（诗 34:22；撒上 25:28—29）那些一心为善，将自己灵魂交与上帝的人，将发现他们无一例外都蒙上帝的看顾。

---

① 《忠告》出版后不久就发生了这样一件可怕的事。班扬的朋友，一位叫约翰·查尔德（John Child）的浸信会牧师为了逃避逼迫，随从国教去了。但可怕的良心不安让他惊恐，他时常忧惧地喊道："我要下地狱了"，"在审判台前我要完了"；"我仿佛是在火焰中了。"1684 年 10 月 15 日这天，他终于在一阵绝望的情绪发作中，把自己毁灭了。——编者注

"唉，"受苦之人说，"倘若真能相信这一点，我就可以摆脱所有恐惧了。我认为自己是相信上帝的，因为我已经承认了他的名，只是我还是相信不了这一点，即上帝愿意负责看顾我的灵魂。所以我担心，倘若这试炼大到必须为之付上生命和财产的代价，只怕生命、财产、灵魂等等一切都将一齐丧失。"

哦，诚实的人，这些确实是你们所担心的；但是，把它们远远抛开吧，并再来思考这段经文："那照上帝旨意受苦的人要一心为善，将自己灵魂交与那信实的造化之主。"这是上帝的话语，是基督的话语，是圣灵的邀请。因此，当你读这节经文的时候，要相信自己听到的是圣父、圣子和圣灵的声音，他们既共同又分别地对你说话，他们说：可怜的罪人，你在这世界上已经与上帝立了约，也正在为他的道而受苦；把你的灵魂留在他身边吧，他乐意拯救它，甚于你所期望的。凭信心行事，信靠上帝，相信他的话语，行走在为他作见证的路上，你会发现一切都安好，最终都会按照你心所愿的而成就。不错，撒但会诱惑你怀疑这一点，它就专干这事，让你怀疑道路会变得更加崎岖难行；撒但知道，"不信"这桩罪会迷惑人的灵魂，使原本容易、愉快、轻省的担子变成受苦之人难以忍受的重负。是的，它所图谋的就是让你最终背弃你的信仰声明，放弃你的事业、信念、良知、灵魂和所有的一切。然而，听一听圣灵还说了什么："他要怜恤贫寒和穷乏的人，拯救穷苦人的性命。他要救赎他们脱离欺压和强暴。他们的血在他眼中看为宝贵。"（诗72:13—14）圣灵又说："穷乏人呼求的时候，他要搭救；没有人帮助的困苦人，他也要搭救。"（诗72:12）这些话语都是给受苦之人的安慰。所以，为上帝受苦的人，当鼓起勇气，不要害怕将自己的灵魂和永恒的事都交托给上帝。他们当将一切的忧虑卸给上帝，因为他顾念他们（彼前5:7）。

"可是，我在黑暗之中。"

我的回答是，永远不要因此而气馁。当灵魂在黑暗中时，仍当信靠上帝，要定意一无所求地侍奉上帝，永不放弃，这是最令人钦佩的。不靠眼见，乃凭信心；跟随羔羊，纵使不知前路如何。我们最终达到的将证明我们的爱、敬畏、信心和诚实无伪，这些是表明一个人灵魂真正诚实的最大的记号。约伯和彼得正是以此而得名，多马则因在这方面的亏缺而使他的信心大为失色（伯1:8—10、21；太19:27；约20:29）。因此，当全然相信上帝已经做好了预备，他乐意、盼望、期待受苦之人将自己的灵魂交托给他，就是交与信实的造化之主。

结论七，从上述经文中得出的再一个结论是：上帝有能力保护，也愿意保护属乎他的正在受苦中的圣徒们的灵魂。他要在他们一切的磨难中拯救他们脱离那恶者，纵使这磨难从未曾如此之多，如此可怕，如此繁杂多样。倘若他不能把灵魂握在自己的手中，保守它脱离那寻索并毁灭它的恶者，那么，"将自己灵魂交与上帝"又有什么益处呢？但基督说："我父把羊赐给我，他比万有都大，谁也不能从我父手里把他们夺去。"（约10:29）因此，即使那恶者也不可能制造出如此重的悲伤、痛楚和困苦，以致它能借机大获全胜，将灵魂从上帝手中夺走；这灵魂上帝已经收纳了，并且保守它不再堕落，不再灭亡。所以说，这段主题经文已经设定了，上帝有足够的能力、足够的安慰和足够的良善，可以扶助并鼓励受苦之人为了他而恒心忍耐：且让撒但和它役使的工具暴跳如雷，穷极它们的狂怒与残忍吧。

1. 上帝有足够的能力保护那些将灵魂交在他脚前的人。因此，他是灵魂的看守者，灵魂的保护者（箴24:12）。"保护你的是耶和华，耶和华在你右边荫庇你。白日，太阳必不伤你；夜间，月亮必不害你。耶和华要保护你，免受一切的灾害。他要保护你的性命[灵魂]。"（诗121:5—7）"太阳必不伤你"就意味着，逼迫不会使你枯干，凋谢，一无所存（太13:6、21）。但尽管如此，你仍需要上帝的护庇、保守，需要他引领你脱离一切邪恶。因此，倘若你正处在受苦的光景之中，就当将灵魂交与上帝，这样它会受到保护，最终将安然无恙。这是因为：

（1）在那种关头，你自己天性上的软弱与胆怯并不会胜过你，因为对上帝来说，这些并非难事，他能使性情最软弱的人硬如金刚石，比火石更硬，胜过北方的铁。"人岂能将铜与铁，就是北方的铁，折断呢？"（耶15：12）当基督徒尽自己对上帝的本分时，刀剑欲伤害他们亦是枉然；因为上帝掌管并看顾他们的灵魂，他使他们的鞋是铜的，脚是铁的（申33：25；弥4：13）。"他使力强的忽遭灭亡，以致保障遭遇毁坏。"（摩5：9）

他可以使你变成一个新造的人，不再是你原本的样子。他使胆小的彼得，畏怯的彼得，变得像狮子一样勇敢。这个一度在一个卑微的使女面前害怕的人，上帝使他在另一个场合，站在公会面前放胆讲话（太26，徒4：13）。对上帝来说，没有太难的事。他对胆怯的人说："你们要刚强，不要惧怕。"（赛35：4）他说："软弱的要说：我有勇力。"上帝正是凭自己的话语创造了世界（亚12：8；珥3：10）。

（2）你自己天性上的无知和愚昧并不会使你跌倒；你缺乏智慧，他会供给你。他不仅借着责罚，而且也借着训诲，使愚昧人得智慧。"上帝却拣选了世上愚拙的，叫有智慧的羞愧；又拣选了世上软弱的，叫那强壮的羞愧。上帝也拣选了世上卑贱的，被人厌恶的，以及那无有的，为要废掉那有的。"（林前1：27—28）智慧、能力都属乎他（参但2：20），无论何时何地他要行事，根本无人能够阻止（参赛43：13）。他"将那赐人智慧和启示的灵赏给你们，使你们真知道他"（弗1：17）。他曾这样质问他的特选子民："谁将智慧放在怀中？谁将聪明赐于心内？"（伯38：36）他将行他所应许之事；是的，他应许赐智慧给他的子民，就是与他密切相关的人，让他们的智慧达到顶端，高过一切抵挡他们的人。他说："我必赐你们口才智慧，是你们一切敌人所敌不住、驳不倒的。"（路21：15）

（3）当你为他暂时受苦，不知他将怎样行，你将往何处去，心生疑惑时，他能为你解除心中的疑惑。是的，他能使你的疑惑消融、粉碎，化为乌有。他能让恐惧闻风远遁，代之以从天而来的信心。他将那不能看见的永恒之事带到你灵魂的眼睛面前，让你在其中看见自己一万次失丧生命也值得去享有的东西，而这是你的仇敌所看不见的。上帝荣耀的灵，常住在为基督的名受辱骂的人身上（彼前 4:14）。荣耀的灵是什么，住在为他受苦的人身上又意味着什么，这完全超出了这个世界的知识范畴，基督徒在平靖安逸时也几乎感受不到。为他受苦的人就是那些将自己奉献给基督，在基督管教之下的人；我认为，正是他们才拥有荣耀的灵，才能明白它的奥秘。

当摩西第一次上山见上帝的时候，百姓因他待在上帝身边太久就责备他说："领我们……的那个摩西，我们不知道他遭了什么事。"（出 32:1）哦，当他再次上山，又从山上下来的时候，荣耀的灵住在他身上。他的面皮发光——虽然他自己不知道——大有尊荣，百姓亦十分惊奇。（出 34:29—35）当司提反站在公会面前，受到被耸动的人指控的时候，"在公会里坐着的人都定睛看他，见他的面貌好像天使的面貌"（徒 6:15）。尊重上帝的，上帝必重看他们（参撒上 2:30）。是的，上帝将他的荣耀加一些在他们身上，他们必得尊荣。上帝所行的事，没有人可以测度。他能使那些原本看起来十分可怕的事情，变得最令人愉悦、快乐，最值得拥有。他能让监狱比宫殿更美丽，也能使监禁比自由更惬意；"为基督受的凌辱比埃及的财物更宝贵"（来 11:26）。经上这样谈及基督："他因那摆在前面的喜乐，就轻看羞辱，忍受了十字架的苦难。"（来 12:2）

2. 正如上帝有足够的能力托住万有，他也有足够的安慰和美善使我们壮胆，我指的是与上帝交通时，他所彰显出来的安慰与美善。面对纷杂的苦难以及随之而来的恐怖，我们不仅要用眼睛来观察事物，而且要靠信心和感觉来把握它们。如今，这一切都在上帝的手中，他使他的子民在黑暗中歌唱。保罗和西拉在监里唱诗赞美上帝（参徒 16:25），使徒们站在殿里传道，被打受辱，但他们离开公会的时候，却心里欢喜（徒5）；这欢喜是因着他们对上帝和基督的爱的信心——这爱是过于人所能测度的，源自他们内心的感觉。（参弗 3:19）他对那些在苦难中的人说："你将要受的苦你不用怕。"（启 2:10）总有一些事情，使我们遭遇患难，也总有一些地方，让我们在其中经受困苦；总有一些东西浇灌我们的灵魂，使它刚强壮胆，也总有一些东西向我们的灵魂显明（罗 5:5）。

如今，使我们遭遇苦难的事情有很多，其中的一些这样记在经上："又有人忍受严刑……又有人忍受戏弄、鞭打、捆锁、监禁各等的磨炼，被石头打死，被锯锯死，受试探，被刀杀，披着绵羊、山羊的皮各处奔跑，受穷乏、患难、苦害。"（来 11:35—37）这是古时的义人因承认耶稣基督的名而遭受的一些苦难。但上帝使他们能够承受这一切苦难，能够甘心忍受，欢喜忍受，"知道自己有更美、长存的家业"（来 10:32—34）。使徒保罗回想自己为福音的缘故所欢喜忍受的最可怕的苦难，将它们记录下来。他告诉我们，在他这样软弱的时候，他却最欢喜快乐（参林后12:9）；是的，他向经上所记的这些苦难夸胜，向着死、生、天使、掌权的、有能的、现在的事、将来的事、高处的、低处的和别的受造之物夸胜；因为他知道上帝的爱是充充足足的，这爱借着基督加在他身上，保守他，带领他安然经过一切（林后 12:9—10；罗 8:37—39）。上帝已经成就了这些事，我们可以举出一千个这样的例子；上帝仍将这样成就，因为他已经给了我们信实的应许（赛43:2；林前10:13）。

有时，这些事情也会向教会的仇敌显明，使他们感到惊奇和困惑。上帝向巴比伦王显明，他与落在火窑中的三个年轻人同在（但 3:24）。上帝再一次向巴比伦王显明，他的子民在哪里，他就在哪里，哪怕是在狮子坑中（但 6:24）。

同样，在后来的日子里，凡读过福克斯先生《殉道史》的，都可以从中找到几个事例，证明这一真理。上帝有权柄掌管一切灾祸，可以随他的心意使其变大、减弱或变小。他有权柄管火，可以带走难以忍受的热量。在玛丽一世时期，同样有人可以证明这一点，即霍克斯和贝恩汉姆（Hauks and Bainham），还有其他一些人；他们在熊熊火焰中欢呼，在熊熊火焰中欢喜、拍掌。上帝有权柄掌管饥饿，使其变弱，让一个人仗一餐之力就可以一直走四十昼夜；这是以利亚的见证。那时他为躲避耶洗别，正逃命去往上帝的山（王上 19:8）。当雅各躲避他的哥哥以扫的时候，有过一个多么美好的夜间露宿之地：他以地为床，以石为枕，高天是他的华盖，夜色是他的幔子（创 28:11）。

使徒保罗说："我靠着那加给我力量的，凡事都能作。"（腓 4:13）他又说："我为基督的缘故，就以软弱、凌辱、急难、逼迫、困苦为可喜乐的。"（林后 12:10）但这怎么可能呢？因为凡苦难的事，在当时都不可能是快乐的（参来 12:11）。我的回答是，尽管苦难本身并非快乐，但基督，借着他的同在，就把它变成可喜乐的，因为，那时他的能力覆庇了我们（参林后 12:9）。保罗说："我什么时候软弱，什么时候就刚强了。"（林后 12:10）基督在保罗里面行了大能的事，因为他说他的能力在人软弱的时候显得完全——也就是在我们为福音的缘故受苦的时候（参林后 12:9）。

当上帝的子民为他受苦，遭遇急难的时候，他总是安慰、扶助、托举他们，为他们壮胆，以此来解救他们。这样的例子之前已经提到过，是关于三个年轻人和但以理的。当敌人发怒气逼迫他们，使他们为他的名遭受苦难的时候，当一个像是上帝儿子的人，与三个年轻人一起在火中行走的时候，当但以理坐在狮子坑中，看见天使用手封住狮子的口的时候，你们认为这些雅各的上帝的仆人们，在他们的灵魂之中，是如何感受他的能力和满有安慰的同在呢？

依我说，在窑里、在坑中看见这样的事，难道不值得吗？哦！倘若那些为他受苦的人在上帝面前有一颗正直的心，倘若他们愿意信靠他，倘若他们学会说"我在这里"，不论上帝何时呼召他们，也不论上帝呼召他们做什么，那么上帝的恩典，以及他的圣灵、能力就与他们同在。"所以，那照上帝旨意受苦的人要一心为善，将自己灵魂交与那信实的造化之主。"当保罗说这句话的时候，他是在断言：无论敌人如何粗暴、凶猛，也无论他们多么残酷无情，受苦之人总能在上帝那里得到帮助、解救、释放和安慰，因为当受苦之人如此行的时候，上帝就使他们站立得住。

结论八，那么，彼得这番劝勉更直接的理由是什么呢？我们现在要来谈论这件事。尽管前面谈到的所有那些事都可能是理由，但据我看来，真正可以称为理由的还在后面。这是因为：

1. 当一个人借着信心与祷告，将自己的灵魂交与上帝之后，他的灵魂就享有自由的优势，去为上帝做工，为上帝受苦；如若不然，他就得不到灵魂的自由。一个将灵魂交与上帝的人，将摆脱自己的忧虑，从灵魂永远沉沦的恐惧中得到释放。当犹太人用石头去打司提反的时候，他们将衣服放在远处一个叫扫罗的人脚下，免得它们成了累赘，妨碍他们预谋的事。当我们为上帝的真理受苦，抵挡罪，着手将罪逐出这个世界的时候，应当将灵魂放在上帝脚前，交给他看顾，免得因亲自照看它而使我们受到羁绊。这样，我们对上帝真理的关切就不会因内心的疑惑而受到削弱，这疑惑有时会突如其来地袭击我们："我的灵魂会变成什么样呢？"当保罗告诉他属灵的儿子提摩太，他曾站在狮子尼禄面前，现在已经从狮子口里被救出来的时候，他补充道："主必救我脱离诸般的凶恶，也必救我进他的天国。"（提后4:18）是的，他将进天国，也必进天国。一个自由的人就是这样，不受恐惧的羁绊。使徒为什么对自己在另一个世界的福祉，对自己在另一个世界有分，有如此的信心呢？就是因为他将自己的灵魂交托给了上帝。请比照《提摩太后书》1:12和4:18。倘若我们借着信心与祷告，将自己的灵魂交与上帝，那么，这圣洁的胆量和信心就会被留在，更确切地说，被带入我们的灵魂之中。

假定一个住在乡下的人有要务必须到伦敦去，并且还负责要将一大笔钱款带到那里去缴付；再假定此次行程十分凶险，因为沿途不断有强盗出没。那么，这人该做些什么，才能高高兴兴地开始他的旅程呢？他要做的，就是在乡下就把钱款交在一个这样的人手里：他肯定会替他在伦敦安全地还了这笔钱。你们的情形也是如此，你们正往天堂去，但去往天堂的路是危险的；恶魔在四处袭扰，要夺走人的灵魂。现在，该怎么办呢？倘若你们愿意欢欢喜喜地行在这危险的路途之上，就当将你们的财宝——你们的灵魂——交给上帝看顾。这样，你们就可以满有安慰地说："好了，没什么可挂虑的了。因为无论我在途中遭遇什么，我的灵魂都是足够安全的。即便遇见盗贼，他们也得不到它。我知道我已经将自己的灵魂交托给他，且确信他将保守它，使我得着喜乐和永远的安慰，直至那大日。"

因此，这就是我们这些为基督受苦的人应当将灵魂交与上帝的原因之一，因为对我们灵魂福祉的疑感，会成为我们灵里的阻碍、负担和痛苦；是的，这是我们背起十字架跟从基督的时候最大的痛苦。靠耶和华而得的喜乐是我们的力量（参尼 8:10），而灭亡的恐惧会使我们的力量中道衰弱（参诗 102:23）。

2. 我们当将自己的灵魂交与上帝，因为那些毫无怜悯之心的人与上帝的仆人之间达成的最终结局有时会忽然降临。在最后一击之前，他们不会有任何警告。在这里，我们不需要提醒你们注意发生在爱尔兰、巴黎、皮德蒙特（Piedmont）和其他一些地方的杀戮。夜色之下，没等虔诚人完全醒来，他们中一些人的血就流到了地上。野蛮的恶魔们喊着："杀！杀！"从街道的一端杀向另一端，从一处杀向另一处。这是突如其来的袭击。那些没有将灵魂交与上帝的，毫无疑问那时候处境十分艰难；但那些已经交托了的，就为这场突袭做好了预备。的确，他们有时会先亮出斧子、绞索或柴捆，但在另一些时候，就不会有这样的警告。

扫罗对以东人多益说:"你去杀祭司吧!"一切都是突然间发生的。扫罗说杀,多益就杀了他们,"杀了穿细麻布以弗得的八十五人;又用刀将祭司城挪伯中的男女、孩童、吃奶的,和牛、羊、驴尽都杀灭。"(撒上22:11、18、19)仅仅一句话就描绘出了一场杀戮的惨象。读了这几节经文,难道你们不认为所有那些在杀戮之前就已经将自己灵魂交与上帝的人,是最适合赴死的吗?

"〔王〕随即差一个护卫兵,吩咐拿约翰的头来。"(可6:27)这是关于希律和施洗约翰的故事:希律的舞女索求施洗约翰的头,没有别的能满足她的要求。

"好吧,女孩,你将会得到它。"

"是吗?"

"是的。但先等一段时间。"

"不,你现在就把它取来。现在!马上!"

于是,希律王差了一个刽子手,命令他取约翰的头来。

这就是突如其来的事,之前没有任何暗示。刽子手来到约翰跟前。现在,无论约翰是在用晚餐,还是在睡觉,也无论他是否在四处走动,那流人血的扑了过来。他问候约翰的第一句话就是:"先生,脱下衣服,垂下你的颈项,因为我是来取你的头的。""停!等一等!为什么?我要祷告,让我把灵魂交与上帝。""不,我等不了,我急着要!""嚯"的一声,刀光一闪,义人的头颅就落地了。这就是突如其来的事,它不等任何人。这是立时要做的事。女孩说:"请把施洗约翰的头放在盘子里,拿来给我。"(太14:8)是的,她是急迫的。于是,一声吩咐,约翰的头就被拿来了。

3. 一个人,除非将自己的灵魂交与上帝,否则,他是否能不退让,坚持自己的立场,并与一切诱惑争战,就成了一个问题。"使我们胜了世界的,就是我们的信心。胜过世界的是谁呢?不是那信耶稣是上帝儿子的吗？"（约一5:4—5）有什么能勉励一个心里不信、不将灵魂交与上帝保守的人，去为基督受苦呢？当我们的主耶稣说"你务要至死忠心，我就赐给你那生命的冠冕"（启2:10）的时候，他所暗示的正是这些。他为什么这样说呢？就是要勉励那些为他的真理在这世上受苦的人，让他们将灵魂交托给他，并且相信他会负责看顾它们。保罗的智慧是，在敌人准备要杀他之前，他就为死亡做好了预备；他说："我现在被浇奠，我离世的时候到了。"（提后4:6）

因此，这是一件至关重要的事，就是将灵魂交与上帝保守这件事。而且我认为关键还在于，要现在就做这事，立即就做，赶快去做，不论你是否正忙于他事；因为，这能使我们为受逼迫的日子做好预备，并使我们在受逼迫的时候也能从中得益。我再说，我们当认真考虑这件事。使徒保罗说，他和他的同伴是靠着上帝才放开胆量传讲、坚守上帝的道的（帖前2:2）。但是，倘若他们还要去寻求灵魂蒙拯救的事，还没有一心为善，将自己的灵魂交与上帝来保守，他们又何尝能够放胆，何尝能够确定有那样的胆量呢？

问："将灵魂交与上帝"中的"交与"（to commit）该如何理解？

答：关于这一点，概括的意思，我已经简略谈过了。为了能进一步帮助你们，现在，我稍作展开：

（1）"交与"就是交出去让人去监护，去保管。当囚犯被送进监狱时，就是说他们被交到那里去了。保罗这样说过："扫罗却残害教会，进各人的家，拉着男女下在监里（commiting them to prison）。"（徒8:3）约瑟的主人将所有的囚犯都交在约瑟手下，交给他监管，按着律法保管在那里（创39:22）。

（2）"交与"不仅仅是交出去，而且是托付出去。要保证被交与之物的安全，不许丢失（路16:11）。因此，当保罗被下到监里时，禁卒就要担责保护他的安全（徒16:23）。

（3）"交与"有时就是将托管物交与托管者全权处理。罗波安王就是这样将盾牌交给守王宫门的护卫长看守（王上 14:27），耶利米也是这样被交在基大利的手中（耶 39:14）。

因此，你们必须将自己的灵魂交与上帝看顾和保守。你们必须将灵魂交出去，置于他的看护和监察之下。你们也可以嘱咐他——我当谦卑地如此说——去照管你们的灵魂。"至于我的众子，并我手的工作，你们可以求我命定。"（赛 45:11）你们必须将自己对灵魂的挂虑、对承受来世的担忧，完全托付给上帝。照着上帝的吩咐去行，纵使天塌下来，也必得安稳。"无倚无靠的人把自己交托你，你向来是帮助孤儿的。"（诗 10:14）

为了鼓励我们做到这一点，主已经吩咐我们，命令我们，并且期望我们当这样行。是的，你们也被吩咐要将你们的道路交托给他（诗 37:5），将你们所作的交托给他（箴 16:3），将你们的事情托付给他（伯 5:8），还当将你们的灵魂托付给他，他必看顾一切。倘若我们照着我们所当做的这么做了，上帝不仅会全面看顾我们，看顾我们的灵魂，而且我们所做的和我们的道路都将被立定，使我们不致跌倒。"我倚靠耶和华，"大卫说，"所以我并不摇动。"（参诗 26:1）

在结束这一讲论之前，我想谈一谈将灵魂交与上帝的必要途径：一条"一心为善"的道路。"要一心为善，将自己灵魂交与上帝。"或者说，行在一心为善的道路上。这就是虔诚人将自己的灵魂交与上帝保守之时与之后当跑的路。正如使徒在另一个地方所说的那样，这只是一种"理所当然的侍奉"（参罗 12:1）。因为，倘若上帝如此恩待我们，答应我们的祈求，看顾我们的灵魂，那么，我们为什么不照他所吩咐的那样慷慨行善呢？倘若我们的主人关心我们的饮食和工价，那么，我们就当说：主人，我们一定会谨慎，忠心地完成你所差派的工。这样做是诚实的，基督徒就当这样对上帝表白。凡在这事上忠心的，必定会说到做到，也必定会看到，上帝的道就是他的力量。

基督徒将自己的灵魂交与上帝看顾后，不可因此反而生出疏忽、懈怠、冷漠，体贴属肉体和属世界的事。仿佛敲定了说，既然已经让上帝承担起拯救他的义务，他自己就可以不受约束，在试炼或艰难的日子里是否还要恒久地侍奉上帝都不要紧了。他必须是"一心为善"地将自己的灵魂交与上帝。他不可能一面放弃上帝的事，背离上帝的道，抛掉十字架，一面又寻求天堂。凡这样做的，将会发现自己错了。他们终将明白，上帝不会看顾这样的灵魂。因为他说："他若退后，我心里就不喜欢他。"（来 10:38）因此，要将自己的灵魂交与上帝，就必须行在上帝已经向我们指明的道上，也就是一条"一心为善"的道路。经上从来没有一句话说将灵魂交与上帝后就可以不行善了。你们一定要思考这一点：在受苦和艰难的时候，将自己的灵魂交与上帝；你们当一心为善地如此行。

"一心为善"就是在敬虔的道路上持之以恒，在道德行为上如此，在团体的敬拜中亦如此。你们既然盼望上帝看顾你们的灵魂，也相信他必看顾，就当热心行善；也就是，要善待穷人、邻舍，要向众人行善，向信徒一家的人更当这样（参加 6:10）。便雅悯当得便雅悯的食物（参创 43:34）；其他所有的人也当照着你们的能力，亲自体会并寻得你们敬虔的果子。尽管你们经历过诸多磨难和试炼，你们仍当如此凡事谦卑，服侍主（参徒 20:19）。

你们还要牢牢持守福音的敬拜，不论是公开的，还是私下的。你们要做圣经所认可的事，那些没有上帝印记的人所热衷的事情，你们要远离。你们要一心一意这样行事，若因此受苦，就当忍耐（参彼前 2:20），因为彼得在吩咐妇人时所说的话，对所有信徒来说都是适用的。他说："你们若行善，不因恐吓而害怕，便是撒拉的女儿了。"（彼前 3:6）

因此，一个人将灵魂交与上帝看顾，绝不意味着可以不尽自己的本分，或者可以不再勉力行善，这些都是他在受苦的境况下所当行的。是的，将灵魂交与上帝看顾，这件事本身就已经使他有约在身，他要持守上帝呼召他时所在的那份职业，并在其中一心一意遵从他。将灵魂交与上帝，意味着我们对危险和威胁是有意识的；可是，到了那十字架讨厌的地方都止息了的时候（参加5:11），人们中间也就不会再有任何危险了。将灵魂交与上帝看顾，就意味着下定决心行上帝的善道；这条善道倘若没有上帝担责看顾我们的灵魂，它对我们的灵魂来说将是十分危险的。一个人会在心里说，"我要把我的灵魂交与上帝"，假如他明白自己说的是什么，他所说的其实就是："我一定要持守我的道，背起十字架跟随基督，纵使我会因此像他从前那样失丧生命。"这就叫做一心为善，将自己的灵魂交与上帝。所以，那些只在嘴上说要把自己的灵魂交给上帝，却过着放任、懒散、亵渎、邪恶生活的人，你们要小心了，不论你们是谁。上帝不会看顾这种人的灵魂；他们并没有照着所当有的方式将灵魂交与上帝。他们所做的就是，用口谄媚他，用舌向他说谎（参诗78:36），还想欺哄他；然而，这终将要归于徒然。"顺着情欲撒种的，必从情欲收败坏；顺着圣灵撒种的，必从圣灵收永生。"（加6:8）

二、哪一类人会蒙引导将自己的灵魂交与上帝看顾

现在我要谈的，是主题经文中包含的另一件事情，我将给你们一个更清晰的描述，指明是哪些人被吩咐要将自己的灵魂交与上帝。他们是"照上帝的旨意受苦的人"；"那照上帝旨意受苦的人要一心为善，将自己灵魂交与那信实的造化之主。"

在这里，我们要探究两件事。第一，使徒在这里提及的"上帝的旨意"是何含义？第二，什么是"照上帝的旨意受苦"？

首先，圣经中，上帝的旨意是以不同的方式被提及的。有时这旨意被看作是上帝拣选、称义和使我们成圣的作为；有时，它指的是信心和良善的生活；有时，这旨意就是要为他的名受苦（罗9；弗1:11；约7:17；约一3:23；帖前4:3；太7:21）。在这里，透过上帝的旨意，我们

必须首先明白他的律法和圣约；其次，明白他的命令和安排。

我们要透过他的旨意明白他的律法和圣约。这被称作是上帝显明的旨意；或者说，他要借此，并借着他该如何被人敬拜而为世人所知。理解了这些话之后，在我进一步讲述之前，我还要就受苦的情形做出区分，也就是，要在受苦的人之间作个分别。他们中有些人受苦，是因为违背了上帝的律法和圣约，而另一些人则是为了持守这律法和圣约而遭遇苦难。尽管这两部分人可能都是出于上帝的旨意而受苦，但主题经文所关注的，并非二者都包含在内。作恶的人因他们邪恶的行为，按着上帝的旨意，遭受应有的惩罚，正如其他一些经节所显明的那样。但我认为，这些人并非目前这节主题经文所关注的对象；因为使徒写这节经文和这篇书信的目的，是为了劝勉并安慰那些因持守上帝的律法和圣约而遭受苦难的人，因他们的善行而受苦的人（彼前 3:13、14、17，4:13、14）。

因此，我这里的忠告所关注的是这样的人：他们因持守上帝的道，在人的手里受苦。这批人拥有一份许可、一份特许，甚至一道命令，他们必须要一心为善，将灵魂交与那信实的造化之主。我们将详述这一点。

其次，持守上帝之道的是这样的人，他们既注重内容，也注重方式。内容就是真理，是其中包含的教训；方式就是合宜、敬虔、谦卑、诚实的行事之道，这是与遵行上帝的律法和圣约的人相称的。这些都包含在主题经文之中。因为，在这里首先是要成就上帝的旨意，其次是要照上帝的旨意来成就。我认为，"那照上帝的旨意受苦的人"这句话，同时包含了行为的内容和方式。因此，我们在这里关注、讲论的就是这个意义上的受苦之人。殉道就是以正确的方式为上帝之道遭受苦难。换言之，受苦不仅是因着义，而且也是为着义的缘故；不仅是因着真理，而且是出于对真理的爱；不仅是因着上帝的话语，而且是照着上帝的话语来受苦，也就是，以圣洁、谦卑、温柔的方式受苦，正如上帝的话语所要求的那样。一个人可能因上帝的真理舍己身叫人焚烧，却不是上帝的殉道者（林前 13:1—3）；是的，一个人也可能以极大的忍耐之心去受苦，但仍不是为上帝殉道的（彼前 2:20）。前者不是殉道者，因他缺乏恩典——那恩典能使他内心平静，且使他有正确的行事方式；后者也不是殉道者，因他缺乏那圣者的话语——唯有这话语能使他的事业正直。这是就内容而论的。所以，殉道者是由内容和方式造就的；前述主题经文中所指的就是这样的人。那些以圣经所要求的圣洁、谦卑的方式，为上帝的律法和圣约受苦的，就是照着上帝的话语和吩咐，将自己灵魂交与上帝的那一类人。

基于这样的思考，有两件事摆在我们面前。第一，一个人，他可能是基督徒，也遭受苦难，但根据前面给定的意义，却并不是照着上帝的旨意受苦。第二，这世上还是有过一些人，将来也仍可能有这样一些人：他们曾经，将来也仍然会在使徒这里所说的意义上，照着上帝的旨意受苦。

1. 首先，基督徒可能受苦，但并非在使徒所显明的意义上，照着上帝的旨意受苦。

先用几句话来解释这一点，也就是，一个人可能是基督徒，并且遭遇苦难，但根据使徒在上述主题经文所显明的意义，他并不是"照上帝的旨意"受苦。他可以是基督徒，但并不以基督徒的身份去受苦；他可能欠缺作为基督徒受苦所包含的内容，也可能欠缺那样的受苦方式。

这是显而易见的，使徒在书信的好几个地方都暗示了这一点。他说，"你们若因犯罪受责打，能忍耐，有什么可夸的呢？"（彼前 2:20）这便意味着基督徒也有可能因犯罪受责打，因为这句话同样是说给他在主题经文中所劝告的那些人，虽然此处他并没有将他们置于相同的情形下，即因善行而受苦的情形。你们若因犯罪受责打，犯了在上帝的话语中视为罪的事，那么，纵使你们能忍耐，又能从上帝或是良善之人那里得到什么感谢呢？

他还说："上帝的旨意若是叫你们因行善受苦，总强如因行恶受苦。"（彼前3:17）这里直截了当地指出，基督徒可能因恶行而受苦；是的，上帝的旨意可能就是这样，他若行恶，就应当为此受苦。因为，倘若基督徒犯了罪，上帝必因他们的恶行而惩罚他们，以此证明他自己的公义。是的，他并不认为他们配得列在那些因行善而受苦的人之中，虽然他们是他的子民。

他又说："你们中间却不可有人因为杀人、偷窃、作恶、好管闲事而受苦。"（彼前4:15）这是在警示基督徒，劝勉他们要谨慎，谨慎自己的言行，将一切都约束在圣经的界限之内。倘若认为这些警告只是在劝导他们要小心，好使他们不可能因此跌倒，这想法便是愚蠢的。基督徒有可能因行恶而受苦，这样才会让他们凡事谨慎；基督徒有可能因过犯而被带到公众的司法面前，这样才会让他们凡事谨慎；基督徒有可能被交在官长的手中，使其罪得到公正的刑罚，这样才会让他们凡事谨慎。这些都是主题经文本身所暗示的，好让他们凡事谨慎。

之所以这样，有很多原因，现在我将简要论及其中几点。

（1）即便是最好的人，内心也潜藏着罪。既然如此，若我们不时刻警醒，不谦卑地与上帝同行，那么我们就可能遭受羞辱与苦楚。除了不可赦免的罪之外，上帝的孩子有什么罪是不容易犯的呢？除非我们警醒祷告，否则，我们并没有得到应许说，我们会不犯任何其他的罪。（太26:41）

（2）在一些事情上，基督徒的良心可能会使其做错误的事情。是的，在这些事情上，倘若上帝不借着他的恩典引领我们，我们就可能面临公众正义的审判而蒙羞受辱。尽管亚比筛是个好人，他却差点因着对上帝的良心和对主人的爱而杀死扫罗王。假使大卫因他这弑君的图谋而将他交在扫罗王手里，他很可能就被当作叛逆者处死了（撒上26:7—

8）。彼得拔出刀来，想要以此争战，他的主却因这件事责备他，警告他收刀入鞘（太 26∶52）。还有，勒索会使智慧人变为愚妄（传 7∶7），当一个人变为愚妄之后，什么恶他行不出来呢？

再者，基督徒最大的敌人魔鬼会差遣邪灵到这世界上，兴起纷争、倾轧、悖逆，不仅搅乱人心，而且搅乱宗族、君王和王国。魔鬼还会把一些事态操纵到一个程度，使那些根基不牢的基督徒都被牵涉进去，深陷其中。当押沙龙悖逆他父亲的时候，耶路撒冷有二百人与他同去，他们"都是诚诚实实去的，并不知道其中的真情"（撒下 15∶11）。感谢上帝，我没遇见过这样的人，这样的事。但我可以作出判断，既然基督徒可能被卷入苟合、奸淫、凶杀、偷盗、谤讟之类的事（参太 15∶19），我们有何理由认为他们的良心不可能使他们做出错误的事呢？因此，我要再说一遍：总要警醒祷告，敬畏上帝，敬畏他的话，顺服他的安排。这样，你们就可以脱离各样恶行，远离邪恶的道路。

我在前面说过，上帝的旨意是这样的，即基督徒若作恶，就必因此受苦；但在另一方面，这又是由于他没有将自己约束在基督徒的界限之内，这个界限也可以被称为上帝的旨意。上帝的旨意是，罪当受惩罚，纵使这罪是基督徒犯下的；罪按着它的性质受惩，官长正是上帝所命的。官长惩戒罪恶，纵使这罪是基督徒犯的。他们是上帝的用人，是申冤的，刑罚那作恶的，他们将上帝的愤怒倾倒在作恶者身上（罗 13）。因此，尽管基督徒蒙召归向上帝，是人之中唯一拥有自由的，然而，这自由仅限定在良善的事情上；他并不被允许放纵肉体的私欲。圣洁和自由联结在一起，我们对自由的呼唤，就是对圣洁的呼唤。你们若寻找，就必会寻见这样的事实：在掌权者底下，在各自的位置上，过安静、和平的生活，这是我们应当祈求的；也就是，倘若"上帝的旨意"是如此，我们便可以与邻舍和睦相处，不受任何干扰地过我们敬虔、诚实的日子(提前 2∶1—8；彼前 2∶13—17)。

第一，给基督徒的告诫

上面所说的，我要再做一点补充。首先，我要对真正的基督徒说，你们要谨慎，不要忽视了在这里呈给你们的告诫。邪恶正猛烈地燃烧，就像烧得通红的烙铁（参提前 4:2）。因行恶受苦，这对基督徒来说，是最大的污点；更不用说这样的行为羞辱了他们主基督的名，羞辱了管理他们的上帝的律法，羞辱了本该成为他们荣耀的信仰的告白。在这样的时候，邪恶的行为会使他们的良心充满罪疚与羞耻，这样的重担是人难以承受的。一个人因行恶受苦，却佩戴着基督的名，这样的人在国中无知之人的路上放下了怎样的绊脚石呢？魔鬼曾告诉他们说基督徒是恶人，基督徒因行恶受苦，就证实了他们所相信的。再思考一下，这样的人在生命的最后几分钟将毫无疑问遇见怎样的困难。可以想见，在最后的时刻，他的内心会有怎样的争斗和冲突；他会因自己的行为，良心受到谴责，并带着这种罪疚感奔赴刑场，为自己的行为付上应当的代价（就是说，罪有应得）。当这样一个人步出这个世界的时候，他不仅使自己的灵魂失去平安，自己的名字失去信誉，而且使自己失去生命，使自己的朋友失去一切喜乐的理由。我可怎么说呢？基督徒之为基督徒，就当不贪恋恶事或好管闲事，基督徒有其他的事情要做。我们当专注于自己的事情，让地方法官去完成他们在人世间的工作、职分和使命。

我现在要对那些没有被国王征召雇佣的基督徒说话。这样的基督徒在家里，在自己心中，在内室中，在商铺中，在诸如此类的地方，有足够的事可做。倘若你们不得不插手闲事，就当思考上帝给你们安排的位置、职分、呼召或亲属间的关系，用圣经来管理自己，本着良心去办事。虽然你们只是个体的基督徒，但你们并不缺乏尊荣。每一个基督徒都借着基督成为上帝国度的国民（启 5:10）。但是，作为国民，他辖管的范围不能超出自身之外。他不能辖管另一个人的信心（林后 1:24）。他的职分是管理、约束自己，攻克己身；监察自己，使自己的身体顺服上帝的旨意（参林后 9:27）。为此，他争战的兵器，不是属血气的，乃是属灵的，是在上帝面前有能力的（林后 10:3—5）。倘若他要做一名管理者，就让他靠圣经管理他自己整个人；倘若他需要使人降卑，就让他使自己自高的计谋和各样拦阻人认识上帝的自高之事都降卑下来，一一攻破（参林后 10:5）。倘若他需要做名战士，就让他同自己不服约束的性情争战，同与他的灵魂相争的那些情欲争战（加 5:17；雅 3:3—8；彼前 2:11）。

所以我要说，倘若你们需要成为管理人的，你们的舌头要先被管理好，你们的私欲要先被管理好，你们的情感也要先被管理好。是的，你们蒙受了极大恩惠的赐与，要照着那赐给你们管理权柄的至大者的心意，管理好这些恩赐，珍惜它们，使它们得以坚固和丰盛。要治死你们在地上的肢体，就如淫乱、污秽、邪情、恶欲和贪婪，贪婪就与拜偶像一样（西 3:5）。我还要说，当统治者给我们的颈项负上重轭的时候，我们抱怨、畏缩、退避、诉苦，等等，这些都不是出于别的什么源头，而是出于我们对自己肉体的爱，出于我们不相信上帝的信实，不相信他会为他教会的缘故将人、事、物以及人的行为都置于他的掌管之下。凡掌权的，都是上帝所命定的（参罗 13:1）。他们总是在上帝的手中，成为他的竿、他的杖，好让他的子民得益处。所以，我们应当怀着温柔谦卑的心，接受我们的上帝乐意借着他们加在我们身上的一切（彼前 5:6）。

到目前为止我所说的这一切，并不意味着我禁止人在困苦中向上帝哀叹和哭求。我反对的是力图使自己挣脱痛苦这样的做法。如前所说，既然人是上帝手中的杖、竿或剑戟，我们就当透过为掌权者献上祷告、祈求、代求和祝谢，在信心里将自己完全交托给上帝。因为，既然他们是上帝所差派的，上帝必定要借他们的手为我们成就某种益处，而我们的祷告也将使他们对我们更有益。所有这一切，我们都应当无愤怒、无疑惑地行出来，因为这是好的，是上帝所喜悦的（提前 2）。

此外，当我们因罪受罚而心生抱怨的时候，这就是一个信号，表明我们忘了自己是谁。倘若我们省察自己，回想自己所行过的路，我们将会发现，自己有理由受更多的责打，上帝借人的手加在我们身上的已经算轻了。有什么罪借着临到我们身上的遭遇被抑制了呢？骄傲、贪婪、放任、奸诈、分裂等等事情，是否借着我们已经蒙受的那一切苦难得以匡正了呢？嗐！我们不是变得愈来愈坏了吗？所以，我们要抱怨什么呢？我们的悔改归正在哪里呢？哪里有我们生命的改过自新呢？我们为什么还要退避、畏缩呢？就我而言，我时常惊奇于上帝的怜悯和君王对我们的恩惠，为此向上帝献上感恩；我也时常为国王向上帝献上祷告，并祈求上帝帮助我长存温柔、忍耐，忍受因宣明顺服基督而从人手所遭遇的任何事情。

正如我之前所说，我们受命为君王和一切在位的向上帝献上感恩（参提前2:1—3），因为，就像我所说的，虽然他们与我们无干，我们只是做我们当做的，但他们会带给我们某些益处，或者说会为我们成就某些益处。现在，我们撇开那些权豪势要的人不谈，去看看那些地位低下的人，并设想一下他们中可能有些人行为会极端残忍。从这一切之中难道不会产生对我们有益的东西吗？诸如此类对肉体来说最为痛楚的事情，难道不会让我们看到这世界的虚空和世上最好之物的败落衰残，并因此唤醒我们的信心与祈祷吗？上帝岂不是借着这些事情让我们时常想起我们的罪，并促使我们在生活上有实在的改正吗？上帝叫这样的事情对我们有益，我们也借此收获了如此多的益处，那么，我们怎么还能对这样的事情动怒呢？

当最艰难之事临到我们的时候，上帝岂不总是借这样的机会造访我们的灵魂吗？他使我们得蒙圣灵的安慰，引领我们进入他话语的荣耀之中，使我们得以品尝他对我们的爱；这爱是万古之先直到如今永恒不变的。参孙甚至在那只冲他吼叫的狮子的肚子里，找到了一窝蜜蜂和蜂蜜（参士14:5—9）。这一切岂是无益的呢？我们岂可没有上帝这些神圣的安排呢？但愿这些事情能让我们好好思考，让我们有基督徒的样子，学习亲吻上帝的杖,甘心热爱它。

我的弟兄们,我还认为,既然我们受命为所有这些人向上帝献上感恩,那么我们就当安静地顺服上帝借着他们为我们所行的事。因为,我若为他们感谢上帝,却又不愿住在上帝为了我而将他们安置其中的那个地方,这对我来说似乎就是自相矛盾的。所以说,我要爱他们,祝福他们,为他们祷告,向他们行善。我这里所说的就是之前曾暗示过的那些伤害过我的人。我要如此行,因为如此行是好的,他们伤害我就是善待我,我蒙召就是要承受福气,我就是要像我在天上的父那样。“所以,你的仇敌若饿了,就给他吃;若渴了,就给他喝。”(太 5:43—48;彼前 3:9;罗 12:17—20)

(1)我们必须在别人看不见善的地方看见善。

(2)我们必须在别人因伤害而复仇的地方以宽恕逾越伤害。

(3)我们必须显明我们是有恩典的,能够忍受他人所不曾知晓的苦难。

(4)有许多事情,对他人是一种灵魂上的死亡,对我们却是恩典活泼通行的渠道。

倘若我们没有经历过试炼,没有遭遇那些与我们的肉体相对抗的事,哪里能显明我们莫大的忍耐、温柔、宽容、爱和信心呢?有谚语说,魔鬼要乐意,也能发善心。但基督和他的圣徒总是善的,即便是在不乐意的时候。[1]

我们当渴望效法基督和圣经里的圣徒。我们当在智慧的温柔上显出我们的善行来(参雅 3:13)。我们要小心,不要容许自己心里有一丝恶念,违抗上帝、君王或在君王手下供职的,因为杯、君王、一切的人、一切的事都在上帝的手中(诗 75:8;箴 8:15,21:1;哀 3:37)。他能使这一切变得对我们更有益,强于我们凭着肉体对于它们应有的期望。

---

① 这个古老的谚语是对保罗这句话最好的说明:“不可为恶所胜,反要以善胜恶。”(罗 12:21)——编者注

我常常这样认为，最好的基督徒总是出现在最坏的时代。我也认为，我们之所以没有变得更好，原因之一是上帝不再洁净我们了（约15）。我知道这些受苦的事情是与肉体的性情相违背的，但它们并不违背圣灵的恩典。挪亚和罗得，谁能像他们在患难的日子中那样圣洁呢？挪亚和罗得，谁又会像他们在亨通的日子里那样疏懒呢？我还要提及大卫，他在受苦的时候，侍奉上帝，行特别的道，但当他的境界大大扩张之后，他所行的就不那么好了。因此，大卫初行的道是上帝所称许的（代下 17:3），而他后来所行的，就不像他初行的那样出色。

我们需要各样的经历，需要更多的事情临到我们身上。感谢上帝！既然他的话语和耐心已经对我们不再有用，他就派人来使我们变好起来。①所以，结论就是：正如我们当存温柔的心领受上帝所栽种的道（参雅 1:21），我们也当心存忍耐，承受上帝借着人加在我们身上的一切。"你为何因损伤哀号呢？你的痛苦无法医治，我因你的罪孽甚大，罪恶众多，曾将这些加在你身上。"（耶 30:15）哦，我们当思想上帝对先人所说的话，安坐静候，敬畏上帝的律令——我指的是有关受苦的律令。在我们的灵性实实在在达到这样的光景之前，我并不指望在我们中间能找到非常正确的基督教教义，也不指望在那些公开表达信仰的人身上能有多少上帝的性情。每当我想到末底改、但以理，还有大卫，想到他们身处在上掌权者手下时的行为，我就会禁不住这么想：他们为主的缘故，甘甜、温柔、安静、敬虔和富有爱心地顺服人，这顺服是上帝的恩典在我们里面最美妙的记号。

第二，给软弱的基督徒的告诫

正如我不能不谴责之前提及的那样一些基督徒的行为，现在我也要

---

① 圣徒必须得以与所得的基业相称（参西 1:12—13）。倘若他忽略了圣经上的道给予他的教导方式，那么他的天父出于对他的怜悯，就要"用人的杖责打他，用人的鞭责罚他"（撒下 7:14）。——编者注

告诫软弱的基督徒们：不要因自己同伴不端的行为而迁怒于真正的信仰。软弱的人最容易在两种情形下跌倒：其一，在因信仰而背负十字架的时候；其二，在那些公开表达信仰的人因行恶而受苦的时候。对这两种情形，我要说的是：

第一，虽然十字架对肉体来说是难担的，但我们当靠恩典背起它，且不要因它跌倒。

第二，至于第二种情形，虽然我们应该对这样的不端行为表示愤怒，但不该因这样的行为而迁怒于我们的信仰。的确，当有些人看见这些事情时，会对信仰本身发起攻击。是的，他们可能因得到这样的机会而心生窃喜，又因罪恶与他们相伴，就与耶稣基督争辩说："我们与大卫有什么份儿呢？与耶西的儿子并没有关涉。以色列人哪，各回各家去吧！大卫家啊，自己顾自己吧！"（王上12:16）；这话和十个支派对所罗门王的儿子罗波安所说的一样。他们完全离弃了他，不再依靠他，不亲近他的子民，不行他的路。这是可悲的。所以，基督徒行的恶道，你们当远离，基督徒行的正路，你们当坚守。你看到的任何人心中存的恶念，你都当抛弃，唯有持定你的元首和主。你们还归从谁呢？唯有主耶稣有永生之道（约6:68）。你们还信靠谁呢？除他以外，别无拯救（徒4:12）。你们当谨慎，不要因他的一些追随者的恶行，就挑起与耶稣基督、与他的道的争辩。犹大出卖了他，彼得不认他，他门徒中也多有退去的，不再和他同行（参约6:66），但他和他的道并不会因此受损。所以，你们要谨慎，要真真正正地区分耶稣基督的善道和那些宣称信奉他之人的邪道；不要一不留神把自己的灵魂丢进地狱的入口，因为他人在触犯上帝律法的时候，他们的生命已经受污、失丧了。你们要因他人犯罪而更加谨慎，因他人跌倒而行得更稳。要避开劈裂前面船只的礁石；那行在前面的成了你们的观察员。为此，你们当呼求上帝引领你们行在平顺的航道上。

此外，当看到弟兄被罪恶紧追不放的时候，基督徒不当隔岸观火，暗自庆幸。当厌恶那衣服（参犹 23）、那恶事，你弟兄的名字、声誉、生命正是因这些而遭到玷污，甚至失丧；要小心，以免你也被沾染。同时，你还要怜悯你的弟兄，为他深深的不幸而哀哭；一件与基督信仰如此不相称的事情，在凡认信福音的人中间，哪怕只有一点点显露出来，我们都当为此痛心。

如何避免因行恶而受苦呢？以下是几点劝勉：

劝勉一：若你们不愿因作恶受苦，那么，当谨慎，不要犯罪。恶的种子会结恶的果子。善美的要持守，各样的恶事要禁戒不做（参帖前 5:21—22）。你们若是热心行善，有谁害你们呢（彼前 3:13）？倘若这世上有这样一些与善为敌的人，他们使你因持守美善而受苦，那么，你们不必因行善受苦而感到羞愧。在患难中，好人都敢于认可你们、支持你们。是的，你们因行善而受的苦必使你们快乐，所以，你们绝不会是一个失败者。

劝勉二：若你们不愿因作恶受苦，就当谨慎，不要让罪有机可乘。要小心那诱惑人的同伴。你们要防备人，因为他们要把你们交出去。这世上总有一些人试图通过毁坏他人来成就自己。犹大和一些法利赛人就是这么做的（太 10:17；路 20:19—20）。要谨慎你们的口舌；"愚昧人的口自取败坏，他的嘴是他生命的网罗。"（箴 18:7）你们当谨慎，不可放纵，不要追求肉体的安逸，不要体贴属肉体的意念，因这必使你们沾染恶事。

劝勉三：若你们不愿因作恶受苦，就当谨慎，不可听从那不合乎纯正道理的话语。在有些人那里，你们听不到知识的言语，要远离这样的人（参箴 23:12）。不可妄论君王、掌权的和在位的，应当保守自己远离恶事。"我儿，"所罗门说，"你要敬畏耶和华与君王，不要与反复无常的人结交。"（箴 24:21）

劝勉四：若你们不愿因作恶受苦，就当不沉迷于罪恶的事情，不玩笑嬉戏，不嘲弄在位的和掌权的。以别的儿子迦勒嘲笑亚比米勒说："亚比米勒是谁，使我们服侍他呢？"但最终他为自己不屑的言语付出了代价（参士9）。我听说过英格兰当地一个客栈主人的故事。他客栈的标志是一个皇冠，他是一个嬉戏作乐的人，他有一个男孩。当与客人玩笑的时候，他总是说这男孩是王位的继承人，或者说这男孩将要继承王位。如果我没记错的话，这人终因这些话丢了性命。在大事上戏言是不好的，不要在上帝命定的事情上发戏言，君王和掌权的都是上帝命定的。是的，他们是配得惧怕、恭敬的，当得到尊重与敬仰，这合乎他们的地位、职分与尊贵。只要你们读一读《使徒行传》中有关保罗在方伯与外邦的官长面前受试炼的情景，你们就知道保罗对那些在上掌权者的恭敬和尊重是显而易见的。再读他们的书信，我们就发现，保罗和彼得是如何留下嘱咐给后来的教会，让他们也遵照而行。

劝勉五：若你们不愿因作恶受苦，就当谨慎，不要对官长动怒，因为他们可能是依据国家法令对你们的意愿持敌视态度。他们是命定要佩剑的（参罗13:4）；倘若你们不能以温柔、忍耐的心默默忍受一切，那么你们就命定要受苦。心有不满就会时时口出怨言，而口出怨言有时会使人的颈项套上绳索。一句嬉笑的话可能会使人当真被绞死，满口怨言的人可能因此在清醒中悲伤地死去。亚多尼雅的不满情绪驱使他做了一件事，为此他付出了生命的代价（王上2:13—23）。爱上帝律法的人，有大平安，什么都不能使他们绊脚，因为他们遵从上帝的旨意，追随上帝的脚踪（参诗119:165）。

劝勉六：最重要的是，你们要在心里牢牢记住，官长是上帝命定的。上帝的命令是这样的：他是上帝的用人，是与你们有益的（参罗13:4）。你们当惧怕他，为他祷告，为他向上帝献上感恩，照着保罗和彼得告诫我们的，顺从他。这些都是你们的本分。我们顺服，不但是因为刑罚，也是因为良心（罗13:5）。倘若这个道理有所欠缺，那么，其他一切道理也不足以约束人心。我们要始终相信，我们受制于在上的掌权者，这乃是出于上帝。我说这些事并非因为认识任何对政府不满的人；若不能跟敬虔人在一起，我更乐意独处。但是，因为这些字句是要公开发表的，也不知道会落入谁的手中，所以我就这么写了。我这么说也是为了显明对君王的忠心，对同胞公民的热爱，还盼望所有的基督徒都行在和平与真理的道上。

2. 基督徒可能要照上帝的旨意受苦，也已经有照上帝旨意受苦的。

现在，我要来说一说提议中谈到的关乎受苦的第二件事情，即在这世界上有过一批人，将来也还有这样一批人，他们曾经，而且将来也仍可能，在使徒这里所显明的意义上照着上帝的旨意受苦，或者说出于义的缘故而受苦。

在世上有过这样一批人，我想这一点是没有人会否认的，因为众先知、基督，以及他的使徒，他们都是这样受苦的。除此之外，自从圣经写就以来，各民各族都可以作见证：他们的历史都详尽讲述了受苦之人的忍耐与良善，也讲述了摧毁他们之人的残暴。这样的事情还将发生，还将再次应验，圣经和我们的理性都能确证这一点。

首先，圣经的确证。圣经告诉我们，上帝叫女人以及她的后裔与蛇以及它的后裔彼此为仇（创 3:15）。这仇恨如此深固，没有人能将它移去，它仍将留在这世界之内。这两支后裔在本质上一直是对立的，将来也是如此。他们是"真理的灵和谬妄的灵"（约一 4:6），是公义与罪恶（约一 3:7—8），是光明与黑暗（帖前 5:5）。"为非作歹的，被义人憎嫌；行事正直的，被恶人憎恶。"（箴 29:27）因此，除非你们能使所有人都分别为圣，得以重生，或使邪恶的人在任何地方都永远不再掌权，否则你们不能阻止不时会有人出于义的缘故而受苦。"不但如此，凡立志在基督耶稣里敬虔度日的，也都要受逼迫。"（提后 3:12）

其次，这很容易靠理性来证明。魔鬼仍未被关在无底坑里，敌基督者仍然活着。并非各个国家的掌权者都能凭着如此光明、良善的心来治理国家，以至于能让圣徒自由地侍奉上帝。直到那时候到来之前，总有一些地方——虽然就我而言，我不能预知是什么地方——总有一些人仍将因行善而受苦，或者说，出于义的缘故而受苦。

为了恰当地论述这个问题，我把要点分为两个部分：第一，向你们显明什么是因行善受苦，或为义受苦（suffer for righteousness）。第二，向你们显明什么是出于义的缘故而受苦（suffer for righteousness' sake）。我之所以作出这样的区分，是因为我发现为义受苦是一回事，出于义的缘故而受苦是另一回事。

第一，什么是为义受苦

首先，我要向你们显明什么是为义受苦。为义受苦可能是被动的，也可能是主动的。

1. 被动受苦。就是无论何人为义受苦时，并不是出于他们自己的意愿，也没有经过他们的同意，这受苦就是被动的。伯利恒城里幼小的孩子们就是这样在希律血腥的手下受苦，他们为耶稣基督而死，或者说，替代耶稣基督而死（太 2:16）。倘若基督是公义的，那么，那些小孩中的每一个都是为义而死，因为他们都被认作是基督自己，是为他而死的。以色列妇人的孩子们也是这样为义而死，他们与父母一起被杀戮，或者说，他们是因生养他们的父母的信仰而被杀戮。论到那些在迦勒底人之地同样受苦的，我们也一样可以这么说。在这里，我还可以提一提爱尔兰、皮埃蒙特、巴黎和其他一些地方的那些可怜的婴儿，他们的喉咙被割开，他们的脑浆溅到墙上，不为别的，只是因为他们父亲的信仰。以这样的方式为义受苦的，有许许多多。他们并未答应要受苦，但他们是为信仰受苦，为义受苦。这样的事情可能还会发生，就像曾经发生过的那样；因为倘若人可能还要为义受苦，那么，就我所知道的，在这个意义上，他们的孩子也可能要这样受苦。

尽管这件事不是此处主题经文的主要内容，但在这里多提几句也无妨。虽然在所经受的事情上，孩子们并非情愿，也未答应这样受苦，但即便如此，他们仍可以被视为将自己奉献给了主。他们所行的是好的，是为了信仰和公义。他们的心没有从他们为之受苦的事情上退缩。虽然他们是孩子，但上帝能够待他们就像待母腹中的施洗约翰一样，使他们也能在瞬间就因基督而欢喜跳跃。他能施恩拯救他们，就像他拯救别的他所拣选的婴孩一样。他能如此理解他们，虽然他们不认识他。是的，为什么不能说他们不仅仅是得救，而且在某种程度上也被称为耶稣基督的殉道者，在世上为上帝的缘故而受苦呢？上帝安慰拉结，为着被希律杀害的她的孩子们，她的孩子是为基督的缘故，也是代替基督而死的。

上帝吩咐她不要哀哭，并应许说，她的儿女必从敌国归回，从死里归回。上帝还说："你的儿女必回到自己的境界。"若从福音的意义上来看，我认为，这就意味着她的儿女必得到天上的基业。请比较《耶利米书》31:15—17 与《马太福音》2:18。①

我认为，我们记念这事，不仅仅是因拉结或被杀孩子的缘故，也是为了安慰所有那些有着相同经历的人，他们的孩子要么已经为义这样受苦，要么可能将为义而受苦。我将进一步向你们显明，这些事乃是出于上帝明确的旨意。他不仅已经命定了孩子们所要经受的苦楚，而且也命定了更年长的人所要经受的。显而易见的是，上帝能预见他的选民中，哪一个还在婴孩的时候就要在残暴者的手下受苦，哪一个将寿终正寝。他的圣徒中有年龄幼小身份低微的，也有年纪老迈德高望重的。有时，身体中最稚弱的肢体惨遭暴力强加的患难，而有时是头或其他主要肢体

---

① 几乎所有的新教信徒都同意，在婴儿期死去的婴儿是得救的。托普莱迪（Toplady）和加尔文主义者如此相信的原因是，这些婴儿都在恩典的约之内。其他信徒的理由是，这些婴儿个人本身并没有犯罪，他们肉体的受苦和死亡是出于原罪的刑罚。圣经显然对这个问题有令人满意的解答：它要求人要具有孩童那样的温顺，好预备圣灵来动工。救主的话是这么说的："让小孩子到我这里来，不要禁止他们，因为神国的，正是这样的人。"（路 18:16）"这样的人"包括在婴儿期死去的人，也包括"这样的"成年人，他们以孩童般的单纯查考圣经，飞奔向救主那里寻求庇护。"你们在天上的父……不愿意这小子里失丧一个。"（太 18:14）"就是把磨石拴在这人的颈项上，丢在海里，还强如他把这小子里的一个绊倒了。"（路 17:2）——编者注

面临如此的命运。虽然我不愿再回望这样的日子，但我想我也将十分高兴地看到这幕情景：那些为耶稣受过苦的孩子们，身着白衣，与他的子民中那些年长的一起，站在宝座前，向着羔羊歌唱。

2. 主动受苦。现在，我们跳过这些，去看看主题经文中更直接要传达的信息，即向你们显明主动为义受苦的是怎样的人。

（1）他选择为义受苦是出于自己的意愿，同意为之受苦。一切苦难，凡是可以被认作是主动受苦的，必是人的意愿所赞同的。主动受苦，就是当罪恶和受苦一起摆在他面前时，他宁愿选择受苦，也不选择罪恶。"他宁可和上帝的百姓同受苦害，也不愿暂时享受罪中之乐。"（来11:25）而且，他不愿苟且得释放，就是得那卑贱的、并没有价值的地位，因为他们"要得着更美的复活"（来11:35）。

的确，没有人能强迫一个基督徒因为是基督徒而受苦，除非他自己赞同。所有基督徒受苦，都是出于他们自己的意愿，乃是他们所赞同的。因此，经上说，他们当背起自己的十字架（太10:38，16:24）；"背起"指明这是他们的意愿行为。同样，"当负我的轭"（太11:29），指的也是意愿行为。这是我首先要向你们陈明的。当然，单单意愿性的行为仍不足以断定一个人是为义受苦，这一点是孤立存在的；因为一个人可能出于错觉或是内心错误的驱动，愿意为这世上最恶劣的主张去受苦。但我在此要说明的是，真正的为义受苦必须是人的意愿所赞同的——他的整个心志必须包含其中。

（2）如此为义受苦的人还必须有一个正当的理由。正当的理由是为义受苦的关键所在。那么，什么是正当的理由呢？实在说来，这理由就是上帝的真道，或者是上帝的全部真道，就是包含在圣经各部经卷中的；或者是上帝真道的具体组成部分，就是摆在我面前，让我去相信并去遵行的那些，他的圣洁话语中任何一部分都包含这样的真道。这些才可称为一个人为之受苦的依据；或者，如同在另一处圣经所记，叫作

"仁义的道理"（来5:13）。它还可被称作"纯正话语的规模"（参提后1:13），等等。　因为倘若没有这话语，我们便无从晓得上帝真道的内容和实质。彼拉多的问题"真理是什么"（约18:38）对那些没有上帝话语、不尊重上帝话语（即公义法则）的人来说，将永远是个不解的问题。所以，当谨慎，要确保你们的理由是正当的，要知道什么才叫作为义受苦；不要踏出真理的话语界限之外一丝一毫；还要留心，不要误解上帝的真道，也不要对他的真道断章取义。当让正直的言语立得正直，不要歪曲了它们；若是歪曲，到头来，它们看上去也可能真的跟歪曲的念头相吻合。为了避免这种事情，当把下面这三句话谨记于心，作为自己的向导：凡上帝的真道都能显明人的罪以及如何与救主亲近；能教导人圣洁和谦卑；能命令人顺服在上掌权者。任何与此相反的教训，要么出于对公义法则的无知，要么对公义的法则断章取义。

更具体地说，倘若你们愿意为义受苦，就当将自己约束在公义之道（即你们的理由）的界限之内。这公义之道可分为两个部分：（1）它包含对道德公义（moral righteousness）的启示；（2）它包含对福音公义（evangelical righteousness）的启示。很少有人仅仅因道德公义而受苦，因为它是这世界的公义，明明白白树立于每个人的良心之中，即使靠天然之光就能够自我见证。除了人人都羞于张口为之辩护的事情和不道德之事，没有什么会与道德公义相抵牾。"你们若是热心行善，有谁害你们呢？"（彼前3:13）彼得说这句话，就是这个意思。这里的善就是道德之善。有何人会因你们爱上帝、善待邻舍而让你们受苦呢？这样的事情极少发生，但倘若这样发生了，你们便是有福的。当然，我不认为使徒的结论就到此结束了。不过接下来，我还是多谈谈这方面的事情。

一个人要做道德上的好邻舍，就当将食物给饥饿的人吃，将衣服给赤身的人穿，甘心将钱财周济穷人；他愿意人怎样待他，他也要怎样待人。他只要这么做，并不与基督的名挂钩，他在这世界上就不会有敌人。因为那作绊脚的石头、跌人的磐石的，不是律法，乃是基督（赛8:14—15；罗9:31—33）。

因此，在上帝的话语中，启示了另一种公义。这公义并不像道德公义那样为人的理性所易见，也并不那么投合人的理性。这种公义是使人在原则上成为公义，再在实践上行出公义，这一点是属血气的人所不能明白的；正因此，经上才说，他们对此"反倒以为愚拙"（林前2:14）；又说，"这人的称赞不是从人来的"（罗2:29）。这种公义也启示在圣经中，只是瞎眼的人看不见它。它是圣灵在人内心的工作，因此也称为圣灵的果子；而恩典，作为这果子的源头和丰满的彰显，也只有在基督里才能找到（约1:16；林前1:18；提前1:14）。这公义栽种在人心里，引领人借着上帝的话语去找寻另一种公义，这另一种公义对属血气的人来说同样是不可见、不可知的；这种公义确切地说就是耶稣基督的义；这公义是在基督被视为普通公众中的一员时，因他对天父律法的顺服而得以坚立的。基督将这公义带入这世界，不是为了他自己——似乎这是他的个人能力似的；而是为着那些借着信心大胆信靠他、靠他得永生的人而设立的（罗5:19；腓3:7—10）。

既然借着信心的成全，在基督里寻到了这种义，并蒙受它的引导，那么我现在就要接下去谈论另一种义，就是基督所吩咐的敬拜生活的设立，目的是让所有信徒都能对这敬拜生活了然于心。这敬拜建立在正面规则的基础上，因而也是立定在公义话语之根基上，这公义的话语也称为基督的道，基督的教导，等等。

正是在这个根基上，开始显现出属于上帝之人与世人之间的分别。因为首先，我们是根据这个内在的义的原则得以看见并指出，没有人天生是基督徒，不论他们认为自己享有何等特权。任何人成为基督徒，都是上帝的工作使然，他是由上帝生的，并借着从那圣者接受的恩膏而成为一个新造的人（雅1:18；约3:3—5；林后5:17—18，1:21；约

— 2:20、24、27）。属肉体的人对此是不忍卒听的，因为这条原则把他们完全排除在外，无分于天国的福分。基督徒则坚守这个原则，坚持他依据上帝的道而说出来的话语。但争战也就由此开始了。属世之人想方设法要把这样的麻烦分子从他们的道上清除出去。可是，由于基督徒爱他们的邻舍，不愿意任由他们就这样死在罪恶之中，于是就借着说理、写作、布道以及传讲神圣福音的书籍，也借着自己坚持真理的态度与他们论辩。世界则再度对这些讲词、布道、书籍表示愤怒，因为这些东西都对他们宣布说，他们是没有悔改、因而也就没有永生盼望的人。属肉体的世界判定这些人是骄傲、顽固、独断专行、喜好争闹、自以为是，因而也是不堪忍受之人。可是基督徒却仍然坚持不懈，坚守所宣讲的道。最后，这可怜的世界使出最后的招术，开始推翻、诋毁传福音之人的话语，尽行歪曲滥用、强词夺理之能事，或夸张，或拆解，致使福音话语生发出一些无中生有的意思，更非信仰者意图中的含义。

他们就是这样对待我们的主；既然无法打倒他的教导，他们就开始滥用他的话语——他们后来对路德也是这么做的。他们将主的话扭曲得有的令人生厌，有的错谬不堪，有的离经叛道，总之是与上帝和凯撒同时作对，并因此将基督钉十字架，指望就此让事情一了百了。但这只是事情的开始。主动为义受苦的基督徒借着福音话语，向属肉体之人发出进一步的谴责。对人靠天然的能力所做的一切试图让自己脱离罪和死的律的事情，他一概发出责备。他借着上帝的话语谴责这样的人，因为这种人处于属肉体的光景之中。他也谴责人处在这种光景中所做的一切事情，因为那完全不能得上帝的喜悦（罗14:23；来11:6）。这样的谴责让属肉体的人越发恼怒，因为这是把他所信奉的诸神统统拿走；这是把他的外衣剥去，让他就这样赤身露体去到上帝面前。这样的行为实在是让属肉体的人极其愤怒。属肉体的人会说："这些脑子发疯的人永远没有个够的时候，他们到处找碴儿，我们的处境，我们的行为，哪怕我们最好的行为他们都要挑刺儿找毛病。他们谴责我们是罪人；即便我们洗心革面了，他们也还是要找碴儿。他们说，我们没有一个能靠天性成为基督徒，行为再好，也不能使我们成为基督徒。他们到底要拿我们怎么样?"就这样，新一轮的争辩又开始了。但基督徒不能放弃这样的争辩，除非他愿意眼看着他们下地狱而一言不发。因为上帝的道确定无疑地审判人的义，就如同审判人的罪一样；他不是审判人际之间的义——因为就人而言，人世间的义还是好的，有益的（伯 35:6—8）；但是在上帝面前，就灵魂得救而言，人间的义便不过是块污秽的破布（赛 64:6）。基督徒也不容许这些属肉体之人通过改变术语来欺骗自己；因为魔鬼会帮助他们用各种诡诈伎俩来逃避上帝话语的力量——在关乎他们灵魂的事情上，在他们为自己寻找托词的时候，它是属肉体之人的大当家。它教他们把自然的美景称为恩典，把自然力的作用视作圣灵恩典的作为，又给他们打气，让他们把人的义当成基督的义，并且说罪人可以从律法角度在上帝面前称义。这些诡计，基督徒都一一看穿，并且由于他们信守上帝的真道，盼望自己的邻舍得救，便竭力揭穿其中的谬误，又阐明那更美的得救之道，好让这可怜的受造之人可以接受，将他们的灵魂投靠其上。这些得救之道有新约为依据，但却不为属血气的人所认识。基督徒所竭力追求的这些事情，对人的天性而言是如此陌生，与人所以为最好的事物是如此格格不入，天然的人把这一切都看为愚拙，视为无稽之谈（林前 2:14）。因此，他们又寻机挑起争端，与义人相争，造谣中伤，毁谤他们所不知道的（参犹 10），还用许多恶毒的事情来攻击他的教义，说他坚信这些事情：人生来就要下地狱；人的义并不比罪更好；作恶与行善一个样；信归信，我们依旧可以为所欲为；圣洁并不会讨上帝喜悦；罪是让恩典显多的途径，等等。此外，他们还说：这些基督徒们谴责良善的意愿，谴责心中一切向着上帝的良好的意愿；他们摈弃我们所拥有的善，要我们依靠某种公义来得救，这一切是我们断然不能接受的。就这样，属世之人与基督徒之间的争论愈演愈烈。但是，并非一切就到此为止。

　　当属肉体的人为自己和自己的事情争辩的时候，他们有可能被圣经话语的权能和力量所击败，从而被迫同意基督徒就真理的观念所说的那些话。对此，我不能一概而论。不过，违背真理的情况依然存在，但争论显然已经不再是关乎人，而只是关乎事物的概念。虽然那些出乎上帝的关于事物的概念，上帝能够使它们成为有效的渠道，将恩典传达至人的内心，但恩典并不总是与事物的概念相伴随。圣经的话语时常只单单停留在人的悟性中，仅此而已，并不伴有恩典，但是只有恩典才能使圣经的话语带出上帝的大能，引向救恩。若灵魂的情形也是如此，危险就会空前加剧，因为人心会产生这样的妄念，认为他已经处在得救的光景中了——我要说，这种妄念并不是信心，它使人自大，使人不能以敬虔的方式借着基督仰靠上帝的怜悯。这就叫做自高自大之人的言语——仅仅是言语而已，因为并没有救恩与之伴随（林前 4:19，8:1；提前 1:5）。

　　这一点，主动为义受苦的基督徒也看清了，他说，这样的言语太虚弱无力了，无法引导灵魂到荣耀里去。他也确实这么明说了，因为他不愿自己的邻舍误以为得救，而实际上并非如此。可是，这一点也会让人无法忍受，属血气的人会为此甚觉不悦，因为他有自己的一套对事物的概念。他对这个朋友心生愠怒，因为这位朋友将真理告诉他，并要他领受、消化这真理，好确保自己有永生。于是，他又再次与朋友闹翻，因为原先的怨怼并未除去。他把这位朋友视为无情无义之人，因为他判定除了他自己以外，所有的人都要下地狱。

　　属肉体之人可能会因为极度热衷于事物的概念，从而也痴迷于某种对基督的敬拜，因为他们已经把基督关乎真理的概念接受下来了。但他们的爱仍是属乎肉体的；他们的血气膨胀，喜爱虚仪盛典，奢华排场，因此，当他们要显扬自己对此刻将要崇拜的基督是何等敬重时，他们首先将基督的圣约——尽管是好的——看为一件有所缺欠的东西，不够完全，不足以为各项特定的事务提供教导，不能以他们自己满意的方式指导他们执行其堂皇的教义。他们喊着说，在这里和那里，在另外某个地方，总是缺了点什么东西。他们说，圣约一点都没有说到一些特定的地点、衣饰、姿势、场面、显在外面的荣耀，我们认为这些都与敬拜耶稣的人相称，都理应在他们中间找到。我们这里缺乏华美的典礼、堂皇的饰品和新式的礼仪，所有这些都是让礼拜添色生辉的必需品。

然而，也是在这里，真正敬虔的人看到了事物中的邪恶之处，于是他表示反对，找出谬误，将这一切都算为无益与虚妄（赛 29；太 13；可 7）。但反过来，那些属肉体之人却将自己所做的看为人类发明中的佼佼者，他们认为那位在自己家中全然尽忠的上帝之子所做的有所缺欠，需要为之增益、补给、添砖加瓦；加之又有如此众多聪明、博学、虔诚、圣洁、可尊敬的好人都判断这些事情是好的，所以他们打定主意固守自己的观点，在如此值得赞赏、如此必需又合宜、如此得体的事情上不作丝毫的让步。如果一切到此为止，那敬虔之人倒也可以就此安身。然而，那些人如此热衷于他们所发明的事，又如此群情激昂地要迫使别人向他们低头弯腰；凡拒绝顺从的，没有人可以在他们的权势下得以幸存。这一切已经被证实太过真实了，在法国、西班牙、德国、意大利皆有例证。正因如此，在一些地方，数百年来，敌对上帝的逼迫教会的事件从未停止。

从经上所记的有关上述事件的经文中，我选取了下面这些作为总结：其一，在本性上，人是处在可怒和被定罪的光景之中（弗 2:1—4；约 3:18）。其二，属血气的人尽其所有的天然能力，都不能解救自己脱离被定罪的光景（约 6:44；弗 1:19—20）。其三，一个心未被恩典感动的人，也可能拥有福音之事的正确概念（林前 13:2—3）。其四，在圣礼中加进人的发明，并赋予它们同等的效力与必要性、同等的权威和功效，这是枉然的，不应该服从它（赛 29:13；太 15:8—9；可 7:6—7）。

因此，关乎这些事情，凡做如此讲论的，他的讲论就是真的，因为圣经也做同样的讲论。倘若有人企图使我因说了这些话而受苦，那么这就是我受苦的正当理由，因为这理由是建立在上帝的话语之上的，而这话语是一切真正教义的根本和基础。因此，凡坚信这里所谈论的，并按着这个信念与邻舍和睦相处并生活自守的人，愿他坚守所领受的，并为发现了真理而欢喜快乐。倘若有人因他持守这些事情而苦待或为难他，他们的苦待或为难就是由于他持守善美的事物，为此，他在他们手下的受苦也便是出于美好的理由。

倘若有人发现自己所持守的有不妥之处，他当大胆诉诸圣经的判断，因为圣经是他原则的根基，也当大胆向上帝呼求，因为上帝是这根基的创始者。他可以这么说："主啊！我说过，人在本性上是处在被定罪的光景中，他们为此苦待我；主啊！我断言，人用尽所有的天然能力，都无法救自己脱离被定罪的光景，他们为此苦待我；主啊！我说过，属血气的人可能拥有关于福音的正确概念，却不会因此而拥有救恩，他们为此苦待我；主啊！我无法苟同将人的发明和人的学说作为敬拜的事项与圣礼结合，并将此强加在我良心上，他们为此苦待我。主啊！我承认政权，为位高者祷告，与邻舍安静相处，供给他们所应得的，将食物给饥饿的人吃，将衣服给赤身的人穿，救济遭难的人（参提前5:10），我靠信心和品行显明自己是真基督徒，但我的邻舍们仍不放过我。不错，有些人要我遵从的事情我不能全部遵从；但以理不能，保罗也不能。但是，但以理说：'我在王面前也没有行过亏损的事。'（但6:22）保罗也说：'无论犹太人的律法、或是圣殿、或是凯撒，我都没有干犯。'（徒25:8）"

因为，持守在上帝话语界限之内的人，不会伤害任何人，亦不会使任何人跌倒，虽然世人那些敬拜的模式和方法他不会不加分别地遵从；也不会有人认为，他呼求圣经与上帝的判断这样的做法是有害的，只要这呼求并不包含这样的祈求成分，即对恨我们之人的攻击。现在，我们将越过这些，进入下一件事情。

（3）正如为义受苦必须要有正当的理由，为义受苦也必须出于美善的呼召。

一个人尽管拥有正当的理由，也不应该以不恰当的方式让自己为它受苦；如此主动找苦受与天性所教导的相反，也与上帝的律法相悖。为真理而受苦，这件事情要很谨慎地把握，也当很警醒地实行。我知道，这件事情对有一些人会比对另一些人关系更大；传道人是更容易遭受苦难的人，这是上帝命定的，若不传福音，他便有祸了（林前9:16）。所以我认为，比起其他基督徒，他更时常，也更应该是蒙召去受苦的。即便如此，他仍当谨慎，因为基督已经对他说过："我差你们去，如同羊进入狼群，所以你们要灵巧像蛇，驯良像鸽子。"（太10:16；路10:3）一个人并没有被主的律法定规去将自己送入敌人口中。基督也曾自己撤退过；保罗也曾在筐子里，从城墙上被人缒下去，以脱离掌权者的手（林后11:32—33）。基督还说过，若有人在这城里逼迫你们，就逃到那城里去（参太10:23）。倘若他们不让我在这里传道，我就带上我的圣经离开；或许这是因为我必须到某个其他的地方传道。牧师应当能迅速收拾好行囊，随身带上自己的信仰，将所知道的上帝的事呈现给另外一些人（徒13:44—47）。我认为，牧师不当为地点或时间与官长抗争。他当倾听，听听上帝要借着这样的反对对他说些什么。或许官长将他逐出这个地方，是因为今天在另一个地方有人将借着他的布道得到帮助，悔改归信。在一切事情上，我们都要借着信仰告白，表明人们可以相信我们是这样的人，即我们总是温柔、和平，不争竞，以我们的主和做先知的弟兄作我们的榜样（参多3:2）。

但是，在这里，我不想擅自给牧师以什么样的训诲。我仅概括地说几句话，谈谈我认为什么才是充分的呼召，能召唤人去为义受苦。

首先，上帝的话语约束每一个基督徒持守或坚守他所承认的道（参来 4:14），坚守他所承认的指望（参来 10:23），并且在他所承认的道上，加上圣洁、敬虔的生活，因为我们所承认的大使徒（Apostle）和大祭司不是别人，正是耶稣基督自己（来 3:1，10:23）。基督自己这样说道："你们的光也当这样照在人前。"（太 5:16）人点灯，不放在斗底下（参太 5:15）。你们腰里要束上带，灯也要点着（路 12:35）。保罗也吩咐腓立比的弟兄，要将生命的道表明出来（腓 2:16）。

更具体地说，所有这些都意味着，我们不应该向任何人掩藏我们在基督里的信心，反而应该借着圣洁、敬虔的生活将其表现出来；因为能如此承认我们的信仰，这就是我们的记号，是主的装束，借此我们与其他人区别开来。因此，当我公开承认基督的真道，并行出来，好更显明我的信仰的时候，倘若我因此而受苦，我的呼召就是美好的，我就可以靠着上帝，靠我所承认的道放胆。这就是彼得说下面这句话时所意指的："你们就是为义受苦，也是有福的。不要怕人的威吓，也不要惊慌，只要心里尊主基督为圣。有人问你们心中盼望的缘由，就要常作准备，以温柔、敬畏的心回答各人。"（彼前 3:14—15）这是一个呼召，让我们不与人争战，只关注自己的事；行走在我们所承认的道上，用好行为来尊荣它。倘若有人与我争战，问我心中盼望的缘由，我将以温柔、敬畏的心，用这句话来回答他，无论随即而来的是什么。当彼得三次不认主的时候，他本就应该这么做。

如此行的理由是，基督教教义没有丝毫害处；尽管它从未如此公开地宣称，它确实从不伤害任何人。我相信基督救我，这对我的邻舍有什么伤害呢？我爱基督，因为他救我，这又伤害了谁呢？我要为此照基督所吩咐我的敬拜他，这又伤害何人了呢？我也会告诉我的邻舍们我的基督是多么可爱，他愿意善待他们，就像他一直善待我一样，这对王国的掌权者又有何伤害呢？但倘若有人因此而苦待我，我的理由就是正当的，那让我全然敬虔地坚守我所承认之道的呼召也是美好的。

其次，有时我们确实会得到一个呼召，要为义受苦，这呼召的声音甚至带着一种必然。也就是，有些时候，如果我沉默，必然导致真理落空，或者，如果我退缩，他人的灵魂就要处于险境。我认为，这时候的呼召就是从一个必然的声音发出的。这样的情形也可能发生在当上帝之道被人践踏在脚下的时候；是的，就是他的话语、他的道、他的名、他的子民等等一切被践踏的时候。歌利亚曾几天几夜向永生上帝的军队骂阵（撒上 17），并以此自夸，但以色列人的军队中，没有人敢给予半句回应。此时，大卫的灵在他里面激动他，他便将生死置之度外，给了那人一个回应。他看见了他这么做的理由——是必然性给予他呼召。他说，没有理由血流遍野，难道没有一个勇敢的人前去阻止这个胆敢亵渎上帝的人吗？我要去与他战斗，不顾惜自己的性命；若我战死了，那就死了吧。

再细想一下但以理在禁令颁布之后所行的事；这禁令不许任何人三十日内，向王以外的神或人祈求什么。在那时，也没有一个以色列人敢发出细微的声音（但 6:7）。此时，"必然性"像是在街市上行走，呼喊着：谁是属耶和华的（参出 32:26）？但以理推开窗户，说：我是。他与素常一样，面朝耶路撒冷祷告，一日三次（但 6:10）。他听到了"必然"的声音，将生死置之度外，冒着被狮子撕成碎片的危险，甘心顺从。

与此十分相似的是三个少年人的故事：当金像被立起，向它敬拜的命令下达之后，我们读到的是，当人人都当俯伏敬拜的时辰来临时，没有人敢直立在那里，只有三个少年人不俯伏敬拜。必须有人站出来，显明在天上有一位上帝，只有他才配得这神圣的敬拜（但 3:10—12）。他们因此而冒的危险是被丢进烈火的窑中，化为灰烬。但"必然性"大大发声，在他们敏感的良心的耳中听起来如此尖锐：这声音将他们里面的忌邪之心唤醒了，为着天上之上帝的名，他的事业、他的道、他的子民，他们内心的烈火点燃了。

其三，有时候，人被呼召去为义受苦乃是出于属天旨意的声音。也就是说，有时候，出于属天的旨意，我会因自己所承认的信仰，而被抛入与上帝及其真道为敌的人的手中；这便是我蒙召去为义受苦，即承受上帝乐意让仇敌加在我身上的苦楚。不过，在我对这件事情的领受进行更清楚的解释之前，让我先提几件需要注意的事：（1）你当谨慎，上帝的旨意把你交于什么位置，你所蒙的呼召就应当于这个位置有益。（2）你还当谨慎，当你置身那个位置的时候，你的一切忙碌都必须与这个益处有关，此外别无旁骛。（3）你还当谨慎，只有当你在这个位置上能贡献益处，或者能接受益处时，你才能处在这个位置上，否则，不可久留。（4）一个人若能如此，就是在尽他的职分，因而也就能够下结论说，他现在置身其中的上帝的旨意从根本上而言对他是满了怜悯和救恩，无论这旨意将他带到什么样的境遇中。

我们的主基督耶稣，尽管他的死是预定的，是不可避免的，并且他来到这世界上，首先就是为此而来。但他还是选择这条道路，以尽他的职分，而不是选择其他的道路，或到别的地方去。于是，当时候到了，他就带着他的门徒往荒凉的客西马尼园去，到了那里，他让门徒坐着守候，自己则俯伏在地祷告。他这样祷告了一次、两次、三次，又赐给门徒美好的教诲。此时，看哪，当他在那里尽他的职分，专心向上帝祷告，赐教训给他的门徒的时候，犹大带着许多拿着刀棒、武器的人，来捉拿他了。他以全然的温柔，顺从天父的旨意，因为他知道这旨意就是让他蒙召受苦。

当使徒在尽他们职分的时候，他们也是这样被呼召去受苦。是的，上帝吩咐他们进殿里去讲道，又在那里把他们交在敌人的手中（徒4:1—3，5:20—26）。

至于上帝呼召我们所做的工，我们在所处的位置上，都当尽自己的职分；无论是神职还是公务人员，我们都可以无所畏惧，将事情的结果交托给行奇事的上帝。若没有他的旨意，没有一只麻雀会掉在地上；若非他许可，我们连一根头发也必不损坏（路加12:6—7）。既然是他邀请我们进入他的事工，是他呼召了我们，我们就能够指望他必定管理、必定扶持我们到底：他或赐给我们大救恩，使我们重获先前的自由，再去服侍他；或带我们全然脱离这个世界，到已故的圣徒中间去——他们在祭坛底下大声喊着说："圣洁真实的主啊，你要等到几时呢？"（参启6:10）当我们到了那里，我们不会懊悔在这里为他所受的苦。哦！当思念那白衣、冠冕、琴瑟，当思念赐给我们的人子，当思念我们在锡安山上将要得到的一切，我们在受苦光景下所做的一切又何足挂齿呢（启6:11, 14:1—7）！

其四，有时候，为义受苦的呼召，来自圣灵在人内心深处即刻的、大有能力的推动。我说的是有时，仅仅是有时；因为这不是上帝寻常的方式，以这样的方式被呼召为义受苦的他的仆人为数并不多。摩西就是这样蒙呼召为义受苦，他屡次去见法老，将上帝的指示传给他。"因为他恒心忍耐，如同看见那不能看见的主。"（来11:25—27）

保罗也是这样蒙召为义受苦，他遵从这呼召，照着上帝的旨意，去完成那份事工。保罗在形容这呼召时，称自己"心甚迫切"或"心被捆绑"，因为圣灵已经吩咐他这样做，他无论如何都无法从这吩咐的大能之下挣脱开来。他说："现在我往耶路撒冷去，心甚迫切（原文作'心被捆绑'），不知道在那里要遇见什么事。"（徒20:22）因为，当一个人蒙受这呼召时，像我说的那样，他的心就受了捆绑，这捆绑要引领他到要他为上帝作见证的地方去。倘若他像保罗所行的那样，愿意顺服，并往那里去，上帝就会特别与他同在，就像上帝与保罗同在一样。让我们看看上帝怎样与他同在。当他的仇敌第二次攻击他之后，"当夜，主站在保罗旁边，说：'放心吧！你怎样在耶路撒冷为我作见证，也必怎样在罗马为我作见证。'"（徒 23:11）上帝就是这样在他的子民服侍他的时候，也就是在他大声呼召他们进入他伟大事工的时候与他们相遇。我再说，这种呼召的力量是巨大的。灵性平凡的人需要为这样的弟兄腾出空间，既然上帝命定这弟兄服侍他，就要让他忠于这份命定的职事。我们所能给他的帮助就是用祷告跟随他，不论断他，不让他忧伤，不在他的路上设绊脚石。还有，我们也不应当为他哀哭或悲痛，以至于让他心碎（徒 21:12—14）。

他的伙伴可以给予他建议，告诉他可能会有什么与他目前的事工相伴相随，就像亚迦布借着圣灵对保罗所行的那样。亚迦布拿保罗的腰带捆上自己的手脚，向他显明他的仇敌在他所去之地将要怎样待他，他说："圣灵说，犹太人在耶路撒冷，要如此捆绑这腰带的主人，把他交在外邦人手里。"（徒 21:11）但是，倘若这呼召真真实实地呼唤保罗，一切苦楚在他眼前都将化为喜乐，因为他已经做好准备，为主耶稣的名，不但被人捆绑，就是死在耶路撒冷，他也是愿意的（徒 21:13）。

在后来的时代中，也有许多蒙特别呼召为义受苦的例子。在第一个三百年的大逼迫中，那时还没有人知道基督徒是怎样的人，他们中有许多人都大胆站出来，面对仇敌，告诉他们自己是什么样的人，并因自己的信仰告白受患难至死。我还记得有一个妇人，当她的伙伴先于她前去殉道的时候，她是如何气喘吁吁地在后面跑着追赶，生怕自己赶到那里时，没有足够的时间留给她去为耶稣基督受苦。

我还要给你们举一个更近代的例子，就是在伊丽莎白女王统治初期的事。有一个赫特福德郡（Hertfordshire）人，他远赴罗马，为上帝作见证，谴责那地方的恶人。他抵达那里之后，便告诉他们此行的目的。于是他们把他捉住，要治死他，也就是，要将他当作异教徒烧死。他们让他倒骑在驴上，衣服从肩剥到腰间，从监狱押向刑场。一路上，他受尽折磨，燃烧的火把不断抛向他的肋旁。但他毫不畏惧，大声劝告民众要远离罪恶和偶像崇拜。他甚至接住火把，放在自己身体的两侧，显明他是何等蔑视他们的穷凶极恶。到达刑场之后，面对酷刑，他毫不在意，为上帝的真理，他心中火热；只要能开口，他就说劝诫他们的话。他的敌人都十分惊讶，叫喊着：若非魔鬼相助，他怎么可能如此忍耐！此刻，我虽记不起他的名字，但你们可以在福克斯的《殉道史》第三卷1022 页找到整个故事。[1]下面，我们将跳过这些，进入第二部分。

第二，什么是出于义的缘故而受苦？

现在我要说明，何时才可以称一个人不仅是为义受苦，而且是出于义的缘故而受苦。

出于义的缘故而受苦必须或是出于逼迫者的意图，或是出于受苦者的意愿。无论一个人在逼迫者手中遭受何等患难，只要所加的这个患难是为着信念中的某种善，而这善是受苦者认为他已经拥有或公开承认的，那么，逼迫者就是使他出于义的缘故而受苦。在这个意义上，一个没有恩典的人也有可能不仅为义受苦，也会出于义的缘故而受苦。但我并不想细谈这件事，因为这与本主题经文无关。

我现在想要谈的是这样一件事，即什么时候一个人的受苦可以被称为是为敬虔的缘故，是出于热爱或为着他在上帝真理中所找到的善，或者是由于他的心已经与他公开承认的真理之善结合并对之坚信不疑。在上帝的一切真理中，并没有任何一件事不是善的；但一个人承认真理，有可能不是出于真理中善的缘故，而是因着一个相隔甚远的理由。犹大也承认真理，但不是出于对真理的爱，他爱的是钱袋，是装在袋里的钱。人承认真理，可能是为了妻子，为了生意，为了友情，或是由于在某个地方、某一时期，承认真理成了一件时髦的事情。我希望没有缘由

---

[1]　1581 年 7 月，理查德·阿特金斯（Richard Atkins）遭受酷刑。他到罗马去谴责人的偶像崇拜。在圣彼得教堂，他从牧师手中敲掉圣餐杯，把酒洒掉；他还试图抢夺圣饼，但遭到阻止。因这些疯狂的举动，他遭受野蛮折磨。《殉道史》，1631 版，第三卷，1022 页。——编者注

这么说。如今，在这样的人中间，没有一个承认真理是因为真理的缘故，是因为热爱真理；就算他们是作为公开承认信仰的人受苦，并且所受的苦也从来没有如此之长，如此之多，如此之烈，上帝也不会把他们归入为义受苦的人，也就是对义抱有无伪之爱的人中间去。因此，我打算提出几件事情谈一谈，好向你们显明什么人可以被称作是出于义的缘故而受苦。

1. 按照使徒所说的意义受苦的，也就是因行善或出于义的缘故而受苦的人，他唯一坚决反对的就是罪。他与罪恶相争，抵挡到流血的地步。罪是他义怒所指向的目标，因为罪是上帝的仇敌，也是他在这世上正义之事的仇敌（来 12:3—4）。这样的人会专门将罪挑选出来，作为他的对手，他的敌手，并一心与罪抗争。 能正当地受苦，并在受苦的时候一心抵挡上帝的仇敌——罪（教义中的罪，敬拜中的罪，生活中的罪，交往中的罪），这是一件难能可贵的事。现今，那出于义的缘故而受苦的人在他还远未来到十字架跟前时，就已经将罪单挑出来，誓死追踪。是啊，正是罪和他对罪的恨恶将他带到这种光景中。在家中，在屋里，在内心深处，他先与罪相争；而后，在世人中，在公众敬拜场合，他也与罪相争。那任凭罪在家中、在内室来去自由，无拘无束的人，他受苦就让他受苦吧，但他必不会出于义的缘故而受苦；理由是，一个义人，正如《彼得后书》2:8 所说，必然对随时准备污秽自己灵魂的罪怀有极大的憎恶——正如大卫所说，这罪就是人自己的罪孽，是住在人肉体之中的。他说，他已保守自己远离自己的罪孽，远离自己的罪（参诗 18:23，51:2）。担心火灾的人最关心的是自家燃烧着的壁炉，他们会用最警惕的眼睛盯着可能最先引燃他们房屋的地方。

出于义的缘故而受苦的人，他受苦也是因为他不愿让罪沾染对上帝的敬拜；事实上，这是敬虔人受苦最主要的原因。他不愿沾染任何将罪的遗传与上帝的约定相掺杂的敬拜，因为他知道在关乎敬拜的事情上，上帝是忌邪的；他已赐下严格的命令，要我们照着他在山上所指示的样式，做各样的物件（参来8:5）。他知道，若不照着基督所立之约的法则进行敬拜，上帝便不与这敬拜和敬拜者同在。他抵挡罪，不容许自己站在上帝面前的时候还有罪沾在身上。"耶和华啊，我要洗手表明无辜，才环绕你的祭坛。"（诗26:6）倘若可能，他还会选择在敬拜中担当实际行动的角色，因为他知道真诚地着手从事圣洁之事是远离罪恶的途径。他还会选择和圣洁的人在一起，彼此同心，抵挡罪；因为他知道两个人总比一个人好，三股合成的绳子，不容易折断（参传4:9，4:12）。因此，当谨慎，你们这些正在为信仰受苦、或可能蒙召为信仰受苦的人：倘若你们不全力抵挡罪，倘若你们受苦不是由于罪向你们施行报复，你们就算不得是出于义的缘故而受苦。因此，你们要留心，不要让其他事情成为你们受苦的诱因。一个人受苦可能是因为他舍不下所拥有的这些东西：其中有名誉、掌声，有他欲随从的羞愧之事，有出乎肉体的内心的执拗，有对逼迫者的怨恨和对顺服功课的不屑，有对从人来的轻看与责备的担心，等等。这些可能都是使人处于受苦光景之下的促因和理由，也可能确确实实是人被囚于牢中的缘由，然而与此同时，他口中喊出来的受苦理由是罗马天主教，是迷信、偶像崇拜，是与世上通行的宗教形式伴随的种种谬误。我现在绝不是在指控什么人，仿佛我知道什么人做了这类事情。我只是提醒，这些事情是可能发生的。我提到它们，是为了提醒受苦之人对自己要留心，要警醒祷告，因为凡在此心存正直者，必定要圣洁，要祷告、警醒，要为着爱慕义的缘故而舍己。有一点我之前说过，现在还要再说：完全心存正直抵挡罪恶的人，实在少而又少！

2. 你是出于义的缘故而受苦吗？那么，这是因为你愿意让公义在世界上得以传扬、建立和坚守；同时你受患难也是因为罪恶得势，凌驾于人、事、物之上，也与你自己为敌。大卫说："我看见奸恶的人就甚憎恶，因为他们不遵守你的话。"（诗119:158）他们必因在人中间所行的可憎之事叹息、哀哭（参结9:4）。有关宗教的谈论已经有很多，在关乎这样或那样的仪文形式上，为宗教所做的辩护也不少，然而，只有选择敬虔，好使我全人能够为圣洁所占据，又选择那种能够让圣洁占有我的敬虔生活，并为如此的选择而受苦的时候，我才是在出于义的缘故而受苦。因此，愿意为义受苦的人要这样问问自己的灵魂："我灵魂最深处的光景究竟如何？那里有什么？有些怎样的打算、企图、目标？我为什么祈祷？为什么阅读？为什么倾听？为什么总是纠缠于敬拜的地点和条例？这是因为我热爱圣洁吗？我愿意传扬公义吗？我喜爱看到属上帝的品质在别人身上彰显吗？我愿意在自己身上更多地体会那圣洁的力量吗？"倘若如此，倘若你为着你所承认的信仰而受苦，那么你就不只是为义受苦，而且是出于义的缘故而受苦。

你如此行事，是因为你受教导要在外在行为上行出义来，同时也想激发他人如此行吗？你能不失时机地行出义来，借此向他人显明你喜爱公义吗？你对何者显出最大的仁慈，你的狗 ①，还是你的仇敌？你的猪，还是贫穷人？哪个赤身的人穿了你的衣服？哪个饥饿的人吃了你的食物？当吃亏、受骗的时候，你是喜乐的吗？当受到冤枉、毁谤、虐待的时候，你愿意安静地将损失置于一旁，好像并不知道事情发生过一样(林前6:7)，而这完全是因为你不愿让毁谤者因你的缘故羞辱、诋毁你的信仰吗？

凡喜爱公义的都当如此行。是的，他当将这一切行在上帝面前，并怀着对所认信之上帝的道一颗温柔的心去行。倘若他在受苦时，期望周遭看到的人相信他是在出于义的缘故而受苦，而他在生活中却空无道德之善，无心承受、忍耐与自己为敌的家人在交往中给自己造成的伤害，不能将这伤害搁置一旁，不放在心上，那么他便是欺哄自己了。

---

① 当你看到一个可爱的孩子衣衫褴褛，赤足而行，流浪在街头，任凭风雨无情地击打，此时却有一辆华丽的马车驶过，车中坐着的那位女士正将她的宠物狗举到窗前，要让它透透风——这幕情景是对人性多么严厉的谴责！这难道不比将一个可怜的穷孩子送进畜力磨面机坊罪更大吗？——编者注

在一些基督徒眼中，有些经文似乎已经过时了，特别是诸如呼吁真实的圣洁和为上帝舍己的那些经文；但是，在审判的日子，我们最终将会发现，只有那些上帝特选的子民，才是"热心为善"（多 2:14）的。愿上帝帮助我们！如今，要说服公开认信的人达到"消极圣洁"的标准（也就是不做坏事的标准）都是一件很难的事；在日常生活中能行出善的人更是少而又少。

然而，真正出于义的缘故而受苦的人是这样受苦的：他照着上帝赐给他的能力，通过一切合法的手段，一心一意让公义得以在这世界上传扬、建立和坚定。我要说，这才是出于义的缘故而受苦的人；他们为这样的事业而受苦。我坚信，合乎道德的生活，再加上对来自上帝之灵的事情公开表示相信，这是在这世上传扬公义绝对不可或缺的素质。彼得为此告诫出于义的缘故而受苦的人，要常存"无亏的良心"——对上帝无亏、对人无亏、对朋友无亏、对敌人无亏（彼前 3:14—16；徒 24:16，23:1）；他们必须在一切事情上良心无亏，甘心乐意、随时准备、满怀渴慕在这世上过诚实无伪、敬虔公义的生活；否则，即便他们可能是为天底下最好的教义遭受苦难，他们也不能被算作出于义的缘故而受苦。

3. 你是出于义的缘故而受苦吗？那么，你的目标就是要消灭罪恶。这依据于我们前面所谈论的，因为与罪恶相争、竭力传扬公义的人，他的目的就是要让罪得以消亡。保罗对受苦的罗马人说："你不可为恶所胜，反要以善胜恶。"（罗 12:21）以善胜恶，是一项艰巨的任务。比起靠自己的努力以善胜恶（即如前所述，靠行善胜过罪恶），靠谴责、呼吁打压罪恶或靠国王、议会和在位者制止罪恶要更容易。罪必须在你家中为善所胜，之后，你的善才能走出屋门，到外面去胜过罪恶。

亚伯拉罕以善胜恶。他容让罗得和他的牧人在上帝赐给他的最好的地上牧放他们的牲畜，借此平息了他们的不满（创 13:7—8）。

大卫以善胜恶。他救了落入他手中的流人血的仇敌的性命（参撒上

24）；他也为伤害临到那要寻索毁灭他命的人身上而感到哀痛，他说："他们向我以恶报善，使我的灵魂孤苦。至于我，当他们有病的时候，我便穿麻衣，禁食，刻苦己心。我所求的都归到自己的怀中。我这样行，好像他是我的朋友，我的弟兄。我屈身悲哀，如同人为母亲哀痛。"（诗 35:12—14）这就是以善胜恶。

约伯说，关于他的敌人，他没有见他遭灾便高兴；他说："我没有容口犯罪，咒诅他的生命。"他的意思是，他所行的与"咒诅他的生命"这样的做法恰恰相反；因此，他是以善胜恶（伯 31:29—30）。

以利沙以善胜恶；他把那些要来取他性命的人领到一个地方，设摆饮食，安慰他们，又打发他们平安地回到他们主人那里（王下 6:19—23）。

新约中也充满了这样的劝勉和鉴戒。经上劝勉人说，不要与恶人作对，倒要以善胜恶。"只是我告诉你们：不要与恶人作对。有人打你的右脸，连左脸也转过来由他打；有人想要告你，要拿你的里衣，连外衣也由他拿去；有人强逼你走一里路，你就同他走二里；有求你的，就给他；有向你借贷的，不可推辞。你们听见有话说：'当爱你的邻舍，恨你的仇敌。'只是我告诉你们：要爱你们的仇敌，为那逼迫你们的祷告。这样，就可以作你们天父的儿子，因为他叫日头照好人，也照歹人；降雨给义人，也给不义的人。"（太 5:39—45）"逼迫你们的，要给他们祝福，只要祝福，不可咒诅。"（罗 12:14）"不以恶报恶、以辱骂还辱骂，倒要祝福，因你们是为此蒙召，好叫你们承受福气。"（彼前 3:9）这就是公义——这些都是义行。经上提出这些，就是要以此劝勉人，初期教会中那些特别敬虔的人都是这类劝勉的践行者。

"我们为基督的缘故算是愚拙的，"保罗说，"我们……又饥、又渴、又赤身露体、又挨打……被人咒骂，我们就祝福；被人逼迫，我们就忍受；被人毁谤，我们就善劝。直到如今，人还把我们看作世界上的污秽，万物中的渣滓。"（林前 4:10—13）这就是以善胜恶，他为自己选择了赐下这类教导的信仰，又因为这信仰如此教导他而热爱它；倘若他为此受苦，他就是出于义的缘故而受苦。

4. 出于义的缘故而受苦的人，总是将公义随身随处携带。无论是敌人，还是你所受的苦，都不能将公义从你那里夺走。公义必须是你的室友、床伴，与你时时同行；没有公义，你将变得粗俗不堪，好像都不能再活下去（诗 25：21）。

保罗在受苦的时候，必须要有公义与他同在，因为公义就像是替他拿兵器的人；是的，公义正是他的兵器本身（林后 6：7）。约伯所言甚美，他说："我以公义为衣服，以公平为外袍和冠冕。我为瞎子的眼，瘸子的脚。我为穷乏人的父。"（伯 29：14—16）"虽有首领坐着妄论我，"大卫也说，"你仆人却思想你的律例。"（诗 119：23）一个喜爱公义的人，他无论走到哪里，都会随身带上公义，就像亚伯拉罕和他的撒拉所行的那样，尽管他要因此冒生命的危险。哦，公义！它是基督徒唯一的知己。至于他在这世界上所行的或将要行的事情，他与它商讨，借着它采取行动。大卫说："你的法度是我所喜乐的，是我的谋士。"（诗 119：24）哦，大卫！他是一个患难之子，是他那个时代的受苦之人。但无论去往哪里，他都把公义和律法藏在身上，在敬虔上操练自己。这就是他的谋士，无论作为普通人、圣徒还是国王，他都是如此。约伯说："我持定我的义，必不放松；在世的日子，我心必不责备我。"（伯 27：6）我敢说，受苦之人若是任凭人的暴力和愤怒将公义从他身上夺去，或是像大卫丢弃扫罗的战衣那样（参撒上 17：38—39），丢弃可以保护自己的公义，那么，他对公义就没有深切的爱，也不会出于义的缘故而到十字架那里去。岂能与公义分离！岂能与公义的主、公义的话语、公义的信仰、公义的生活分离！当敬畏耶和华，不做任何上帝认为配得归在他名下的人所拒斥的事情，这样你才能安睡。我们当带着公义同行，从家中走向十字架，这样公义必带领我们从十字架走向冠冕。当我们身陷囹圄、面临死亡的时候，让公义与我们做伴，这样就显明我们是热爱公义的人，也显明我们是出于义的缘故而选择受苦。

5. 你是出于义的缘故而受苦吗？那么，你的公义非但不会削弱，反倒因受苦越发得以增强。公义在苦难之中最为兴旺，苦难愈深，圣洁的人就愈多；逼迫愈重，闪闪发光的人就愈多（徒6:15）。牢狱是一口炉子，你身上的恩典是银子和金子；因此，正如银子和金子要用火精炼，好显出它们天然的光亮，持守公义、喜爱公义并出于义的缘故而受苦的基督徒也是借由苦难受试炼，好使他更正直，更虔诚，更像一个基督徒。（亚13:9）有些人，当他们被丢进炉子里的时候，确实验证出他们就是铅、锡、铁，充其量也不过是银渣，一无所用，只能被遗弃在那里烧毁；假使能从炉里出来，他们也背上了记号——从他们邻舍的口中，他们被称为被弃的银渣（结22:18—22；耶6:28—30）。但是，约伯却能够说："他试炼我之后，我必如精金。"（伯23:10）

当扫罗向大卫刺出那一枪以后，大卫自此"作事无不精明"；当扫罗第一次对大卫暴怒，进而图谋杀死他的时候，大卫表现得更加足智多谋（撒上18:10—30）。人对义路的愤怒愈狂暴，喜爱公义的人在其中所得的长进就愈大。因为他们对公义心怀关切，不是要隐藏它，而是要让它闪烁发光；不是要让它消亡，而是要让它传扬光大，将它的荣耀完完全全地彰显出来。如今，喜爱公义的人"要为自己的脚，把道路修直了，使瘸子不至歪脚"（来12:13）。如今，他要借着爱心、舍己、温柔、和平、宽容、忍耐，借着爱自己的仇敌，借着善待那恨我们的人，向世人显明什么是信心。是的，他不会允许放肆的言行出自他的家门，虽然这是先前他的家中司空见惯的事。现在就是圣诞节①，现在就是受苦的

---

① "现在就是圣诞节"的意思是，不要守一年中的某一天为圣日，以过度的庆宴来纪念耶稣的诞生，而要将每一天都守为圣日，来记念救主的降生和离世。众人的眼目都在注视着刚刚悔改归信的人，看他是否驻足不前。所以，要让每一日都成为圣日。——编者注

日子，现在我们务要把每一天都当作圣日来持守。原因是，当一个人为基督受苦时，他就是被命定在山上、在舞台、在戏院、在世上为上帝扮演一个角色。你知道，当人们在舞台上扮演角色的时候，倘若可能，他们总是慎之又慎，这是为了他们主人的信誉，为了他们艺术的信誉，也为了他们自己的信誉；因为那时每个人的眼睛都注视着他们，都瞪眼看着他们（诗22：17）。在这里绊倒一小步，跟在别处栽一大跟头一样糟。如今，上帝正注视着我们。是的，当他看到无辜遇难者良善的品行时，他必满意而喜笑。

出于义的缘故而受苦的人，是因行善而受苦，如今，他正借着他所行的事和他行事的方式，向世人证明他是这样的受苦之人。出于义的缘故而受苦的人，有许多软弱的人等着他去坚固，他靠的是那在十字架底下甜美的行为，因此，他必定要在美德方面超乎众人。他也是借行善来堵住那糊涂无知人的口（参彼前2：15）；在一切行为上，他必定要谨慎自守。他来到这里，是作为一名审判者，借着他在受苦时的信心和忍耐，与他的主以及他的伙伴们一起，在耶稣基督的面前，定这世界的罪；他必定要圣洁己身。这是与出于义的缘故而受苦相称的记号（林前6：1—5；来11：7；帖后1：5—6；彼前4：3—5）。

6. 不仅为义受苦，而且也是出于义的缘故而受苦的人，他即便为此身陷囹圄，也不会放弃他的事业而换取这世界的安逸和宴乐。古时那些出于义的缘故而受苦的人，他们被锯锯死之前，都受到试探。他们所受的试探或诱惑是，将信心与信仰的告白连同镣铐一齐抛到身后，脱离当前的困境；升迁、安逸、友情、人的宠幸，这些许诺都成为他们的试探。正如魔鬼试探基督那样，古时的逼迫者惯常对受苦之人许以重诺，只要他们肯俯伏敬拜邪神。但基督所受的试探是特别的，他们仿佛这么对他说："屠夫，除掉你的公义和良心吧，这样，你必将得到这世界的友情。"因为，除非人自己同意，否则没有办法杀死一个人的公义。

约伯的妻子完全知晓这一点，她因此试探约伯，粗暴地要他自己抛弃所持守的纯正（伯2:9）。

魔鬼和这世界的人都不能杀掉你的公义和你对公义的喜爱，除非借你自己的手；没有你自己的行动，他们也不能将你与公义相分离。那真真正正出于义的缘故、因着对公义的喜爱而受苦的人，不会接受诱惑去以公义换取整个世界的好处。有一种景况十分可悲，那就是一个人曾经为义受过苦，后来竟退回到他从前的光景，将为之受苦的公义留在枷锁和镣铐之中，遭受这世界的轻蔑、讥讽、羞辱和践踏。保罗说："我宁可死也不叫人使我所夸的落了空。"（林前9:15）一个人晓得义路，竟背弃了传给他的圣命，远不如不晓得为妙。（参彼后2:21）

在逼迫中，要为着公义与逼迫者相争；公义是被建立还是被推倒即取决于此。受苦之人为的是建立，逼迫者为的是推倒。为此，他们角力争胜。倘若人持守公义，持定所承认的良善的道，那么，公义就得以建立。只要这样行，这个人就可以被称为是得胜者，他也确实是得胜了，纵使他为自己所承认的道被杀死。可是，倘若他退缩，妥协，屈服，放弃，或者有片刻拒绝承认他所认信并为之受苦的美好的事情，那么，他就背弃了自己义的事业，背弃了他所承认的道，背弃了他的良心、他的公义、他的灵魂、他的一切，因为他已经将自己所承认的道捐弃了，眼睁睁地见它被扼杀：义人在恶人面前退缩，好像蹚浑之泉，弄浊之井（箴25:26）。但我希望，喜爱公义、出于义的缘故而受苦的人不要这样行。我并没有说人不可能在这里滑跌，就如彼得、奥利金（Origen）、希罗姆（Hierom）、克兰麦（Cranmer）、贝恩哈姆（Baynham）、奥米斯（Ormis）①以及其他好人；但是，倘若他是一个正直的人，一个热爱公义的人，他就会转回，以敬虔的方式，为他所行的如此不敬虔的事而责罚自己。

---

① 班扬对这些著名人物的认识，得益于他在狱中阅读福克斯的《殉道史》。——编者注

7. 不仅为义受苦，而且也出于义的缘故而受苦的人，不会如此执着于自己的观念，以至于轻看或忽视了邻舍中的善。他喜爱公义，无论在何处发现它，即便是在击打他的人身上（参诗141:5）。是的，他承认并认可公义的唯一原因，是因为那是这世界美丽、荣耀的东西。地上又美又善的事情，是这样的人最喜悦的（参诗16:3）。因此，我把为观点受苦和为义受苦的不同区分开来，正如我将为义受苦和出于义的缘故而受苦区分开来一样。

倘若在我所坚持的事情上找不到公义、上帝的印记和神圣的权柄，就绝不可以公义为名为它受苦。倘若在我不认可的敬拜之事上，没有发现罪恶、敬鬼神、拜偶像掺杂其中，倘若对它的贬损不是出自基督的智慧和他话语的权柄和完全，就绝不张口反对它。我宁愿结识一个还没真正蒙恩但有公义的人，与他结交，也不愿结识一个自称信仰基督却没有公义的人。经上记着说，有一个年轻人，基督看着他，爱他，尽管他后来离开了他（可10:17—22）；但经上不曾记载说他爱犹大。我知道，好人为之受苦的公义并不被这世界所接受，因为现今它正受到冷遇。但这世上仍有公义，无论在哪里看见它，我都对它怀有极高的敬意。大卫也曾承认他的一些敌人比一些他的仆人更显为义（撒下4:9—11，3:31—35）。让公义成为我们情感中的首要之事是一件令人钦佩的事情。上帝用喜乐油膏基督，胜过膏他的同伴，是因为他比他们更喜爱公义，更恨恶罪恶（来1:9）。对公义的爱，源自宝贵的恩典；这爱，唯有这爱，才能让一个人有能力出于义的缘故，承受我们所说的那样的苦楚。

8. 不仅为义受苦，而且也出于义的缘故而受苦的人，他当留心，当用仁慈的言语和行为来应对苦难，这样即使他死了，这仁慈仍然存活。是的，尽管他付出了生命，但倘若公义因此而发旺，他也会为此心满意足。因此，保罗在《歌罗西书》1:24说，他受苦倒觉欢乐，也就是说，因为他人由此得了益处。他又说："我以你们的信心为供献的祭物，我若被浇奠在其上，也是喜乐，并且与你们众人一同喜乐。"(腓 2:17) 在这之中，为什么有喜乐呢？因为，尽管苦难给他的肉体带来痛苦，却使他人得到复苏、安慰和坚定。这也是为什么他一刻也不容让教会中的那些假弟兄，因为他"为要叫福音的真理仍存在你们中间"(加 2:5)。

当一个人为着公义，为着上帝教会的好处和利益，甘冒丧失自己"所有"、"所是"的风险，同时又是按规则管理自己——倘若他因如此行而受苦，那么，他就不仅是为义受苦，而且是出于义的缘故而受苦。保罗说："我为选民凡事忍耐，叫他们也可以得着那在基督耶稣里的救恩和永远的荣耀。"(提后 2:10) 你会说，这是对人的爱；但我要说，这也是对事物的爱，也就是对所有显现在这世上的上帝的公义的爱——这公义就是，他的所有选民都可以借着基督耶稣得享永远的安慰和荣耀。保罗说："我们受患难呢，是为叫你们得安慰，得拯救；我们得安慰呢，也是为叫你们得安慰。这安慰能叫你们忍受我们所受的那样苦楚。"(林后 1:6)

倘若一个人的目标和计划都是为了传扬正义，并且是用合法的手段来成就这事，那么，这目标和计划就会因着基督而大大蒙上帝悦纳；它也成为他喜爱公义的明证。倘若他因如此行而受苦，那么，就事实的本质而言，他就不仅是因行善受苦，而且也是因着他对所行之善的爱而受苦，是为爱的缘故受苦。

好了，我要讲论的内容的首要部分就到此为止。这些讲论涉及上帝的律法和圣约，目的是要让我们明白主题经文"那照上帝旨意受苦的人"中所说的上帝的旨意是什么；照上帝的旨意，也就是照他的律法和圣约。至此我们已经表明，什么是照上帝的律法和圣约受苦。现在，我们要讲论另一件事，即：

上帝的旨意意味着他的命令和安排

其次，借着上帝的旨意，我们也明白了他的命令和安排。因为，上帝的旨意是活泼的，为要对付他的子民；同时又是给人以教训的，为要向我们显明我们的责任。出于义的缘故而受苦的人，他为之受苦的事情就其内容而言是善的，并且他为善事受苦的方式，是与他为之受苦的真理相称的。因此，他这样受苦，是照上帝的命令和安排。接下来我们要谈的，就是这件事情。

在世上有一场与敌基督者的交战，而上帝是其伟大的定序者（orderer）。因此，这争战被称为是"上帝全能者的大日聚集争战"（启16：14）。这争战不是仇敌想要的，也不是他们决心要打的，它出于上帝的意愿，是上帝安排的，是一场必须要打的战斗。"五个麻雀不是卖二分银子吗？但在上帝面前，一个也不忘记。就是你们的头发也都被数过了。不要惧怕，你们比许多麻雀还贵重。"（路12：6—7）当基督这么说的时候，他所教导的就是这个教义。在之前的经节中，他谈到了"杀"，吩咐他们不要为此感到害怕："那杀身体以后不能再作什么的，不要怕他们。我要指示你们当怕的是谁，当怕那杀了以后又有权柄丢在地狱里的。我实在告诉你们：正要怕他。"（路12：4—5）然后，他引导他们思考这个问题：他子民的受苦是上帝的旨意掌管并安排的。此外，他还向他们阐明该如何受苦，说："五个麻雀不是卖二分银子吗？"云云。

在《以赛亚书》8：9、10以及2：12、13，你大体上也能插入同样的内容。但我们不会停留在证据之上，而是将继续对此展开论证。

法老自认为可以恣意妄为，但他连以色列人的一根细线或一块碎布都动不了。扫罗说，他要捉住大卫，为了那个目的，他要从犹大的千门万户中搜出他来；但大卫却是为另一个目的而被预定的，因此扫罗必定空手而回（撒上23：23—25）。拉伯沙基说，他从亚述到耶路撒冷，是要让犹大人"吃自己粪、喝自己尿"（赛36:12），但上帝说，他必不得在这里射箭，这事就照着上帝所说的应验了（赛37:33；王下18；代下28）。耶利米和巴录的仇敌想要杀死他们，却是不能，因为上帝将他们隐藏起来（参耶36:26）。有多少次犹太人想要摧毁耶稣基督，但在他的时候到来之前，他们连他的一根毛发都动不了。

那些同谋发咒起誓说若不先杀保罗就不吃不喝，但他们也不得不放弃，因为上帝的旨意是，保罗还没到需要死的时候（徒23:12）。因此，在密云黑暗的日子里，上帝的教会当好好思索这事；因为"众圣徒都在他手中"（申33:3）。上帝之道不会容让上帝教会的仇敌为所欲为；不，就是魔鬼本身也只能吞下它"可吞吃的"（彼前5:8）。若非上帝的旨意，没有一个仇敌能让苦难临到人的身上；同样，若上帝为了他的荣耀而把人交在仇敌手中，也没有人能救自己脱离他们的手。这样看来，我们既不能太惧怕人，也不能愚蠢莽撞；我们唯有在义路上等候我们的上帝，并使用他的旨意所赐下的那些救我们的方法。我们可以得出结论说，或自由，或受苦，对我们的安排处置，完全是出于上帝的旨意；我们受苦，或不受苦，都恰恰是为了蒙他的喜悦。这是因为：

其一，上帝已经命定了谁要受苦。受苦不是偶然的，也不是出于人的意愿，而是出于上帝的旨意和命定。保罗说："免得有人被诸般患难摇动，因为你们自己知道我们受患难原是命定的。"（帖前3:3）当患难临到我们的时候，我们总是容易忘记上帝，把敬畏上帝的人的确会受苦这件事视为奇怪（彼前4:12）。但是，我们不当忘记，因为我们是照上帝的旨意和命定受苦。正是因此，那些在祭坛下的人被吩咐还要安息片时，等候要被杀死的那些与他们一同作仆人的人和他们的弟兄；请留心这句话：他们"也像他们被杀，满足了数目"（启6:11）。所以说，为义受苦和出于义的缘故而受苦，都是出于上帝的旨意。上帝已经命定了谁要受苦。这是其一。

其二，正如上帝已经命定了谁要受苦，上帝也已经命定了他们在这世上何时为他的真理受苦。一个人什么时候为他的信心受试炼，为某事受苦，是被定好时间的。当保罗在哥林多担心异教徒会突然攻击他时，主在夜间、在异象中对他说："不要怕，只管讲，不要闭口。有我与你同在，必没有人下手害你。"（徒18:9—10）在那里，他受苦的时候还未到来。经上还记着与耶稣基督有关的话："他们就想要捉拿耶稣，只是没有人下手，因为他的时候还没有到。"（约7:30）上帝子民受苦的时间和时机不是在他们仇敌的手中，而是在上帝的手中；正如大卫所说的："我终身的事［我的时候］在你手中。"（诗31:15）因此，透过上帝的旨意，这些人的受苦必定发生在那命定的时候，不到那时候不会发生。

其三，正如上帝已经命定了谁要受苦，何时受苦，他也已经命定了这个、那个或另一个好人要在何地受苦。当摩西和以利亚在圣山上显现的时候，他们告诉耶稣他要受的苦，就是他在耶路撒冷将要成的事（参路9）。上帝的手将圣徒撒在这里或那里，正如盐被撒在肉上以防它发臭；他们这样被撒在地上，可以给这世界调味。因此，命定他们必须在何地受苦，也是为了更好地为真理作见证。耶稣说："先知在耶路撒冷之外丧命是不能的。"（路13:33）为什么他们不能在其他地方丧命呢？岂是在耶路撒冷才有仇敌吗？岂是在耶路撒冷才有好人吗？不，不！这不是理由。原因是，上帝已经命定他们要在那里受苦。因此，谁，何时，何地，都在于上帝的旨意，是上帝的旨意所命定的。

其四，正如上帝已经命定了谁在何时何地受苦，他也已经命定了这个或那个圣徒在这样的时候，这样的地方，要经受何样的苦楚。上帝说，他要预先指示保罗，为他的名必须受许多的苦难（徒9:16）。经上记着说，基督预先向彼得指明他要怎样死，荣耀上帝（约21:19）。当希律砍下施洗约翰的头，当犹太人将基督钉十字架的时候，经上记着说，这是要应验"经上所指着他的话"（可9:13；徒13:29）。我们所受的苦楚，就它们的种类而言，都记在上帝的册子上；尽管这书上所写的似乎是我们不认识的文字，但上帝却全然知晓它们。受苦之人有的要被杀害，要被钉十字架，有的要在他们的会堂里受鞭打，从这城被追逼到那城（太23:24）。难道你认为上帝会说，他们中有的要如此服侍，有的要受到如此对待，却不指派他们有的要受这个试炼，有的要受那个试炼，有的又要经受别样的试炼吗？

毫无疑问，苦难临到我们是照着上帝的旨意，正如它们在古时临到耶路撒冷人一样。上帝命定谁死于饥饿，谁死于刀剑，谁要被掳，谁要被野兽吞吃（耶15:2—3）。此处所论的情形也正是如此；也就是说，上帝若命定了谁、何时、何地，等等，他必如此成就，并且他也命定了这个或那个好人为他的名要遭受什么样的苦难。我们可以下结论说，到目前来看，圣徒们所受的苦楚都是上帝的旨意所预定、所命定的。

其五，正如这些都是上帝的旨意所命定的那样，上帝也命定了这个或那个圣徒要为何种真理遭受这样或那样的苦楚。每一个圣徒都有他的道路，他的事工，他的见证，是上帝分派他们当做的（可13:34）。约翰行尽他的征途，为上帝作见证（徒13:25），圣洁的保罗也跑尽了当跑的路（提后4:6—7），每一个圣徒都是如此；而且，每一个将要受苦的圣徒，都有一个他命定要为之受苦的真理。基督以一种受苦的方式，为自己特有的真理作见证（可14:61—62）；约翰也以一种受苦的方式，为自己特有的真理作见证（可6:17—18）；司提反也有自己异于他俩的真理，他为之作圣洁的见证，并为之勇敢地赴死（徒7:51—53）。

倘若你们读过《殉道史》，你们就可以看到这真理纷繁多样，但又如此奇妙和谐。书上记着说，他们有的为上帝的神性受苦，有的为上帝的人性受苦，有的为基督的典章受苦，有的为他们的弟兄舍弃自己的生命。到此为止，我们看到，出于义的缘故而受苦的人，从这层意义上说，是照上帝的旨意受苦。

其六，正如上帝的旨意已经命定了谁在何时、何地受何种苦，并且命定了这个或那个圣徒照上帝的旨意要为怎样的真理受苦那样，上帝也命定了这个或那个人要借谁的手，为这样或那样的真理受苦。摩西和以色列人被命定在法老手下受苦；正是为此目的，上帝让法老作为逼迫者存立，并收获土产（出9:16）。基督也被命定要在希律和本丢彼拉多手下受苦；经上记着说："希律和本丢彼拉多、外邦人和以色列民果然在这城里聚集，要攻打你所膏的圣仆耶稣（'仆'或作'子'），成就你手和你意旨所预定必有的事。"（徒4:27）

这些都是伟大的事例，我们可以从中推断出，这些事情从那时直到现今都是如何被命定的。若非上帝的许可，没有一只麻雀会掉在地上；若非上帝的许可，麻雀不会摔死。麻雀的死并不是出于莫名其妙的原因。倘若一名基督徒比得过许多麻雀，那么，由此可以说，上帝对他的关怜、关心、关爱要胜过他对许多麻雀的关怜、关心、关爱。我们也可以合理地推论说，正如一个人作为受苦之人是被命定的那样，那些人作为用以试炼人的杖和刀也是被命定的。迄今为止，我们和我们的苦难，都是上帝的旨意所预定和命定的。

其七，正如所有这些都经由上帝的手，照着他的旨意临到我们身上，也正如它们中的任一样都是被命定的那样，受多长时间的苦也实实在在是被命定的。恶人的杖临到义人的分上的时间不是人心所定的，而是上帝设定的。亚伯拉罕一定被告知了这一点。上帝对亚伯兰说："你要的确知道，你的后裔必寄居别人的地，又服侍那地的人，那地的人要苦待他们四百年。"（创15:13）因此，以色列人在巴比伦受奴役不仅在总体上是被命定的，而且他们受掳多长时间也被预先指定（耶25:11—12，29:10）。兽掌权的日子和见证人穿着毛衣行走的日子也是守时固定的（启11、12、13章），他们都不能越过那个界限（参伯14:5）。

我知道我所谈的这些都只是提纲挈领，是针对教会总体而言，而不是针对个别的人。但是，正如之前所暗示的那样，我们的讲论必须由大及小，也就是说，从四百年到十天，再从十天到三天，从笼统的教会到每个特定成员，再到他们受苦的时间及性质（启 2:10；何 6:2；徒 23:11）。

　　总而言之，到目前为止，我已经讲完了主题经文的前两部分，向你们阐明了彼得的忠告和劝勉都包含了什么，也向你们显示他的劝勉是针对什么样的人。就后者而言，你们也看到了，我已经指示你们什么叫上帝的旨意，什么叫照上帝的旨意受苦。而且在这后一部分的讨论中，我还特别向你们简要说明，我们受苦是他所预定、所命定的，好让你们在为他的名受苦的时候，总不至于动摇或疑惑，而是坚持、沉着、心意坚定，说："愿主的旨意成就。"（徒 21:14）我还要顺便对你们说起一件事，那就是，上帝的旨意能动大工，能够在基督徒的灵里发出命令和安排，好使我们心甘情愿、随时乐意地将我们的自己完全降服在上帝的心意之中。上面所诵记的这句经文说的就是这个意思。保罗感觉到有一个呼召让他往耶路撒冷去，到那里为基督和他的福音作见证；但那些从保罗那里得知其意图的人，极其诚恳地苦劝保罗不要上那里去，因为他们相信这会危及他的性命。但他回答说："你们为什么这样痛哭，使我心碎呢？我为主耶稣的名，不但被人捆绑，就是死在耶路撒冷也是愿意的。"他既不听劝，他们便住口了，只说"愿主的旨意成就"便了。（徒 21:12—14）

　　从上述讲论中，我们可以推导出以下许多要点：

　　1. 杖是上帝的，子民也是上帝的；逼迫人的是他的，受逼迫的也是他的，对二者，他有他自己的计划。他为他自己兴起他们，也为他自己命令他们，并命他们去做他所要他们做的工。因此，哈巴谷在谈及上帝众子民的敌人时，说："耶和华啊，你派定他为要刑罚人；磐石啊，你设立他为要惩治人。"（哈 1:12）在另一些经文中，这个"他"也被称为"他逞怒的杖",他的杖,他的手,他的刀(赛 10:5;箴 22:8;诗 17:13—14)。

受如此处置的人,他所得的分的确是悲哀的;他的分不落在佳美之处,那实在美好的产业他也得不到(参诗 16:6)。受造之物岂能对造他的说:"你为什么这样造我呢?"(参罗 9:20)有人被预定、被命定、被设立为一个逼迫者,一个连累上帝教会的人!哦,可怕的审判!哦,可怕的烈怒!

从这里,上帝的子民当学会三件事:

(1)要学会怜悯仇敌的处境,为其哀哭。我知道你们不能改变上帝的旨意;他们是被命定、被设立去做他们要做的事,因此他们必须那么做,也一定会那么做。然而,当你们看见他们的情形,看到他们灭亡的日子要来临时,却当怜悯他们的光景,为其哀哭;是的,你们还应当为他们祷告;你们这样做才是合宜的。因为,有谁知道他们是否命定要像希律那样无情到底,或是像扫罗那样蒙恩悔改,懊悔他们的所作所为呢?我再说,倘若你们的祷告能让他们中的任何一个回转归信,当这一幕结束的时候,你回想起来该是多么甜美呢!

(2)绝不要为他们眼前的好处而愤愤不平。"不要为作恶的心怀不平,也不要嫉妒恶人。"(箴 24:19)不心怀不平,尽管他们毁坏了你们的安居之所(参箴 24:15)。他们这么做,是上帝命定的,为要借此试验你们的信心和忍耐。不要因为他们掳掠了你,就对他们心生恶意;这是他们做工的工价,不久他们就会明白,他们已经付出了高昂的代价。他们从掳掠之物中得到的快乐不过转眼之间,因他们不悔改,他们终必灭亡,像自己的粪一样(伯 20:5—7)。困苦人啊,在他们让你们遭患难的日子,你们身上金子般的恩典就愈加发光。你们如在火中,他们正鼓动风箱。但是,难道你们要与他们互换位置吗?难道你们要坐他们的安逸之处吗?难道你们要起意与他们相处吗(箴 24:1)?哦!你们当知足,一心忍耐，怜悯他们所处的光景，为其哀哭。

（3）感谢上帝，你们的分落在了另外一边；也就是说，你们的分是这样的：认识真理，承认真理，为真理受苦，又有恩典在患难之中托住你，让上帝得着荣耀，让你们得着永远的安慰。并非所有基督徒都有这样的荣耀，并非所有基督徒都被算是配为他的名受辱（参徒5:41）。我要说，你们当如此行，纵使他们抢走了一切，让你一无所有，衣不蔽体，食不果腹，唯有地上一穴供你葬埋（来11:23—26）。

2. 你们当在上帝大能的手底下竭力忍耐，不可心急说："到几时才把杖挪开呢？"当记住你们的本分，就是，要让忍耐成功（参雅1:4）。你们要忍受耶和华的恼怒，因你们得罪了他，直等他一觉醒来，起身为你们申冤（弥7:9）。但让我们跳过这一点。

事情是这样被命定吗？那么，这就告诉我们，其中必有缘由。

杖不会无缘无故被拾起；杖是在预定之中的，因为上帝子民的罪是被预见的；罪的性质和天父的怒气时常可以从杖的形式中见到。上帝说，这是我逞怒的杖。残忍暴躁之民必被引来攻击耶路撒冷，凶猛残暴之敌必被领来攻击以色列地，他们的罪恶召来了这样的杖，因为它们的罪孽极其深重（哈1:6）。

这些理当会给予我们认真严肃的教导，教导我们要因我们的罪而忧愁（参诗38:18），要脸伏于地，在上帝面前祷告，借着这样的方式，尽我们所能来防止罪的发生。当杖责的日子临到我们，倘若我们要减少那日子，就当成为公义的热爱者，获取更多因信而得的义（参罗4:13），并且在内心对上帝的旨意有完全的顺服。如此，我可以说，那日子必将减少，我们必得平安，因为我们愈是温良无辜，愈是受苦，当"发薪日"到了的时候，我们所得的工价就愈高，所得的赏赐和荣耀就愈大。我们为此稍作等候，又有何妨呢？

这些事情被差遣来，是要让上帝的子民变得更好，更纯洁；熬炼他们，如熬炼银子，试炼他们，如试炼金子（参亚 13:9；玛 3:3），凡结果子的，就让他们结果子更多（约 15:2）。上帝的旨意是，那些进天国的人，要努力地，克服艰难地进去。义人必仅仅得救（参彼前 4:18），也就是说，他们必得救，但必要经历极大的艰难，好使这得救更加甜美。

如今，让天国之路又狭又窄、艰辛难行的正是这杖、刀、逼迫者。它们埋伏在路中，盯住我们的行踪，毁坏我们的道路，又在路上挖坑掘阱，为我们暗设网罗、圈套（撒上 23:22；伯 30:12 —14；诗 9:15，31:4，35:7，119:110，140:5，142:3）。

这一切的确使我们十分作难，但我前面已经说过，它也是为了试验我们身上的恩典，为了让天堂对我们更显甜美。我们前往天国的这一路上有惊骇，被追踪，时遇危急，但这一切将让在天家的安全稳妥更是充满喜乐，更加为我们所珍爱。我再说，当让你们的内心拥有更多敬虔的力量，这样，公义之爱就会更多地与你们同在。因为，出于义的缘故而受苦的人必得享这福气和喜乐。

既然杖是上帝的，子民也是上帝的，那么，我们就不当如此看待苦难，仿佛它们仅仅来自地狱，并且只受地狱的管理。的确，逼迫者身上是有污迹的，但经上说，逼迫者的一切行动都在上帝的掌管之中（但 5:23）。 因此，正如我们当惧怕人那样，我们又当不惧怕人。我们当惧怕人，因为他们会伤害我们；但我们又当不惧怕人，不当以为他们仿佛可以不受束缚，对我们任意妄为，随意加害我们。上帝的辔头勒住他们，上帝的钩子钩着他们的鼻子；是的，上帝已经命定了他们怒气的界限，倘若他容许他们将他的教会赶入苦难之海，水也只能淹至颈项，最高也就到此为止，都不会有溺亡的（王下 19:28；赛 37:29，8:7 —8）。我要说，上帝已经勒住了他们，发令给他们；他们到多远，在哪里停下，这些都在于上帝的差派与许可；除此之外，他们任何时候都不能出来攻击上帝的子民。

下面，我要来谈两三个可能有异议的问题：

问题一：在受逼迫期间，我们不能逃离吗？你向我们强调，逼迫是上帝命定的，是上帝所管理的，这使我们不敢逃离。

回答：首先，考虑到我们之前所说的有关蒙召去受苦的事情。在这件事情上，你可以照着你内心的感动去行。当这呼召在你心里要你逃离的时候，你就逃离；要你站稳的时候，你就站稳。你可以做任何事情，唯独不可否认真理。逃离的，他有理由这么做；站稳的，他也有理由如此行。是的，照着上帝在他内心的呼召及所动的工，同一个人可能既逃离过也站稳过。摩西逃离了（出2∶15），也站稳了（来11∶27）；大卫逃离了（撒上19∶12），也站稳了（撒上24∶8）；耶利米逃离了（耶37∶11—12），也站稳了（耶38∶17）；基督退去了（路9∶10），也站稳了（约18∶1—8）；保罗逃离了（林后11∶33），也站稳了（徒20∶22—23）。

因此，在这种情况下，有几条规则需要遵循。受苦之人本身应当是最有能力判断他当前的力量，判断或站住或逃离的这个或那个理由在他心中各占怎样的分量。这些事情上，我不愿意对任何人施加影响；只是，倘若你们逃离，请谨记这几条告诫：

（1）你们逃离，不是出于奴性的恐惧，而是因为逃离是上帝的律例。这律例是要照上帝的旨意，为逃离的人开一扇门；而且，逃离是上帝的话语所认可的（太10∶23）。

（2）当你逃离的时候，每到一个住处，都要尽你所能多多行善，因为逃离的门也是为此而向你打开的，好使你能以逃避（徒8∶1—5）。

（3）当你逃离的时候，不要自以为已经安全了；是上帝的旨意为你开了门，是他的话语吩咐你逃离，但逃往哪里，为什么要逃到那里，你仍不知道。因为住在耶路撒冷的人要捉拿先知乌利亚，他逃往埃及，在那里他被带回耶路撒冷治死（耶26∶21）。

（4）假使你从所在地逃离，又在另一个地方被捉。如果你是照着起初所指示你的机会趁势逃离的，那么对于这件事最好的解释只能是，你愿意在上帝安排的道路上，像其他好人所做的那样，将自己交托给上帝；你如今被捉，让你身上的呼召变得更加清晰起来，知道当在这里或是那里受苦，而先前你对此并不知晓。

（5）因此，当你逃离之后，倘若被捉，不要迁怒于上帝或人。不迁怒上帝，因为你是他的仆人，你的生命和你的一切都属乎他；不迁怒于人，因为他仅仅是上帝的杖，是命定要在这件事上使你得益处的人。你逃离了吗？那就可以欣慰地笑。你被捉了吗？你依然可以笑着面对。我的意思是，无论事情往哪条路上走，你都当喜乐，因为天平仍在上帝的手中。

（6）然而，在逃离之中，不要逃离信仰；在逃离之中，不要为某项交易而逃离；在逃离之中，不要为肉体的安逸而逃离：这些行为都是邪恶的，既不会给你的灵魂带来平安，也不会给你的灵魂带来益处，现在不会，在你死亡的时候不会，在审判日也不会。

问题二：但倘若我逃离，有人会责备我，那我该怎么办？

回答：即使不逃离，也会有许多其他的人挑你的毛病。因此，正如我先前所说，不要出于奴性的恐惧而逃离，也不要逞能不逃。你当敬畏上帝，借他的话语和旨意来引导自己，行所当行的。至于这个或那个人的论断，你当将自己的情形交与上帝去审判。

问题三：但假使我被捉，受苦，我为义受苦的理由就有可能被诋毁、诽谤、辱骂及各样的谎言和恶毒的言语所笼罩。那我该怎么办？

回答：扫罗指控大卫背叛（撒上22:8—13）；阿摩司被指控图谋背叛以色列王（摩7:10）；但以理被指责蔑视国王，那三个年轻人也受到同样的指责（但6:13，3:12）。耶稣基督自己也被控告"诱惑国民，禁止纳税给凯撒，并说自己是基督、是王"（路23:2）。可见，这些事情总是会发生的。但是，在充分审视自己之后，关乎这些事情，你能够说你是无辜、清白的吗？我是说，你的良心能在此证明你无罪吗？上帝的物当归给上帝，凯撒的物当归给凯撒，你是否照上帝所吩咐的，把这当作你自己的事呢（参太 22:21；路 20:25）？若如此，不要在意人说什么，也不要在意他们诽谤你的那些谎言和辱骂，反倒要因这些事情称自己是有福的。基督说，人若因我辱骂你们，捏造各样坏话毁谤你们，你们就有福了；应当欢喜快乐，因为你们在天上的赏赐是大的。在你们以前的先知，人也是这样逼迫他们（太 5:11—12）。当安慰你自己，表明你灵魂无辜，说："我被认作是背叛者，但我是忠诚的；我被认作是诱惑人的，却是诚实的。"（参撒上 24:8—12；林后 6:8）当将你的案子交与审判日，因为那时将洗清所有谤讟和恶毒的言语；你若因想到这些而喜乐，必能使你加添心力，忍受眼前的苦楚。在上帝面前无亏的良心能把人从地狱带往天堂（参彼前 3:21）。当将这些毁谤视作你苦难的一部分，上帝必因此给你赏赐，因为你是无辜的，是为信仰的缘故受诽谤。可是，你若有罪，就当谨慎；我并非这等人的安慰者。

三、将灵魂交与上帝的美好果效

现在，我来谈谈主题经文的第三部分，也是最后一部分，即以恰当的方式听从前述劝勉的人，必有美好的果效随着他们。"那照上帝旨意受苦的人，要一心为善，将自己灵魂交与那信实的造化之主。"

主题经文的最后一小句——"将自己灵魂交与那信实的造化之主"——向我们展现了两件事情。正是借着这两件事，我们可以看见有怎样的美好果效将伴随那些人——他们照上帝的旨意，将自己的灵魂交与他保守。第一，他们将明白，他是他们的造化之主；第二，他们将明白，他是信实的造化之主。"将自己灵魂交与那信实的造化之主。"

看哪，圣灵的智慧！在"信实的造化之主"这个用语中，圣灵的表达是何等贴切，何等达意！国王是一个伟大的称号，上帝有时也被称为王；但在这里他不是以这个称号来呈现，而是被称为造化之主；这是因为国王并不总是有能力解救、安慰他手下的臣民，尽管他们为他的王冠和君尊受苦受难。父亲是一个亲切的称谓，在这个称谓中，隐含了极大的同情和怜悯，而且在圣经中，上帝也常常被称为父。但在这里，上帝也没有被称为父，乃是被称为造化之主。这是因为一个父亲，一个富有同情心的父亲，他并不总是能够帮助、安慰、解救他的孩子，尽管他知道他们正在受苦！哦，但造化之主能！因此，在这里用来宣告他的，是造化之主这个称谓。

第一，造化之主！在造化之主手中没有死亡。造化之主能扶持一切。造化之主之为造化之主，他能随己意行做万事（参诗 115:3）。"永在的上帝耶和华，创造地极的主，并不疲乏，也不困倦。"（赛 40:28）

假使上帝之道不在造化之主手中，他的子民为之受苦的这个道一千年之前就已经死亡，被埋葬了。假使坚守他的道的子民们不在造化之主手中，他们早已身亡名败，无人记念了。当以色列人进入红海口的时候，谁能料到他的道，或他的子民能再次复兴呢？埃及的滚滚大军就逼在身后，而在他们前方，在他们每个人手中，只有死亡环伺他们。可是，他们活了下来，兴盛发旺，比他们的敌人活得更久，因为他们在造化之主的手中。

谁能想到以色列人竟然从巴比伦地，从巴比伦人的手中，从巴比伦王的暴政之下再次归回呢？他们不能解救自己脱离往那儿去的命运；到那儿以后，他们不能保护自己免遭削弱；他们的力量消失了，他们被掳为奴了，他们背井离乡了，他们的仇敌侵占了他们的土地，他们的坚固城被摧毁了，他们的房屋被焚毁，夷为平地了。然而，他们再次回到了家乡；对造化之主来说，没有什么是不可能的。

谁能想到三个年轻人能在烈火的窑中存活呢？谁能想到但以理能在狮子坑中安然无恙？当约拿在大鱼肚腹中的时候，谁能想到他能返回家乡呢？或者，谁能想到我们的主能从死里复活呢？但对造化之主来说，有什么是不可能的呢？

对那些照上帝旨意多受痛苦的人来说，这样的思考实在难能可贵！他们一心为善，将自己灵魂交与他保守。他们有造化之主扶持他们，为他们申冤；他们有造化之主为他们抵挡逼迫者。因此，经上记着说："我必使耶路撒冷向聚集攻击她的万民当作一块重石头。凡举起的必受重伤。"（亚 12:3）

第二，造化之主！造化之主不仅能扶持将亡的事业，而且能扶助疲乏的心灵。因为他并不疲乏，也不困倦，"疲乏的，他赐能力；软弱的，他加力量"（赛 40:29）。他是万人之灵的上帝（参民 16:22），他把他子民的灵的生命握在自己手中。灵是由于他而得以存在；他是万灵的父（参来 12:9）。灵靠着他而变得刚强，没有任何人能压制造化之主上帝所提携的灵。

当一个卑微穷苦的人凭灵里的信心和忍耐，胜过整个世界加给他的所有威胁、残暴、祸患和愁苦的时候，我们看到的，岂不是一件奇妙之事吗？没有人能恫吓他，没有人能击败他，没有人能使他的灵低头，没有人能让他放弃他所领受的上帝的吩咐——持守诫命。他的圣洁、毫无恶意、于人有益的观念由于调和了恩典的馨香，便为他带来更多的安慰、喜乐和平安，也在他心中点燃一团如此炽热的火，使他爱上帝，对上帝大发热心，世上的众水都永不能将这火浇灭。

唉！有人会说，那是因为他是一个固执、顽固、听不进任何理由的人。不！我要说，这是因为他的灵在造化之主的手中，在他的引领和保守之下。造化之主能创造万灵，扶持万灵，他能让一个灵站立，强于这世上将要遭永刑的所有的灵。"站立"的意思就是说，心存忍耐，恒心行善，抵挡从地狱而来的一切压制。

第三，造化之主！造化之主能击垮那些抵挡的灵，使它们虚弱如水，翻滚不定。永在的上帝耶和华，创造地极的主，并不疲乏，也不困倦；他的智慧无法测度。疲乏的，他赐能力；软弱的，他加力量。当留心，就是少年人也要疲乏困倦；强壮的也必全然跌倒（赛40:28—30）。造化之主用恐惧摧毁仇敌的灵。上帝能使他们恐惧，让他们知道他们不过是人，并不是神；他们的马不过是血肉，并不是灵（参诗9:20；赛31:3）。当仇敌前来捉拿耶稣基督的时候，他们的灵发昏，他们的内心没了生机；他们退后，倒在地上（参约18:6）。纵使他们带着枪戟、棍棒、刀剑、兵器来捉拿手无寸铁的人，但让他们的灵鼓起足够的胆量和勇气实在是一件困难的事。

尽管这对世界来说不像一些其他事情那样显而易见，但我相信，在人苦待上帝子民的日子，上帝必践踏那些人的灵，只不过我们往往意识不到，或者他们不愿承认。当以扫带上多达四百个带兵器的人，出去迎接他毫无防备的兄弟的时候，上帝是如何踩踏以扫充满敌意的灵呢？以扫在他兄弟面前丧胆，他非但没有杀他兄弟，反而与他亲嘴（创33:4）。当大卫在洞口，在哈基拉山遇见扫罗的时候，扫罗残忍的灵又是如何被踩踏呢？上帝是造化之主；作为造化之主，他创造灵，复苏灵，也摧毁灵；他能将身体和灵魂都灭在地狱里（路12:5）。

第四，造化之主！作为造化之主，他超越被人用来毁灭他子民的一切计谋、发明和手段，无论行这些伎俩的是兵丁、辩士或其他任何人。我们就选择其中一种人为例——铁匠。他是个会咆哮的家伙，他会用他的火炭和风箱不停地制造噪声。上帝说："吹嘘炭火、打造合用器械的铁匠是我所造；残害人、行毁灭的也是我所造。"（赛54:16）铁匠是什么样的人呢？我的回答是：他是造偶像的，是假敬拜的发起者，又造残忍的器械，以此来帮助镇压真正的敬拜（赛41:7，44:12，46:6）。

上帝说："吹嘘炭火的是我造的。"上帝说的是，发明偶像的、制造偶像的、支持拜偶像的，是他的造物。他以此教导我们，他有能力掌管那人，并能随他的心意给那人刀剑（参伯40:19），尽管那人在火上加炭，又用风箱呼呼吹火。因此，那人不能在火中任意妄为，他造好偶像后，也不能使用它随意而行。他制造器具，原本用来维护他的偶像，并镇压对上帝真实的敬拜，却终不得以成就他所图谋的事。所以，紧接着的下一节经文便说道："凡为攻击你造成的器械，必不利用；凡在审判时兴起用舌攻击你的，你必定他为有罪。这是耶和华仆人的产业，是他们从我所得的义。这是耶和华说的。"（赛 54:17）此外，经上又说道："残害人、行毁灭的也是我所造。"（赛 54:16）"残害人行毁灭的"，那是什么？是这样的：铁匠造了偶像，上帝已造出了锈；铁匠造了刀剑，上帝也已造出了锈。锈侵蚀掉它们，蛀虫咬吃掉它们，烈火吞噬掉它们。《诗篇》作者说："恶人已经弓上弦，刀出鞘，要打倒困苦穷乏的人，要杀害行动正直的人。他们的刀必刺入自己的心，他们的弓必被折断。"（诗 37:14—15）

　　上帝可以做这一切的事，因为他是造化之主，也只有上帝能做到。因此，借造化之主这一特别的称谓，使徒为受苦的圣徒们预备了安慰，并向受苦之人显明，必将会有怎样美好的结局伴随着他们；他们照上帝的旨意，一心为善，将自己灵魂交与那信实的造化之主。

　　第五，造化之主！造化之主能在各方面为他受苦的子民供应一切，满足他们所有的需用。他们与世界失去和平了吗？他们不再与世界相和了吗？上帝能赐下和平，创造和平；他能创造各种和平；与上帝之间的和平，与他自己良心之间的和平。这种和平胜过世上其他地方所能找到的一切和平（赛 57:19）。他们是否失去清洁的心？他们是否欠缺正直的灵？尽管这在世上任何角落都不存在，但造化之主能够帮助他们找回它们来（诗 51:10）。他们是否失去属灵的庇护？他们是否过于暴露在属灵的敌人面前？造化之主可以帮助他们。"耶和华也必在锡安全山，并各会众以上，使白日有烟云，黑夜有火焰的光，因为在全荣耀之上必有遮蔽。"（赛 4:5）

　　这是圣灵的工作；因为，尽管圣灵本身是非受造的，但圣灵在我们心中所动的圣洁的工却实实在在是受造的作为。我们的新人是受造的；我们身上的恩典是受造的；我们的喜乐和安慰是受造的（林后5:17—18；弗4:24；赛65:17—19）。如今，唯有造化之主能摧毁受造之物；因此，这是一个安慰。与此同时，上帝也在基督耶稣里新造了我们；但这是另一件事了。太阳被造在天上，星星被造在天上，月亮被造在天上。除了造化之主，谁能够得着它们，触摸它们，摧毁它们呢？圣徒的情形就是如此，因为他与造化之主有关，与基督维系在一起；是的，他是在基督里造成的（弗2:10），因此，除非基督和圣灵的创造可以被摧毁，否则他就是安全的，因为他是照上帝的旨意受苦，一心为善，将自己灵魂交与那信实的造化之主。

　　此外，你们当思考这一点：那照上帝旨意受苦的人，交托给造化之主的不是一个住在肉体之中的灵魂，这样的灵魂赤身露体，粗俗不堪，在它里面除了罪一无所有；他交托给上帝的是悔改归信的灵魂，这灵魂是新生的，分别为圣的，用珠宝、镯子、耳环和神圣的施恩圣灵的香料妆饰打扮的。我再说，这是造化之主的工作，造化之主能保守它一直活在荣耀中；他将这样保守它，但他也将每天动工在它身上，彰显他创造的大能。

　　第六，造化之主！造物的他能转变万物，把任何东西变成他喜爱的样子。他"造昴星和参星，使死荫变为晨光"（摩5:8）；他"使沙漠变为水池，使干地变为涌泉"（赛41:18）。他能把我们最困苦、最荒凉的境地转化为我们小小的安息之所；他使我们在旷野歌唱，又在那里赐给我们葡萄园（何2:14—15）。他使保罗脚戴木狗唱诗赞美上帝（参徒16:24—25），又使好人罗兰·泰勒（Rowland Taylor）在走向火刑柱的路上跳舞。牢狱、嘲弄、鞭打、侮辱、监禁、忍饥受饿、赤身露体、危险、刀剑、兽穴、地洞、岩穴、山岭，他能用他话语的甜蜜使这一切变得如此甘美；他能借他荣耀的同在使它们变得华美；他用翎毛遮蔽我们（参诗91:4），使这一切变得轻省。为此我们能够说，我们在世上找不到比这更宽敞的地方，更舒适的环境。已经有人认识到了这一点，做好了充分的准备，渴望来到这里；他们不躲避，不逃离，不把它当作最令人生厌的地方。

我要说，上帝作为造化之主，他成就了所有这一切。他创造了互为排斥的双方，他也能使排斥消融，使双方彼此喜爱。狮子和小牛，野狼和羔羊，小孩和毒蛇的巢穴，他都能调和，使其和好。因此，他能使受苦与圣徒，牢狱与圣徒，亏损、挫折、苦难与圣徒，这一切都彼此相和，甘甜相处。

第七，造化之主！造化之主能弥补你们因信仰的缘故在世人手下已经蒙受或将要蒙受的亏损，无论这亏损是朋友、交情、世界、生命或你们能想象到的任何事情。

1. 你是否因信仰的缘故而失去了朋友？整个世界是否因你热爱上帝、基督、他的道和他的义而攻击你？造化之主能弥补这一切。这就是出于义的缘故而受苦的人所得的益处。当大卫失去他兄长及百姓的帮助时，残忍的扫罗的亲生儿子约拿单却与他交往，紧随他，爱他如同爱自己的性命（撒上18:1—3）。当众圣徒被王后耶洗别的暴怒追逼到藏在地底下时，亚哈的家宰俄巴底却受上帝差派，在地洞里供养他们（王上18:13）。是的，也正是乌鸦遵循造化之主的旨意，早晚给先知叼来饼和肉（王上17:6）。掌管万人之灵的造化之主激动古实人以伯米勒的心，使他既为耶利米的自由祈求，又靠三十人的帮助，将他从地牢中拉出来（耶38:7—13）。如今，正如基督所说，这些人就是父亲、母亲、弟兄、姐妹，是亲爱的妻子、儿女（太19:29）。

2. 你们是否因信心和信仰的缘故，失去世界上属于你的那一部分呢？造化之主能为你们建立家室，就像他为埃及的收生婆所行的那样

（出 1:20—21）；他能为你们立坚固的家，就像他为他的仆人大卫所立的那样，他敬畏上帝和他的道，为这爱将自己全然交托出去（撒下 7；参王上 11:38）。大卫被扫罗逐出，又被赶出自己的家，但上帝开启迦特王亚吉的心，让他接纳大卫，将洗革拉赐给大卫。大卫在扫罗的暴政之下，不知道该如何安顿他的父母，他们为他的缘故受迫害，但造化之主使摩押王的心倾向他们，让他接纳他们，为他们提供避难之所（撒上 27:5，22:3—4）。

3. 你们的性命危在旦夕吗？你们是否可能因你们所承认的道，因无害的福音信仰而失去生命？造化之主上帝是生命之主，人能脱离死亡，是在乎主耶和华（参诗 68:20）。因此，只要他愿意，不管整个世界如何，他都能保守你们鼻孔中的呼吸之气；倘若他为自己的荣耀，容许他们取走你们的生命，那么，他能赐给你们一个好过十倍的生命，以此为你们的安慰。"爱惜自己生命的，就失丧生命；在这世上恨恶自己生命的，就要保守生命到永生。"（约 12:25）

4. 你们是否因信心和福音信仰的缘故，忍饥挨饿，容貌遭毁坏，身体被撕裂，或被吊死、烧死？造化之主要么会阻止这一切的发生，要么暂时容许它，尔后使你的一切都恢复完好如初，且带上更大的加倍的益处。他造你们成为现在的样子，他还要再造你们，使你们成为从未有过的那样子。我们的将来如何，还未显明，那是过于仅用通常言语所能描绘的（约一 3:2；腓 3:21）。

第八，造化之主！彼得用造化之主这个称谓将他展现在我们眼前，因为他要我们不仅仰靠他的恩典、爱和怜悯，还要这样仰靠他自己。在约伯的时代，没有人或很少有人说："造我的上帝在哪里？他使人夜间歌唱。"（伯 35:10）他们为此哀哭。

造化之主，正如先前所说，这是上帝独有的称谓。在圣经中，用造化之主来称呼上帝大约只出现过五六次。当这么称呼他的时候，常常是要显明他的大能，同时，是要让我们相信，信靠他是我们的本分；倘若他是与我们在一起，我们就不当因逆境或身处逆境而丧胆，这是主题经文所吩咐我们的："那照上帝旨意受苦的人，要一心为善，将自己灵魂交与那信实的造化之主。"上帝以造化之主的身份和品性向我们显明了他的荣耀，我们难道还要惧怕人吗？"你是谁？竟怕那必死的人，怕那要变如草的世人，却忘记铺张诸天、立定地基、创造你的耶和华。"（赛51：12—13）

尽管上帝将他作为造化之主的身份隐藏，但既然他已经透过他的话语，将他这么多奇妙非凡的称谓向我们显明，而这些称谓是其他任何神都不可能拥有的，所以我认为，这一切理应让我们靠着我们的上帝放开胆量（参帖前 2：2）。可是有时候为了安慰我们，他也会在其他所有的称谓之外，再进一步，向我们显明他是实实在在的造化之主，这就必使我们确确实实安居在指望之中（参徒 2：26）。

万民都各自信奉自己的神，尽管他们的神出于人手所造，不过是铁匠和木匠的作品；我们岂不更该信靠主我们上帝的名吗？他不仅是神，而且是创造万有、造作万有的主（参耶 10：16，51：19）；他是活神，是真神，是唯一能养育我们的神（参尼 9：21；诗 55：22）。倘若我们忽略了这根基，忽略了这样一位借着造化之主这一称谓向我们显明自己，带给我们安慰和扶持的根基，最严重的是，倘若我们听过、见过、知道了、又相信了我们的上帝是这样的神，竟又惧怕必死的人，忘记造我们的主，那么，我们实在要受到极重的责备！我再说，我们已经听过、见过、晓得并且相信，我们的上帝是造化之主。诸天述说上帝的荣耀，穹苍传扬他的手段，他借此向我们彰显他的"永能和神性"（罗1：20；参诗 19：1）。

你这虫雅各（参赛 41：14），看哪，天空、太阳、月亮和星星！看哪，天、地、空气、火和雾气！且看这芸芸众生，从鳄鱼、河马到地底下、水里面最小的蠕虫。是的，看看你们自己，你们的灵魂、身体、样子和体态。当细细思想。你们的上帝创造了这一切，并将这生命赐给了你们。是的，他所造的这一切，并不是从显然之物造出来的（来11:1—3）。这就是彼得在主题经文中召唤你们去思考的事情。他是从自己作为使徒的默想中透露给你们，你们的上帝是造化之主，他为此吩咐你们，要照上帝的旨意受苦，要把你们的灵魂交托给信实的造化之主。

凡有能力如此行，并且在困境中能这样行的人，永远不会被践踏在脚下。他的上帝就是他的信心；他的信心就是他的上帝；他在上帝里的信心有能力使他站立得住。因为这样的人会笃定地说，造万有的主在我里面，岂有什么受造之物能抵挡他呢？斧岂可向用斧砍木的自夸呢？锯岂可向用锯的自大呢？好比棍抡起那举棍的，好比杖举起那非木的人（赛10:15）。倘若要说造化之主上帝不是一切地极的人所倚靠、所等候的，那么，读一读《以赛亚书》40:12—31再开口吧。作为造化之主，他创造并扶持万物。是的，他的手刺杀快蛇，使其无可藏身（伯26:13）。倘若人试图像海里的大鱼那样，吞噬并毁灭上帝的教会和子民（结29:3—4），那么他随之就能刺透它，将它的头砸碎，把它的肉给鹭鸟和旷野的禽兽作食物（诗74:13—14）。

第九，造化之主是上帝！照他旨意受苦的人就是要将灵魂交托给这位造化之主上帝。他岂不是作为造化之主照管他们吗？这就教导我们，远不要像外邦人那样，为他的神迹奇事感到惊惶，因为我们的主上帝是真神，是活神，是永远的王（耶10:1、2、10）。当我们在世上看见他的作为，我们当心存战兢而满觉荣耀和欢乐，纵使面对他那最令人惊惧的旨意。造化之主上帝有时会给自己备好马匹，以如此的威严荣耀骑马穿行在大地之上，让所有人都站在帐棚门口仰望他。哦，当他救他的子民出埃及地的时候，他如何乘坐在得胜的车上！他如何让万国震动！"他的荣光遮蔽诸天，颂赞充满大地。他的辉煌如同日光，从他手里射出光线，在其中藏着他的能力。在他前面有瘟疫流行，在他脚下有热症发出。他站立，量了大地，观看，赶散万民。永久的山崩裂，长存的岭塌陷，他的作为与古时一样。我见古珊的帐棚遭难，米甸的幔子战兢。耶和华啊，你乘在马上，坐在得胜的车上，岂是不喜悦江河，向江河发怒气、向洋海发愤恨吗？"（哈 3:3 —8）

大卫如此说："他发怒，地就摇撼战抖；山的根基也震动摇撼。从他鼻孔冒烟上腾，从他口中发火焚烧，连炭也着了。他又使天下垂，亲自降临，有黑云在他脚下。他坐着基路伯飞行，他借着风的翅膀快飞。他以黑暗为藏身之处，以水的黑暗、天空的厚云为他四围的行宫。因他面前的光辉，他的厚云行过，便有冰雹火炭。耶和华也在天上打雷，至高者发出声音，便有冰雹火炭。他射出箭来，使仇敌四散；多多发出闪电，使他们扰乱。耶和华啊，你的斥责一发，你鼻孔的气一出，海底就出现，大地的根基也显露。"（诗 18:7 —15）

这些都是荣耀的事情，尽管其中的神旨令人震撼。上帝值得我们不仅透过他的话语，也要透过他的旨意来看待，尽管万国在他的面前要震颤发抖。先知说："愿你裂天而降，愿山在你面前震动。"（赛 64:1）我们知道上帝，他是我们的上帝，我们自己的上帝；我们还要惧怕谁？惧怕什么呢（参诗 46）？当上帝从锡安吼叫，从耶路撒冷发声，当天地震动，主就要做他百姓的避难所，做以色列人的保障（珥 3:16）。

每个人都照着自己对事物本质的认识或站立，或跌倒。认识大海的，知道自己会被海浪摇撼；认识狮子的，看见狮爪或听见狮吼的时候，不会十分惊讶。我们认识上帝，当上帝从他圣洁的居所出来，要刑罚地上居民的罪孽时，我们岂要惊慌害怕呢？（参赛 26:21）我们当站立，像那些在天使旁边的人，告诉瞎眼的世界他是谁；他驾着他的骏马，乘着风的翅膀而来，云彩是他脚下的尘土（参鸿 1:3）。我们当对他们说："这上帝永永远远为我们的上帝，他必作我们引路的，直到死时。"

（诗 48：14）

我们的上帝！造化之主！他能使人归于尘土，说，你们世人要归回（参诗 90：3）。当上帝亲自显现的时候，这景象值得我们亲眼目睹，尽管亲见他需要我们付上一切代价。有些人会赞美、崇拜随便哪个无赖的行法术之人，尽管他们仅仅能变出一些他们似乎已经毁损的东西，或做一些令人匪夷所思的事情，甚至在他们自己的地盘上呼风唤雨，喧嚣不已，正仿佛魔鬼自己就地显身。那么，当上帝裂天而降的时候，圣徒反倒要像奴仆一般惧怕他们的造化之主上帝，他们自己的上帝吗（参赛 64：1）？当上帝降临世界行做大事的时候，他必定以他自己的方式降临——以他作为造化之主的方式降临。因此，天地都要在他面前挪移，好显明它们认识他，向他致以敬意，这敬意是他作为它们的上帝和至大的造化之主所配得的。

我们是在上帝独生子的学校中受训多时的基督徒，已经被告知我们的天父上帝是怎样的神，他有怎样的膀臂，他如何能发出雷声；他如何以荣耀庄严为妆饰，以尊荣威严为衣服；他如何发出满溢的怒气，鉴察一切骄傲的人，使他降卑（伯 40：9—11）。多年之前，我们岂不是谈论过他在红海，在含地所行的奇事（参诗 106：22）？如今，难道我们已经忘记了他？我们岂没有在教堂，讲道台，书籍中，以我们的上帝炫耀、夸口过？岂不是开口赞美过那些试图用自己的生命和鲜血将敌基督者逐出这世界的人？那么，我们还惧怕我们的上帝吗？过去，他是上帝，是造化之主，如今，难道他不是了吗？难道他不是像待我们的先人那样善待了我们吗？或者，难道我们要限定他只能以这样的方式显现，也就是，只能对属血气的我们微笑？难道他要一直停留等候直到我们死去，离开这个世界之前，都不能以震人心魄的旨意显明他自己？倘若我们现在就要到天堂去，或者他就要降临来接我们到他那里去，那我们该怎么办？倘若我们都已经灵巧像蛇，驯良像鸽子——倘若我们都能够说，无论犹太人的律法，或是圣殿，或是凯撒，我们都没有干犯，那么，我们有什么可惧怕的呢（参太 10：16；徒 25：8）？让天和地一起来吧，我敢说，它们都伤害不了我们。

在详述造化之主一些伟大、必要的工作时，我们的主耶稣基督预先制止了所有不该有的恐惧，这样的恐惧是与基督徒的信心和信仰不相称的。他说："弟兄要把弟兄，父亲要把儿子，送到死地；儿女要与父母为敌，害死他们。并且你们要为我的名被众人恨恶。"（太 10：21—22）他接下来又说了什么呢？在 28 节，他说："不要怕他们。"在 31 节，他又说："不要惧怕。"

他还说："国要攻打国，多处必有饥荒、地震。……人要把你们陷在患难里，也要杀害你们……必有许多人跌倒，也要……彼此恨恶，且有好些假先知起来，迷惑多人。"（太 24：7—11；可 13：5—9）但是，他吩咐我们不要惧怕这些，因为所有这些事情，连同其他所有的一切，都是上帝的旨意、上帝的手、上帝的大能所命定和限定的，他可以使其或扩大，或变窄，或被缚，或撑住。因此，彼得吩咐我们要将灵魂交托给上帝，就是交托给信实的造化之主。在上帝行审判的路上等候他，这是与基督徒身份相称的事（参赛 26：8）。

当上帝向我们显得可畏的时候，仍然相信他爱我们，这也是与我们完全相称的事。他为什么赐给我们恩典呢？是否因为我们正凭感觉生活？他为什么有时造访我们呢？是否因为我们的心可能与他疏远了，我们依然恋慕这个世界？我再说，为什么他如此明白地向我们显明他的伟大，告诉我们他能做什么呢？难道不是因为在这世界躁动不安的时候，他让我们仍然可以平静安稳，仍然可以盼望美善的事情将由这样的天意而出？而出于上帝旨意的这些事情就感觉而言，仿佛它们要吃尽一切、吞噬一切。

但愿我们等候上帝，与上帝同行，信靠上帝，将我们自己、我们的灵魂、我们的身体交托给上帝保守。是的，当甘心等候上帝的安排，乐见他照自己奇妙的作为动工。因为，对那些明言上帝是他们的天父、并将他们的灵魂交与造化之主的人来说，这是一种与他们完全相称的态度。对敬畏上帝的人来说，他们理应在他一切的事上热爱他、尊敬他。我们理应像西班牙猎犬一般，躺卧在我们上帝的脚下，如同猎犬躺卧在它主人的脚下；是的，只要我们能望见他的荣面，我们就当喜乐，纵使他将我们踏在脚下。

　　唉！有人说，当我在这世上为他的道和真理受苦时，倘若我认为至高的上帝正看重我，注意到我将灵魂置于他的脚旁，那我就会这么做。什么？难道没有看见圣灵为了帮助我们，已经用荆棘堵塞了不信者的来路，让怀疑的心不再有施展的余地了吗？当他称呼我们受嘱将灵魂交托给他保守的上帝为造化之主的时候，他说他是信实的造化之主。"要一心为善，将自己灵魂交与那信实的造化之主。"造化之主会挂念交托给他看顾的灵魂，并且照他所应许的那样，信守诺言。

　　因此，在上帝的能力、权柄之上再加上上帝的信实的时候，其本身就成为一种伟大支持力量的根基，支持那一心为善，将自己、自己的灵魂都交托给他保守的人。造化之主！有什么是造化之主做不了的呢？信实的造化之主！有什么是一位信实者不会去做的呢，我是说，当他已经立约之后？如今，造化之主已经与你们立了约，因为你们已经将灵魂交与他保守，因为是他吩咐你们这么做的。当将灵魂交托给他，就是交托给那信实的造化之主。有时我会看到，哪怕一个不信实的人，当别人将东西交给他保管的时候，他也会与人立约。一个人哪怕他是小偷、骗子、诈骗犯，若有人对他委托一份责任，他仍会对委托人保持诚信。原因是，尽管他能做到又偷、又骗、又诈而又不被人注意到，但倘若他在交托给他看管的事情上弄虚作假，他就必定会被发现而臭名远扬。我知道这种比较令人生厌，但已经有一张比我圣洁的口也做了这样的类比。依事实来看，这类比较或许是最能够说明人们想要解释的事情。"听这不义之官所说的话"，这是我们的主耶稣基督说的（路18）。

将灵魂交与上帝，就是将它托付上帝；将灵魂交与上帝，就是使他负起看顾它的责任。倘若他此时不信实，那么在任何情形下，他都将是不信实的。因为，正如我在前一部分已阐明的，他已经盼咐你这么做，已经应许要保守它。此外，主题经文说，他是信实的，是信实的造化之主。就信实的问题，他独独向自己发出挑战："上帝是真实的，人都是虚谎的。"（罗3：4）这句话一直在帮助、勉励那些忠心于他、将灵魂交托给他的人。人的诚实尚且能如此勉励人，何况上帝的信实，岂不更能勉励我们吗？

在此，我们的确得到了一个总结性的词，一个归纳整句主题经文的词；这个词使整句经文充满了善，如同太阳充满了光。有什么表达比这个词更恰切呢？还有什么需要加添的呢？对在世上照上帝的旨意受苦、将自己的灵魂交与上帝的人来说，如今还欠缺什么帮助呢？如我所言，他已经借着那桩行为与你们立了约；你们已经将灵魂交与他保守了；他已经被他自己的话语约定了；他已经盼咐你们将灵魂交托给他保守了。他宣告自己是信实的，他已经被这宣告约定了；因为正是这宣告鼓励你将灵魂交与他保守。不仅如此，他还应许要做成这件事；他已经起誓要做成这事。

"当初上帝应许亚伯拉罕的时候，因为没有比自己更大可以指着起誓的，就指着自己起誓，说：'论福，我必赐大福给你；论子孙，我必叫你的子孙多起来。'这样，亚伯拉罕既恒久忍耐，就得了所应许的。人都是指着比自己大的起誓，并且以起誓为实据，了结各样的争论。照样，上帝愿意为那承受应许的人格外显明他的旨意是不更改的，就起誓为证。藉这两件不更改的事，上帝决不能说谎，好叫我们这逃往避难所、持定摆在我们前头指望的人可以大得勉励。我们有这指望，如同灵魂的锚，又坚固、又牢靠，且通入幔内。作先锋的耶稣，既照着麦基洗德的

等次成了永远的大祭司，就为我们进入幔内。"（来6:13—20）

由此你们可以看见，我们这些照上帝的旨意受苦、一心为善、将自己的灵魂交与信实的造化之主的人，拥有怎样的根基。我本该就此停下，对这一劝勉作一个总结；但既然到这里了，我们就稍进一步，再讨论三四个细节。

其一，他在这件事情上对我们是信实的，即他将保守我们远离世界的诱惑，受苦的基督徒往往会受制于这样的诱惑。比起其他基督徒，受苦之人会因他受苦之故而遭受另外一些类型的试探。当他们在捆绑中的时候，其他人的自由对他们是一种试探；当他们动荡不安的时候，其他人的平安对他们是一种试探；当他们家徒四壁，他们的财物被劫掠一空，当他们出钱才得水喝，他们的柴是人卖给他们的时候（哀5:4），其他人的享受对他们是一种试探。倘若他们与信实的上帝没有干系，这试探必成为他们的大网罗。但是，对于这一点，"上帝是信实的，必不叫你们受试探过于所能受的"（林前10:13）。

不，受苦之人面临的试探还不仅仅是这些事情，这试探或许还有他怀中的妻子，她躺在他身旁说："噢，不要抛弃你自己。倘若你惹上这件事，我该怎么办？你说过你爱我，现在就显明出来吧，答应我这小小的请求，不要再持守你的纯正了。"（参伯2:9）下一个试探便是他的孩子们，他们很可能陷入贫穷、乞讨的境地，缺吃少穿，因得不到需用的供养在日后穷困潦倒。这试探还来自他的家族和亲朋好友；他们有的斥责，有的痛哭，有的好言相劝，有的口出恫吓，有的许诺，有的奉承，还有的无所不用其极，把他当傻瓜来看待，因为他居然做出如此轻率的举动，为着宗教这样的事情，将自己抛弃，让妻儿行乞。这些都是令人痛苦的试探。

接下来的试探来自人为的恐怖、法律的钳制、死亡的阴影，以及一些非人言所能描述的事情。倘若信实的上帝不扶持他的话，所有这些都足以将人从他所在的永生门前拉回。但"上帝是信实的，必不叫你们受试探过于所能受的。在受试探的时候，总要给你们开一条出路，叫你们能忍受得住"（林前 10:13）。经文只说上帝是信实的，它没有说你们是信实的。上帝的信实针对的是他所赐给你们的独生子，他所赐给你们的应许，他呼召你们所从事的事业，以及你们交托给他照管的灵魂，他已经将这灵魂的托付接手过来，因他是信实的造化之主。

"不叫你们受试探……"怎么？是不受试探吗？不，是受试探不过于你们所能受的。试探你们的人绝不会体谅你们的力量，绝不会看见你们软弱就停止试探；他要毁灭你们，他的试探也正是以此为目的。但上帝不会容许这样的事发生，因为他是信实的，还因为你们一心为善，将自己的灵魂交与信实的造化之主。"不叫你们受试探过于所能受的。"他不是说，不超过你们最大的承受能力。事实上，你们的力量必与你们所受的试探相称，在此之外，并不会有多余的；你们不会有一副担子重过上帝放在你们肩上所承担的。基督的确担当了他的重担，他在重担之下大声呼喊，汗珠如大血点（参路 22:44）。你们也必担当自己的担子，但也必定不会被它摧毁，虽然有时，你们可能会因内心失去了平静而在重担之下唉哼。"[他]在受试探的时候，总要给你们开一条出路。"是"在受试探的时候"，不是没有试探；你们一定会被试探，也一定会有出路。在你们"受试探的时候"，撒但无疑得到了许可，但它被限制也同样是千真万确的；它用完了各样的试探，就会离开你们（路 4:13）。"[他]在受试探的时候"——上帝如此巧妙地安排试探，最终必将试探者的颈项折断。上帝能容许撒但来试探，又能使基督徒有智慧应对试探，好得着他的出路。

"开一条出路。"你们也许看不到出路，仿佛这世界上都没有逃脱之路。但上帝能开一条出路。当以色列人在红海被包围的时候，那时没有出路，在这世上无路可退。哦！但上帝开了一条路，在沧海中开了一条道（出15:8、16；诗106:9，78:13）。他总会使一条路与试探相随，"在受试探的时候，总要给你们开一条出路，叫你们能忍受得住"。这些是圣灵说的话，圣灵就是上帝。是的，这些话被显明、被记载下来，正是为了这样的目的，即那些在苦难之下的人能一心为善，将他们的灵魂交与信实的造化之主。这是其一。

其二，他在这件事情上对我们是信实的，即他将赐给我们充足的智慧，使我们在遭患难的境况下，在一切事情上，都能谨慎应对。我们或许缺乏天然的能力，诸如口才等等，而我们的敌人却博学、雄辩，才华横溢；你们这一方处于劣势，而他们却拥有这世上能用以激励他们的各种东西；你们内心软弱，而他们却胆大、强壮。有权有势的人站在你们敌人一边，而你们却无人安慰（传4:1）。

面对这种情况，上帝与我们立约的信实又在哪里显出其抵挡它的力量呢？首先，显明在一个大的应许上："我总不撇下你，也不丢弃你。"（来13:5—6）其次，我们受到了邀请，可以到信实的上帝那里去寻求智慧，得扶持与帮助。因为，在后面的经文中他又说："我的弟兄们，你们落在百般试炼中，都要以为大喜乐；因为知道你们的信心经过试验，就生忍耐。但忍耐也当成功，使你们成全完备，毫无缺欠。你们中间若有缺少智慧的，应当求那厚赐与众人、也不斥责人的上帝，主就必赐给他。"（雅1:2—5）这不只是邀请，也是一个应许——主就必赐给他。所有这一切都向我们显明，我们将灵魂交托给了何等信实的造化之主！在遭遇患难的时候，任何一个缺少智慧的人都当晓得如何抓住这应许。他们当向上帝呼求，他自己就是智慧；他们当向上帝呼求，他厚赐众人，赐给他们一切，又不因他们的不配而斥责他们。

圣灵所行的不止于此，他以一个更特别的方式，向照上帝旨意受苦的人大大显明，说："你们被交的时候，不要思虑怎样说话，或说什么话。到那时候，必赐给你们当说的话。"（太10:19）在我的脑海中，我时常对这句经文感到惊奇，因为，倘若耶稣基督没有能力履行它，他又如何能说出这样的话呢？因此，这经文表明，他就是上帝。对那些为他受苦的人来说，这句话也是他信实的证据。

这句经文仿佛在说：试试我，相信我；倘若我在你们——一心为善，将灵魂交与上帝，照他的旨意受苦的人——受患难的日子不扶持你们，就永远不要再相信我。为此，他在《路加福音》21:15说："我必赐你们口才智慧，是你们一切敌人所敌不住、驳不倒的。"这里并不考虑受逼迫的人拥有怎样的能力；他们如何有什么关系？若是愚昧的，没有关系；若是智慧的，也帮不了什么忙。他们会被赐与口才，赐与智慧，这就足够了。这是依据我们之前提到的另一节经文，它说："凡为攻击你造成的器械，必不利用；凡在审判时兴起用舌攻击你的，你必定他为有罪。"（赛54:17）在这一点上，尽管可能发生这样的事，即在圣徒们祈求真理的时候，魔鬼和它的代理人会用满腹的搪塞、诡辩、误解、谬释和错误的答案来诱惑他们，但真理必占得上风，扭转局面，最终得胜。

其三，上帝在这件事情上对我们也是信实的：我们必不会缺乏属灵的扶持，来帮助我们承受一些特别的苦难。我并不是说，你们将一直得安慰；但我要说，上帝待你们如此信实，当你们遭遇旋风、疾风、狂风和直吹墙壁的暴风时，他必安慰你们（赛32:2，25:4）。

因此，当审视你们现在受苦到了何等的地步，或者说，患难显出什么加重的表象；是不是到了如此程度，以至于你们将不时得到扶持？正如当参孙攻击非利士人的时候，圣灵在但营中曾经数次感动参孙那样，当你们为他的名在世上受苦时，圣灵也必定会临到你们，安慰你们，加添你们的力量。"我们既多受基督的苦楚，就靠基督多得安慰。"（林后1:5）我已经注意到，上帝定规这一点，是用来安慰他受苦中的子民，使罪的权势在他们受苦的时候发抖，退缩。他说："惟有我，是安慰你们的。你是谁？竟怕那必死的人，怕那要变如草的世人。"（赛51:12）

　　智慧人说:"上帝使患难的日子和亨通的日子并列,为的是叫人查不出身后有什么事。"(参传7:14)因为,正如我们有时必定要哀哭,我们也必定会有喜乐的时光(传3:4);我要说,这是为照上帝的旨意、为上帝之道受苦的人而设定的。

　　为义受苦有不同的程度,如口舌之害(参伯5:21)、财产毁灭、自由丧失、牢狱、绞刑架、火刑柱、刀剑等等。如今,对这些苦难的回应就是圣灵所预备的安慰。有什么样的苦楚,就要有什么样的安慰;苦难有多重,安慰就有多深;唯有这安慰是充充足足的(林后1)。

　　苦楚愈轻,就愈难判断圣灵的安慰;因为,当一个人只受一点点的苦,并且知道他的敌人只能稍稍触碰他的身体、财产等等的时候,他在受苦中感觉到安慰是寻常的事。我要说,若料得到他的敌人不会进一步伤害他,这样的人在苦难中感觉到安慰是很平常的。这种快乐可能是属肉体的,是理性的结果,在很大程度上可能不伴有圣灵所赐的喜乐,即便有,也微乎其微。因此,受苦愈深、愈重,就愈可以清楚地看见圣灵的慰藉;当肉体已死,不再活动,什么都做不了的时候,人在那时所得的安慰就是如此。当人在失去一切时——当他面对死刑的判决或身处刑场之时——还能得安慰;当他所信奉的道、他的良心、上帝的应许,以及圣灵,都发出同样安慰的声音,吹出同样得胜的号角,而且这一切都一同在他灵魂深处奏响的时候,这样的安慰便是美善的,正当的,是出于上帝和他的灵的。

　　我之前告诉过你们,受苦有不同的程度;因此,不能期望受一点点苦的人有分于为多受苦楚的人所预备的安慰。只受口舌之害的人,不会明白为受鞭笞之苦的人所预备的慰藉。一个从来没有为义身陷囹圄的人,如何明白圣灵会用怎样的方式在牢狱中、在绞刑台上赐下安慰呢?

　　但是,无论这个或那个基督徒是否明白这一点,上帝为他受苦的子民都预备了安慰;这安慰是与他们受苦的性质和程度相称的,必定会向以敬虔的方式坚守上帝的真理、并将灵魂交托给他的人显明出来。约瑟被下在监里，但上帝与他同在（参创 39：19—21）；约翰为上帝的道被流放到名为拔摩的海岛上（参启 1：9），但他在那里得到上帝怎样的启示！那启示使他变成与此前的整个人生都判若霄壤的一个人；因此，这一点当谨记！对那些照他的旨意受苦、一心为善、将他们的灵魂交与信实的造化之主的人来说，这一切是上帝信实最好的证明。

其四，他在这件事情上对我们也是信实的，即他不会容让他子民的敌人的刀尖、剑刃和箭毒作恶到如此地步，以致同时毁灭他子民的身体和灵魂；当它们穷极凶恶的时候，他将保守他们得享他永远的国和荣耀，这是多么奇妙的事情！但这事必如此成就，因为上帝已经这样呼召他们。因此，当彼得告诉他们，他们的仇敌魔鬼试图吞吃他们，并吩咐他们要用坚固的信心抵挡它之后，他接着说："那赐诸般恩典的上帝曾在基督里召你们，得享他永远的荣耀，等你们暂受苦难之后，必要亲自成全你们，坚固你们，赐力量给你们。"（彼前 5：10）

事实上，上帝容许敬虔人受逼迫，从来都不是为了毁灭他们，而是为了他们的荣耀，为了使他们在行过死荫幽谷之后，能发出更大的光亮。实际上，当遭遇逼迫的时候，我们常常会在心里感受到仇敌的可怖。但这既不是因为仇敌能将恐怖投射过来，也不是因为他们本身有权柄能让恐怖侵扰我们，而是因为我们的无知和不信，我们像愚昧人一样，容许恐惧进入我们心里。

若不经受苦之人的首肯，苦难或是苦难的加害者都无法动摇他们内心的平安。这是上帝造物的安排；是的，由于我们的愚蠢，人的威吓可能会被容许来加害我们；但是，既然我们不属乎我们自己，而是重价买来的（参林前 6：20，7：23），我们就不能自我处置；上帝为仇敌的暴怒限定了边界和范围，正如他也为我们预备了能力，好举起、扶助我们的灵。当我说我的脚滑跌的时候，哦，主啊，你的怜悯扶我起来。为什么按照上帝的律例，灵在受苦中是不会被加害的呢？这是因为，灵就是为了扶持受苦之人的软弱的。正因此，上帝将保守他仆人的灵纯正、平安（箴 18:14；赛 57:16）。因此，仇敌表演的空间和场所只能是上帝子民的身体和外在的物质，他们的灵则得蒙保守，原因我们之前提到了；这灵还有能力保持与上帝的交通。若非如此，他们如何能遵从上帝的吩咐，在苦难中喜乐，并如经上所记的那样，在东方荣耀耶和华呢（罗 12；赛 24:15）？

但我要说，倘若仇敌没有权柄加害，就更不用说永远毁灭人的身体和灵魂了。人的身体是上帝的，他把它们交给仇敌去毁灭；人的灵是上帝的，他亲自保守它们。这些表明，上帝既有能力随他的喜悦来对待我们，也有能力救我们的身体脱离他们的手；因为，倘若灵活着，那么，当仇敌的伎俩用尽的时候，我们的身体也必定复活。这是我们的主耶稣基督自己的观点（路 20:37 —38）。因此，上帝的信实不仅现在是可见的，而且将来也是可见的，凡大胆信靠他的都可以看见，直到另一个世界，直到进入他的荣耀，得享永远的安慰。

现在，我们将借"应用"这个词，简明扼要作个总结。你们已经看见我如何解开主题经文，让我们的讲论自然地从中流通出来。从以上所有的讲论中，我们可以概括如下几方面的应用：

应用一、上帝的子民是受苦的子民，他们因信心和所承认的信仰遭受苦难。其中的原因除了已说过的之外，还因为真理的力量存于他们心中，并在他们的生活中表现出来，而这是撒但和这个世界绝不能容忍的。那按着血气生的逼迫那按着圣灵生的（加 4:29），因为他们不能在信仰中相合；敬虔人是如此虔诚，而另一方却如此亵渎，双方完全无法调和。上帝的子民听从主的吩咐，情愿任凭亵渎者一意孤行，但尽管如此，亵渎的那一方却不能容忍上帝的子民按着他们所说的去侍奉上帝（太 15:14）；逼迫就是这样兴起的。这世界还把敬虔人的信仰视为虚假，这是上帝的子民绝不能容忍的，他们要在敌人面前捍卫、坚守自己的道路，无论付出怎样的代价，然而，他们的方式却是全然和平的。

基督徒和那属肉体的自称拥有信仰之人就像你们在《列王纪》中读到的那两位妓女，她们在争夺一个活孩子，争辩这孩子到底是谁的；她们的争论无法裁定，直到这案子呈到王的刀面前（王上3）。哦，当刀被抽出，看起来好像这活孩子将被一劈两半的时候，真母亲与假母亲就区别开来了，因为真母亲从心底怜惜她的孩子（王上3:26—27）。无论世人为信仰如何装模作样，无论他们怎样力争真理是在他们一边，他们的内心并不怀有对信仰真实的渴慕。那妇人说："这孩子也不归我，也不归你，把他劈了吧！"但孩子的母亲绝不忍心这么说。对所有那些沉溺于罪恶的人来说，信仰尽可以躺在沟里奄奄一息；他们的热心也毫无表现，除了表现在对信靠上帝的敬虔人的逼迫上。能对遭人责难的向着上帝的信仰心怀同情与渴望，这只能在这样一些灵魂中找到——他们承认自己对上帝的渴望之心也是上帝造的。

应用二、真是这样吗？上帝的子民真是受苦的子民吗？若真如此，这就提醒他们，他们当虔诚，要为自己做好预备，因为他们可能会因自己的信仰而遭遇一些事情。我说的做预备并不是用属肉体的兵器来预备，而是靠圣灵的恩典；这恩典将帮助他们用温柔和耐心去忍受。我要说，在你们实实在在地对信仰作出保证之前，当坐下算计花费，以免至终因不知道当怎样行而惊慌失措（箴25:5；路14:25—30）。

许多人在这里犯了错；他们鲁莽地公开承认信仰，却没有考虑到他们所承担的可能让他们付出怎样的代价。所以，患难来临时，他们便惊诧、呼号。他们不喜欢这一切，因为这些不是他们想要的；倘若这就是通往天堂的路，就让愿意走的人替他们继续走下去吧。他们就这样跌倒了，离弃了上帝的道和他的子民，转回到世界中去了（太13:20—21）。

应用三、然而，上帝的子民绝不应该为着在这世上受到为难亏待而恶眼看待信仰。选择上帝和苦难要强于选择世界、罪和肉体的安逸。我们受苦是必然的，因为我们都犯了罪。倘若上帝让我们为他的道在这世上受点小小的苦楚，而不是让我们将来在地狱中因罪受苦，让我们都为此心甘乐意吧，当满怀感恩将这一切看为上帝的怜悯。

"恶人在祸患的日子得存留，在发怒的日子得逃脱。"（伯 21:30）但上帝待我们何等慈爱，他选择让我们受至暂的苦楚，却要以永远的慈爱怜恤我们（赛 54:7—8）。"上帝的旨意若是叫你们因行善受苦，总强如因行恶受苦。"（彼前 3:17）

应用四、不要把上帝子民的受苦当作上帝烈怒的标记。恰恰相反，这实实在在是他爱的记号，正如我们的天父命定的那样；因为，为福音受苦，为真诚地承认福音之道而受苦，实在是赋予我们的尊荣，而这尊荣是世人不配得的（徒 5:41）。因此，当上帝把他的真理赐给你们、又给你们恩典让你们能够承认这真理这些事情都当作上帝对你们特别的厚爱，尽管你们要为此而命定受患难（徒 5:41）。你们本该为你们的罪在地狱受苦，但你们没有；反之，你们只是有可能为你们向着上帝的良心而受苦。这是何等的尊荣！因为，你们这样受苦是凭借天恩，是作为基督的代表，是为福音的缘故，是照上帝的旨意。这是逼迫者不配得的尊荣，除非他悔改归向基督（腓 1:29）。

应用五、当以温柔、忍耐之心来忍受苦楚，尽管你们承受的痛苦是不公正的。"倘若人为叫良心对得住上帝，就忍受冤屈的苦楚，这是可喜爱的。"（彼前 2:19）当用手捂口，不要向错待你的人出半句恶言。当将你的案子和你的敌人交与上帝；不仅如此，还要祷告，好叫这罪不归于他们（参徒 7:60）。因此，就像我之前所说的那样，如今，你们当按你们所领受的吩咐，借着爱、怜悯、祈祷和行善，向那逼迫你们的人显明你们是良善的人（太 5:44）。我知道，就肉体而言，你们是易怒、好生气的，总是期望能为自己报仇；但这样做是卑贱的、属肉体的、属情欲的、出乎鬼魔的。当看到这样的念头与基督徒的胸怀毫不相称，因此要从心里面弃绝，好使你们拿起那不属肉体的兵器。基督徒的弓箭就是上帝的话语、信心和祷告；我们常存忍耐，就必保全灵魂（林后 10:5；路 21:16—19）。

　　应用六、当多多思想天父的完全充足（all-sufficiency）。你们信奉的是他的道，你们选择作为产业的是他的话语，你们乐于行走的是他的道路。我要说，当多多思想他如何养育整个世界；一切生命和气息都在他的手中，按着他的心意延续或减少（参伯 12:10）。还当思想他如何能解救你们脱离一切祸患，或者，他如何从容地在苦难中扶持你们。要常常到他那里去，如同去到生命的泉源面前，这泉源是敞开的，为的是供应穷乏人。也当记住，倘若你们向上帝发出的呼求没有马上得着应答，倘若他安慰你们不如你们所期许的那样快，这并不是他对你们的灵魂缺乏爱和怜悯，而是他要试验你们身上的恩典，要向堕落的天使表明你们是愿意白白服侍上帝，永不言弃的。同样，倘若你们自认为上帝似乎不关心你们，不帮助你们，反将你们交在不敬虔的人手中，那么，当将这视为一个凭据，表明他乐意看见你们持守他的名，尽管你们被置于最不利的光景之中。经上说："若忽然遭杀害之祸，[这远远超过我们所遭受的]，他必戏笑无辜的人遇难。"（伯 9:23）

　　上帝乐于见到他的子民在如此令人忧郁的安排和令人沮丧的环境下，持守他们的纯正，不否认他的名。上帝能看见你们，尽管你们现在看不见他；他能查看你们的道路，尽管幽暗在他的四围（参诗 97:2）。他试炼你们之后，你们必如精金（参伯 23:10）。

　　应用七、你们当谨慎，不可为受苦设置界限和期限，除非这期限是坟墓。不可对逼迫者说，你只可到这里，不可越过，你狂傲的浪要到此止住（参伯 38:11）。如此说的时候要留心，恐怕上帝会容让逼迫者越过你们的限定。因为，人一旦认为敌人让他所受的苦只可能被容许到某个限度，他就不会为进一步的受苦做准备。正因此，基督为他们设置的界限是生命的丧失，比这更近一点都不行。所以说，只要你们的敌人越过了你们，他们就会发现你们没有做好预备，没有用与你们相称的基督徒的勇敢来坚固自己，迎接来自他们的攻击。看一看保罗。他天天冒死（参林前15:31），常被交于死地（参林后4:11），甚至连活命的指望都绝了（参林后1:8）；这就是为各样灾难所预备的道路。若一个人只为来自步兵的攻击做预备，他怎能与马赛跑呢？或者，若他眼目所及，只看见马，他在约旦河边的丛林要怎样行呢？（耶12:5）因此，不要给你们的仇敌设置界限：不要说，他们不应追杀我；当给自己下死刑的判决。尽管他们起初可能不痛不痒地待你们，但最终他们的刀却可能索取你们的性命。猫捉老鼠的游戏有时可以恰切地用来表征恶人的道路与上帝子民的关系。因此，正如我所说，当看自己是濒死的，天天冒死；那些不仅为被人捆绑，而且为赴死做好准备的人，可以应对任何恐吓（参徒21:13）。

应用八、倘若你们的仇敌陷你们于不幸的境地，倘若他们将你们裹在熊皮里面，再放狗出去撕咬你们，不要为这事感到惊讶；这是上帝为约瑟、大卫、基督和司提反所定的分；你们只当纯全无瑕。可能让你们犯错的话，犯错的事，一句不可出口，一件不可行。不仅如此，你们所言所行的都当有助于显明你们是好邻舍，好基督徒，是忠心的公民。这样的行事为人方式能帮助你们放胆向上帝发出祈求，能使你们刚强壮胆面对你们的仇敌，能使你们内在的良心安静、平安；能促使上帝向你们显现，拯救你们，即或你们离世，他也会为你们报血仇。你们当这样行，因为这是你们的本分——敬畏上帝，尊敬君王（参彼前2:17）——又因为这样行能够使你们的仇敌刚硬过于磐石（参耶5:3）；很少有人如此大胆，敢说："我要攻击你，因为你承认基督。"当他们逼迫主自己的时候，他们也是对他说："我们不是为善事拿石头打你。"纯洁的信仰炽热如火，常常会让那些与它争斗的人引火烧身，因此，不常见有人攻击信仰最本真的核心。所以，犹太人也是试图将其他事情强加在基督身上，好借口杀死他，尽管他们对他最大的怨恨其实是由于他的教导和神迹。他们是因为嫉妒而反对他，并为此虚构罪名，控告他叛逆、谋反（太 27:18；路 23:2）。

应用九、当立志做安静人，办自己的事，总要尽力与众人和睦，这是与所有敬虔之人相称的行为（参帖前 4:11；罗 12:18）；凡事都不可亏欠人，唯有彼此相爱（参罗 13:8）。当为一切在位的祷告，为你们居住其中的国家的和平祷告；当与圣洁、安静、和平的人为伴。要借助一切美善的方式传扬敬虔，扶助受伤的人，善待贫穷的人；要以善胜恶，也要向众人忍耐（参帖前 5:14），因为"这些都是美事，并且与人有益"（多 3:8）。

不要背后伤人，也不要毁谤人（参多 3:2）。不要指责掌权者，也不要指责他的作为，因为他是被指派来管理你们的；他一切的道路都在上帝手中，或为你们提供帮助，或试验你们身上的恩典。因此，他需要的是你们的祷告，而不是你们的斥责；是你们和平的行为，而不是招惹麻烦的生活。我知道，这些事情中并没有哪一样能解救你们脱离恶人之口的吞噬（王上 21:12—13）。然而，我在这里所说的是本分，是有益的，值得称赞的，也是必需的。当魔鬼用尽最邪恶的手段之后，这些事情将会使你在朋友面前显得可亲，在仇敌面前显得可畏，在基督徒的地位上显出你们服侍的功用，在继你们之后的人们的记忆中，你们的名字得着最荣美的称赞，他们会祝福说："义人的记念被称赞，恶人的名字必朽烂。"（箴 10:7）

应用十、最后，我要向那些不能安静、心怀不平的信徒说几句话——倘若有这样的信徒的话：朋友，我要对你们说，就像我们的主曾经对他的门徒说的那样，"你们的心如何，你们并不知道"（路 9:55）。盼望你们的仇敌遭毁灭，这样的愿望与你们是不相配的。倘若你们生来就是要承受福气，并为此蒙召，那么就当祷告能够慷慨自由地去祝福，"只要祝福，不可咒诅。"（罗 12:14；参彼前 3:9）倘若你们相信你们所服侍的上帝是至高的统治者，相信他有充足的智慧为他的教会管理世上的事务，就当不好管闲事，且当禁止作恶。倘若迦玛列的忠告对上帝子民的敌人是有益的，那么，这忠告对基督徒自己岂不也是合宜的吗（参徒 5:34—39）？因此，不要管这些人，任凭他们吧。他们所行的，若是出于上帝永恒的安排，是他所要传扬的，你们就无法废除它；若不是，上帝已经命定了它败坏的时间（参徒 5）。

作为一个基督徒，内心却愁烦不安，这是可羞耻的事。当克制，当用温柔的智慧，以良善的行为显明你们的事工。关于这一点，我在这里要向你们指出三四件事：

1. 当思考：尽管该隐确实是一个杀人者，但上帝禁止任何人与他争斗；他定了惩罚，凡那么做的，必有七倍的报应落到自己头上。"耶和华对他说：'凡杀该隐的，必遭报七倍。'"（创 4:15）但既然该隐是杀人者，为什么不能与他争斗呢？理由是，他因义的缘故逼迫他的兄弟，并因此与上帝交恶；因为，因义的缘故逼迫他人，就是抵挡上帝，攻击上帝，试图胜过上帝。基督徒当疏远这样的人，任由他一意孤行；到了时候，上帝必重重地责打他。因此，上帝对他的圣徒和所有期待为自己报仇的人说，挪一挪，往后站，让我来，把这样的人留给我处置。"亲爱的弟兄，不要自己伸冤，宁可让步，听凭主怒。因为经上记着：'主说，伸冤在我，我必报应。'"（罗 12:19）于是，上帝就给该隐立了一个记号，免得人遇见他就杀他。的确，你们不应当自己向你们的敌人报仇，尽管这么做曾经是正当的，但如今不是了。"你们听见有话说：'当爱你的邻舍，恨你的仇敌'"，我们的主说，"只是我告诉你们：要爱你们的仇敌，为那逼迫你们的祷告。"（太 5:43—44）

2. 当思考：复仇是属肉体的——我指的是为自己申冤。它源自于恼恨、愤怒、在十字架下丧失忍耐和不愿受苦，源自于太过喜爱肉体的安逸、财产、享乐、族人等等。它是从惧怕、懦弱的灵里面流出来的。除了强大的倔强，在这样的灵里面没有任何其他强大之处。尽管如此，我知道，正直、公义、福音的自由、对邪恶的抑制、对圣洁的传播，这些都可能被用作借口；但这只能是虚饰，充其量不过是荒谬热情的果子。因为，正如本讲章常常提及的，既然上帝禁止我们这样行，就不能想象他仍会借着圣灵和恩典的果效去激励这样的事。那些有这样想法的信徒——倘若有的话——我们只能把他们看作是狭隘、世俗、属肉体、易怒、性情暴躁之流。比起基督信仰，他们更了解犹太教；比起用温柔之心遵从天父的旨意，他们更乐意赞同一颗易怒之心的意愿、喜好和恶劣的建议。但你们被吩咐要像你们的天父一样，他在这一点上已经向你们显明当怎样行（太5:45—48）。

有人恨恶上帝，亵渎他的名，藐视他的存在；是的，他们说没有上帝。但受他们恶待的上帝却赐给他们三餐；他使他们衣食饱暖，当夜晚来临时，有床可寝，又赐给他们好的歇息；他祝福他们的地、他们的五谷牛羊和他们的子孙，又使他们得居高位。是的，我们的上帝不止一次、两次这样做，他如此行，直到这些罪人老去。年复一年，他的忍耐不断延伸，好让我们学他的样式，勉力行善（参太11:29）。

3. 当思考：一个公开表达信仰的人，他的内心却不安静、愁烦、不安，又向逼迫者寻仇。他们得的恩典在哪里？是什么样的恩典？我敢说，他们，还有他们在其中行事为人的所谓恩典，都与圣灵的恩典无干。圣灵所结的果子，是仁爱、喜乐、和平、忍耐、恩慈、良善、信实、温柔、节制；这些事，没有律法禁止。然而，恼怒、结党、纷争、异端、捏造恶事，这些都被看为是最恶的罪，也被明明白白地称为是情欲之事（罗1:29—31；提后3:3—4；加5:19—23）。

我还要问：你们对仇敌的爱在哪里？你们十字架下的喜乐在哪里？

当你们愤愤不平的时候，你们的平安在哪里？你们的忍耐在哪里？因为，在你们的行为中，能看得见的只是你们的暴躁易怒。还有，你们和蔼、温柔、仁慈的灵在哪里？难道善是在你们试图毁灭敌人，寻索他们性命的时候寻见的吗？去吧，去吧，你们的恩典，倘若你们还有恩典的话。这恩典已被你们的暴怒推挤到角落去了，被囚禁在那里，失去它彰显自己的空间和自由了。无论你们发出怎样的声音，上帝的道显明，人们已经无法将你们当作正直之辈去认识了。

当看见祸患临到时，基督徒不应当在带来这祸患的器具面前逃跑；他当逃离的是造成这祸患临到的原因。这祸患的原因就是你自己，是你那卑怯的自我，有罪的自我，是你们在蒙受上帝所赐下、所施与的怜悯、耐心与恒忍之后，仍然向上帝做出的卑劣的行为。在这一点上，你们当与自己争辩，向自己复仇，不要留情，如此，你们便是以正当的方式申冤；当你们依着上帝的意思忧愁的时候，会生出自责来，这样你们便冤屈得申了（林后7:10—11）。

因此，基督徒当为他们自己的行为，为他们卑劣的行为哀哭，这行为会促使上帝在怒气中带来云朵遮蔽他们（参哀2:1）。当逼迫者加害他们的时候，他们应当说：这是我的罪；是的，他们当这样说，然后闭上口，承受上帝的愤怒，因为他们得罪了他。"你的行动，你的作为，招惹这事；这是你罪恶的结果，实在是苦，是害及你心了。"（耶4:18）

4. 当思考：从不安的灵里出来的行为能为你们向旁观者作见证，证明你们的善吗？断乎不能！是的，一个在苦难中不安静的灵，一个试图为自己向那些因你们的信心和信仰而逼迫你们的人复仇的灵，远远不能向旁观者证明你们是正确的；它只能告诉他们，你们是错误的。即便是叛教者朱利安①，当他尽其所能地抛弃与基督有关的一切之后，仍然循

① 朱利安（Julian），罗马皇帝（361—363年在位），基督教史上的"叛教者"。——译者注

守一点，即基督徒应当存忍耐之心，承受因他们主人的缘故临到他们的苦难；对那些因他的信心和对信仰敬虔的承认而恶待他们的人，倘若基督徒心生怨毒，或寻求报复他们，以牙还牙，这些行为便与基督徒完全不相称。倘若你们在苦难中退缩，不能安静忍耐，人会怎么说呢？岂不认为若你们处于高位，也将逼迫人吗？若你们拼死抵抗，他们就更有理由这么说了。当安静，倘若仇敌打你这边的脸，就把另一边也转给他（参路6:29）；倘若他还辱骂你、诅咒你，当跪下为他祷告。这是让旁观者相信你们是虔诚人的途径。"父啊，赦免他们！因为他们所作的，他们不晓得。"这个祷告是让百夫长确信耶稣是个义人的那几桩事件中的一件；因为他就站在十字架旁，观察耶稣如何在他的苦难中担当这一切，并亲眼看着他被钉死（太27:54；路23:34—47）。

5. 当思考：一个在苦难中不安静、内心焦虑不安、试图为自己申冤的基督徒，不可能在他当胜过的事情上成为得胜者，也不可能持守上帝的诫命。

（1）一个被自己的愤怒牵着鼻子走的人如何能胜过自己呢？唯有战胜自己，才能成为得胜的基督徒；他首先要攻克己身，破碎自己的情欲和性情（参林前9:27）。那被各样私欲引诱的人能是得胜者吗？那作败坏的奴仆的人能是得胜者吗（参彼后2:19）？倘若那被愤怒、仇恨、情欲、不满、偏见等等所迷惑的人能做到不被它们牵着走，那么，就当我是错的吧。因此，与位高者相争，或与任何因你们的信心和信仰苦待你们的人相争，只能显出你们是被征服、被奴役的，而不是主人或得胜者。

（2）第二点仍然谈论同一种人。这种人不遵守上帝的诫命，正如我所显明的那样，他们所学的是另外一些教导。伟大的福音书吩咐我们，一切都要以舍己为终结。但是，倘若为自己复仇是舍己的话，那么我就是偏离圣经了。基督在《启示录》上为那守上帝诫命的人预备了一条伟大的道路，是远离那些动用刀剑的人的，他说："用刀杀人的，必被刀杀。圣徒的忍耐和信心就是在此。"（启 13:10）也就是说，他们忍耐着不去复仇，宁愿就这样在用刀逼迫敬虔之人的人手下安静地受苦。所以，经上又说："圣徒的忍耐就在此，他们是守上帝诫命和耶稣真道的。"（启 14:12）当恒心行善；即便为义受苦，也当一心行善；在一切事情上恒忍，矢志不渝，这就是遵守上帝的诫命了（罗 2:7）。

因此，我要说，向敌人发怒、寻求向对自己作恶的人复仇，就是不守上帝的诫命。"人的怒气并不成就上帝的义。"（雅 1:20）基督徒，当谨慎，留心你们的灵；在受苦的时候，不可放纵自己；若任由你们的灵向你们的仇敌发怒气，这是完全不得体、不合宜的。

6. 当思考：那些因自己所承认的信仰而遭受逼迫的人，他们若因这逼迫而心不安静、愤懑不平，寻求向逼迫者复仇，那么他们就是将自己置于他人所远离的毁灭的边缘了。他们就像飞虫，非得撞进燃烧着的蜡烛，直至在火焰中焚灭了自己。官长和有权势的人用许多合乎道义的律法来保护自己，以免受到不守秩序、不服约束之人攻击。事实上，倘若他们不这么做，可能有人会立刻受到诱惑，在他们行使正当的权力的时候也试图要妨害他们。如今，动怒的人就像是在律法的这一点上不受约束的飞虫。他们愤怒的灵驱使他们与位高者相争，他们在暴怒中所说的话语使他们陷入网罗，再加上一点点过犯，他们就使自己的颈项被套上绞索。这是出于上帝公正的审判，不管人怎么认为。"抗拒掌权的，就是抗拒上帝的命；抗拒的必自取刑罚。"（罗 13:2；斯 2:21—23）因此，心生愤怒的人，当谨慎；心中不平的人，当谨慎。公开承认信仰，却没有恩典，不知道在这件事情上如何应对，很可能给信仰带来羞辱。我要说，这样的人，当谨慎。拥有我们之前提到的恩典，并将这恩典合宜地彰显出来，才能帮助我们远离这样的危险。

7. 当思考：一个人若因心怀不满、行为不服约束而把自己引入末路，这样的人能有什么安慰呢？他使自己蒙羞，使所承认的道蒙羞，使朋友蒙羞，也使自己的名受轻视、被讥笑。恶人因他的跌倒而欢喜，好人也不承认他们，软弱的人也因他跌倒。还有，他所承认的道将不再扶持他，他的心也将被罪恶感沉沉地阻塞。清白无辜、放胆无惧，这些品性都将插上翅膀，远遁他而去。这些因行恶受苦的人，他们可以站在台子上、梯子上 ①大谈他们的信仰，但他们所站之地都会因信仰之名被他们提起而羞愧。因此，我的弟兄，我的朋友，我的敌人，以及所有的人，不管你们持有怎样的信仰、观念，不管你们作怎样的信仰告白，当敬畏上帝，尊敬君王，为二者尽你们当尽的本分，这是基督的话语和律法所要求你们的；除此以外，不要多言。这样，你们就不会在权势面前因行恶而受苦。

---

① 许多不从国教者曾戴着镣铐站在"台子"上，并沿着"梯子"走向绞刑架。——编者注

三、得救是本乎恩：有关上帝恩典的讲论

1. 何谓得救；2. 何谓得救是本乎恩；3. 对于什么样的人而言得救是本乎恩；4. 如何表明得救之人的得救是本乎恩；5. 上帝为何选择本乎恩而不本乎其他任何方式来拯救罪人？

编辑的话

这是一份值得珍重的讲章，讲的是一个至关重要的话题：灵魂的得救。该讲章初版于 1675 年，当时是一个小开本。如今，这个单行本已鲜为人见；不过，在作者的作品合集中，无论哪种版本，该讲章都会收录其中。在作者去世后的 1691 年，第一次出版了他的一个小对开本的作品集，目前的版本就重印自这个作品集。尽管该版本分节比较多，显得有点繁琐，但仍不失简明、实用，笔触之间也时见班扬那激情洋溢、活力四射的风格。作者尽全力要激起读者最深切的专注，好让他们将心思、意念都集中转向那些最严肃的事实，因为只有这些事实能够将地与天彼此相联。

"得救是本乎恩！"这句简短的话包含了多么深广的意义！它的内涵包括从罪的咒诅中得蒙救赎——正是这罪的咒诅使可怜的罪人备受压制，担惊受怕于永火的刑罚；但与此同时，这句话也让他们在灵、魂、体方面都被提升到那极重无比的荣耀中——他们拥有了那虽是眼不能见，却是没有止境、永不衰残的珍宝。

班扬在打开这个话题，并对它进行深入考察的过程中，字里行间都表现出他对这个话题了如指掌。这个话题从他在某个礼拜天上午玩"猫游戏"的时候第一次受罪的控告开始，就一直在他心中萦回不去，反响强烈，以至于灵魂中的所有力量都被它吸引而去。显然，对他而言，那已成为他唯一的需要，成为他人之为人的幸福最终和最实质的所在。他感觉到这话题还包括了肉体如何蒙保守、如何重新构造的问题——也就是说，这肉体需要从污秽与败坏中被救活，从疾病与痛苦中被救活，从死亡与坟墓中被救活，穿上救主那永不朽坏的荣耀的身体，从而进到完全的地步。这份拯救所包含的，是让死亡死去，将坟墓吞灭，从此以后再也不见死亡与坟墓的踪影。灵魂将得以成全，与肉体再度联合，充满"尽其所能充满的至福与荣耀"；灵魂与肉体之间所有的抵牾与不和都将了结，成为一个穿上了义袍的完全人。换句话说，他将如同基督，与基督同在。所有这一切都是恩典的工作，是由那永远可称颂的三而一的上帝成就的。

　　为了展示那满腹疑问的、担惊受怕而又重获新生的罪人的感受和体验，我们会不时被引到《罪魁蒙恩记》这本书及其中的见证。班扬在这本书中表现了对撒但各样诡计深刻的认识——认识那种种不信的恶念造成的恶果，认识那恶者抛在途中以阻挠罪人趋近基督的种种障碍。他还一而再、再而三地指出人的罪，一次又一次重击人的骄傲，证明我们堕落的本性实在一无是处，无一样可资罪人向上帝自我推荐——一切皆出于恩典，一个罪人的得救从头到脚自始至终统统都出于恩典。除此之外，他特别清楚地表明，"得救是本乎恩"这句话不仅为那饱受罪之疾苦的灵魂带来最具安慰的消息，它更是人世间最有能力除灭罪的教义。"哦，当恩典的上帝坐在施恩的宝座上，可怜的罪人站在一边，祈求恩典，并且是靠着恩慈的基督的名来祈求，借着恩典的灵的帮助，这样一个罪人岂不必定要获得怜悯与恩典，作他急难中随时的帮助吗？但是，不要忘了这句劝勉：'坦然无惧地来。'"

　　我不应让读者在此耽延太久而不进入班扬这严肃的话题；不过，请暂时容我再引一段话，这段话洋溢着班扬那热切澎湃的情感："哦，上帝的儿子！你的每一滴眼泪都饱含恩典——当鞭子抽打你时，你流露的是恩典；当荆棘刺痛你时，你流露的是恩典；当钉子与刀枪刺入你的身体时，你流露的是恩典！哦，可称颂的上帝的儿子！这才是真正的恩典！无法测透的丰富的恩典！让天使惊叹、让罪人欢欣、让鬼魔战兢的恩典！然而，将这位上帝的儿子践踏在脚下的那些人却将如何呢?"

　　读者，但愿这个鉴察人心、抚慰人心、复苏人心的话题得蒙祝福，让我们所得的安慰有根有基。

乔治·奥弗

致读者

尊敬的读者：

　　这本小书向您献上的是关乎上帝恩典的讲论，以及这恩典所带来的拯救。在本讲章中您会发现，三位一体的上帝位格中的每一位如何在罪人的救恩中发挥作用。其一，圣父彰显其恩典；其二，圣子彰显其恩典；其三，圣灵彰显其恩典。您将看到，本讲章将对这三方面的问题一一展开讲论。

　　您还将在这篇小小的讲章中看到上帝如何对待罪人，对待他的行事为人（腓 1:27；彼前 1:15），罪人又是如何对待上帝；透过这些讲论，上帝的恩典和罪人的罪性可谓昭然若揭。

　　在这些讲论中，倘若您发现我少说了点什么，请将它归诸我对简约的喜好；倘若发现我在任何方面与真理有偏差，请将它归诸我灵性上的软弱。但是，倘若您在此看到了任何有助于您信心长进和喜乐的东西，请将它归诸上帝赐与您和我的怜悯。

属于您并尽绵薄之力服侍您的

约翰·班扬

得救是本乎恩

你们得救是本乎恩。——《以弗所书》2:5

在《以弗所书》第 1 章中，从 4 节到 12 节，使徒讲论的是有关拣选的教义，既讲到拣选的行为本身和目的，也讲到实现这目的所借助的媒介。有关拣选的行为，他告诉我们，上帝有他的自由拣选一些人（4 节、5 节、11 节）。拣选的目的是将上帝的荣耀显现在他们的救恩中（6 节、14 节）。实现这目的所借助的媒介是耶稣基督本身——"我们藉这爱子的血得蒙救赎，过犯得以赦免，乃是照他丰富的恩典。"（7 节）说完这些之后，他谈到了以弗所信徒对于所信之道的顺服；这所信之道借着福音真理的话语呈现给他们，正仿佛被上帝圣灵的印封严了一般，直等到得赎的日子来到（12 —14 节）。不仅如此，他还告诉他们，他如何为着他们向上帝发出感谢，在祷告的时候常常提到他们，盼望能使他们看到"他的恩召有何等指望，他在圣徒中得的基业有何等丰盛的荣耀；……他向我们这信的人所显的能力是何等浩大，就是照他在基督身上所运行的大能大力，使他从死里复活"等等（15 —20 节）。

使徒唯恐以弗所的信徒在听到自己享有这么多的特权后，忘记了他们其实是多么不配得这些，因此接着又告诉他们，他们过去是死在过犯罪恶之中，在其中行事为人都是"随从今世的风俗，顺服空中掌权者的首领，就是现今在悖逆之子心中运行的邪灵"（弗 2:2、3）。

就这样，使徒将他们召回到对自己真实光景的记忆中——就是他们未蒙重生时的光景；接着进一步说明，他们第一次活过来是借着元首基督的复活，他们从前正是在他里面蒙了拣选，也是靠着他得以与基督一同坐在天上（5 节、6 节）。顺便说一下，他在此还插进一句话，解释这一切福气的真正原因——那就是，上帝的爱和恩典；在那另一个世界里，实在没有什么比这更让我们享受的了："然而上帝既有丰富的怜悯，因他爱我们的大爱，当我们死在过犯中的时候，便叫我们与基督一同活过来（你们得救是本乎恩）。"（弗 2:4—5）这最后几句话被看作是使徒直接从前面的描述中得出来的结论，仿佛是在说，若你们以弗所人果真是死在过犯罪恶中，若你们按肉体果真都是可怒之子，和别人一样，那么你们的结局理当要跟别人一样。①

还有，若上帝果真拣选了你，果真借着基督使你称义，拯救了你，却让其他按天性与你一样好的人沉沦在他们的罪恶之中，那么，你这种蒙福光景的真正原因就是在于上帝那白白的恩典。正因为这样，你的得救才是本乎恩；你所享受的别人无法享受到的这一切善才是纯粹出于上帝美善的旨意。

"你们得救是本乎恩"

下面我要来讲论这节经文，讲论的方法如下。我要先就这句话提几个问题，然后逐一做出回答。在这些回答中，我希望至少能对那些心怀敬虔、良知敏锐的读者的期待做出部分回应；最后我将引出一个结论。

这些问题是——

1. 何谓得救？
2. 何谓得救是本乎恩？
3. 对于什么样的人而言得救是本乎恩？
4. 如何表明得救之人的得救是本乎恩？
5. 上帝为何选择本乎恩而不本乎其他任何方式来拯救罪人？

---

① 他们的行为向活人证明他们已经死了；他们对属灵的生命毫无感觉或知觉；但是，当上帝叫他们活过来的时候，他们的悔改与善行便借着神圣的力量也活过来。他们一方面感受到救恩的喜乐，同时也深觉自己全然不配这新的创造的力量，于是唱道："哦，恩典，我欠下何等罪债！"——编者注

　　我之所以要先就这节经文提这几个问题，是因为这句话本身就已包含了这些问题；头三个问题是根据经文本身所含的几个词组；最后两个是用于宣讲这句经文的总体含义。

问题一：何谓得救？

　　这个问题已经设定了有这么一件事，即人会因他的罪而遭遇沉沦；拯救意味着将要蒙拯救之人当前是处在一种可悲的光景中；对那并未失丧的人来说，拯救没有意义，而拯救就其本身而言也没有意义。"拯救、救赎、解救"这几个词大体而言都是同义语，它们全都假设我们是处于一种受奴役、受痛苦的状态中。正是因此，"得救"这个词，根据使徒在这里对它的用法，是一个意义重大的词，因为我们从中得拯救而脱离的那种痛苦是最最可怕的一种痛苦。

　　那得救之人靠着救恩而蒙拯救从中脱离的那种痛苦十分可怕；这种痛苦其实就是来自罪、上帝的咒诅和地狱的永火。还有什么比罪更可憎厌的呢？还有什么比愤怒的上帝那可怕的怒火更不堪承受的呢？还有什么比地狱那无底的深渊更令人恐惧的呢？我再说，还有什么比在地狱里跟魔鬼及其使者一同遭受永远的刑罚更令人恐惧的呢？而今，上述经文中的"拯救"，就意味着将罪人从这一切痛苦以及与之相伴的种种情形中释放出来。尽管罪人未必觉得我这第一个问题难以回答，但我必须告诉你们，一个人除非亲身体会到上面所说的那三种痛苦来源的可怕之处，否则，他无法感同身受地知道什么叫做得救。这一点相当明显，因为其他所有的人都用他们的实践表明，他们对得救这件事看得很轻，然而事实上，那是人间一切事务中与人关切最重的一件事："（因为）人若赚得全世界，赔上自己的生命，有什么益处呢？"（太16:26）

　　可是，如果"得救"这个词总结的是我们从罪中得释放的情形，那么，若一个人还未在良知中感受到自己在罪的重担下呻吟，他又如何能知道什么叫得救呢？是的，他是不可能知道的，除非他从内心深处发出这样的呼求："弟兄们，我们当怎样行？"——也就是，怎样行才能得救（徒 2∶37）？身上不疼不痛的人不知道膏药的功效；我的意思是，他不可能从亲身经历中知道，因而也就无法像那借助膏药得着救治的人那样珍惜或看重膏药的功效。把一贴膏药敷在一个完好的部位，那是不可能让膏药的功效显现出来的；身上被敷了这贴膏药的人也不会因为这么一敷就明白膏药的价值。罪人哪，我的意思是，你们若没有被罪恶感所伤，没有受到罪之重担的压迫，你们是不能够——我再说一遍——你们在这种无知无觉的光景中是不能够知道什么叫做得救的。

我前面说过，"得救"这个词也意味着从上帝的震怒中被解救出来。那么，一个人若感觉不到上帝震怒的重担，他又怎能知道什么是得救呢？那在上帝的震怒面前震惊不已的人、战战兢兢的人，只有他才最知道什么叫做得救（徒 16∶29）。

再者，"得救"这个词还断定了一种从死亡和地狱中得释放的光景。若一个人从未感知到死亡的哀伤，或者从未为地狱的痛苦而揪心，他又怎能说得出什么叫得救呢？《诗篇》的作者说道："死亡的绳索缠绕我，阴间的痛苦抓住我，我遭遇患难愁苦。那时，我便求告耶和华的名。"——（注意"那时"这个词），"那时，我便求告耶和华的名，说∶耶和华啊，求你救我的灵魂！"——"那时"，就是遭遇患难愁苦之时。当他知道什么叫得救之时，他就求告了，因为，我再说，只有那时他才知道什么叫做得救（诗 18∶4、5，116∶3、4）。就是这个人，只有这个人，才知道什么叫做得救。这一点是再明白不过了，因为很显然，其余的人对救恩都是那么轻轻忽忽，对沉沦都是那么无畏无惧。那寻寻觅觅、呻吟哀哼地要呼求救恩的人在哪里啊？我再说，那因着惧怕将来的愤怒而拔腿逃奔向救恩的人在哪里啊？"毒蛇的种类！谁指示你们逃避将来的愤怒呢？"（太 3∶7）唉！绝大多数的人岂不都轻视救恩吗？——对于罪，他们是何等恋慕它，拥抱它，耽于其中自得其乐，将它深深地藏于口中，紧紧地压在舌下。此外，对于上帝的愤怒，他们既无感觉，也不逃避；至于地狱，许多人认为即便有，也甚可疑，而当他们的怀疑论被无神论解决了之后，便只留下了嘲讽和讥笑。

现在再回到这个问题 —— 什么叫做得救？得救可以指整个的救恩，也可以指救恩中的某些方面，或者两者兼指。我认为现在讲的这节经文两者都包含 —— 也就是，正待完成的救恩和已经完成的救恩；这是因为"拯救"是一项包含许多步骤的工作。尽可能简明地说就是，"拯救"这项工作在世界创立之先就已经开始了，到世界终结之前仍未完成。

首先，可以说，我们是按着上帝的旨意在创世以先已经蒙拯救了。使徒说："上帝救了我们，以圣召召我们，不是按我们的行为，乃是按他的旨意和恩典。这恩典是万古之先在基督耶稣里赐给我们的。"（提后1:9）这就是救恩的开端，一切事物都是根据这个开端协调一致地进行，并循此方向走向最终的结局 —— 上帝拯救我们，是照他"从万世以前，在我们主基督耶稣里所定的旨意"（弗3:11）。上帝以这样的方式救我们，这意味着，他命定要让那些方式发生果效，好使我们的救恩达到有福、完全的地步。正是因此，经上说我们是在基督里蒙了拣选，以至于得救（参弗1:4），又说，他是在这样的拣选中赐给我们恩典，好成全我们的救恩。是的，这一节经文的含义十分丰富："他在基督里曾赐给我们天上各样属灵的福气。就如上帝从创立世界以前，在基督里拣选了我们。"（弗1:3、4）

第二，既然可以说，我们是在创立世界以先就已经按着上帝的旨意得蒙拯救，那么，也可以说，我们在悔改之前，在蒙召转向基督之前，就已经得蒙拯救了。如此看来，"得救"是在"蒙召"之前；"上帝救了我们，以圣召召我们"；上帝不是说，他以圣召召我们，又救了我们，而是把拯救放在呼召之前（提后 1∶9）。因此又有这句话论到我们说，"那为耶稣基督保守并呼召① (preserved in Christ and called) 的人"（犹 1），而不是"被呼召并保守的人"。所以上帝又说，"我所留下的人，我必赦免"——恰如保罗所阐明的那样，这些人是"我拣选和保守的"，而这部分的救恩是上帝透过他的宽容忍耐而成就的（耶 50∶20；罗 11∶4、5）。上帝为着基督的缘故，忍耐他自己的选民，从他们未重生的时候，直到他命定他们悔改得救的日子，上帝一直忍耐他们。我们在未悔改之前犯下的那些罪，若要将该得的审判加在我们身上的话，我们如今就不可能在这世上有分于那属天的呼召了。然而，那本应我们受的审判，却因上帝的忍耐而被制止了；同时，当我们还处在未悔改之前那不敬虔的生活状态的整个过程中的时候，上帝也一直在拯救我们脱离死亡，脱离诸多地狱的权势；本来，因着我们的罪，上帝手中许可的这一切刑罚都是我们理该承受的。

在此，我们也看到，为什么上帝的选民在未悔改之前会被赋予较长的寿命，他们所犯的一切罪和该受的一切审判在他们悔改之前都不能把他们从这世界上赶出去。你们都知道玛拿西是一个大罪人，他因所犯的罪被驱逐出自己的国土，被掳到巴比伦。可是，他们却不能杀他，尽管这人的罪足以让他死上一万次了。理由何在呢？因为他还未蒙召；上帝在基督里拣选了他，为他储存了一份恩典，这恩典必须在他死之前赐与他，因此，玛拿西必须被说服，被改变，被拯救。那在被鬼附之人身上叫做"群"的污鬼在这人悔改归正之前不能夺去他的生命，尽管这人在未重生之前犯下了各种罪。（可 5）我们不难想象，那个可怜人的生命曾经多少次遭受住在他身上的污鬼的攻击，但是它们不能杀害他。是的，尽管他的住处靠近海边，污鬼也有能力把他赶到海里去，但它们却无法把他赶到比靠海边的山更远的地方；尽管它们经常帮他挣断脚镣和铁

---

① 据班扬所用之钦定本直译。——译者注

链，让他变得疯疯癫癫，远离人群，用石头自己砍自己，但它们就是杀不死他，淹不死他；他要蒙拯救，蒙呼召；尽管有上面所说的这一切遭遇，他还是在基督里蒙保守，蒙呼召。正如福音书里说到的那个少年人，鬼屡次把他扔进火里、水里，要灭他，却是不能（可9:22）；他们必定要"得救，而且蒙召"。有人在悔改归正之前曾经多少次蒙拯救脱离死亡！有的掉河里，有的掉井里，有的掉海里，有的落入人的手中；是的，他们受到的这些指控、审判都是正当的，正如十字架上的那个强盗，可是，在他们认罪悔改之前他们必定不会死。他们在基督里得蒙保守，并蒙上帝呼召。

蒙呼召的基督徒啊，有多少次你的罪使你缠绵病榻，而且你自己和别人都以为你要挨近坟墓口了？可是，上帝却为你的缘故发话了：让他活下去吧，因为他还没有悔改。看哪，选民在蒙召之前要先得救。"上帝既有丰富的怜悯，因他爱我们的大爱，当我们死在过犯中的时候，便叫我们与基督一同活过来。"（弗2:4、5）正是这样一位上帝在基督里保守了我们，并用圣召召我们。

我们之所以能蒙"拯救"，源于以下六方面的原因。1. 上帝既然拣选了我们，为使我们能以得救，他便不可能挫败自己的目的（帖前5:9）。2. 上帝既把我们赐给基督，他的恩赐和他的选召是没有懊悔的（罗11:29；约6:37）。3. 基督是用他的宝血买赎了我们（罗5:8、9）。4. 上帝所拣选的人在悔改之前就已经算是在基督里了（弗1:3、4）。5. 他们在悔改归信之前就已经命定得永生了，而且还要蒙召，称义，得荣耀，所以这一切必定要临到他们（罗8:29、30）。6. 除了上面这些以外，在创世以先，上帝已经量给他们当得的恩典；故此，他们将要享受所有这一切特殊的恩惠：他们要得救、蒙召，并在基督里得蒙保守。

第三，得救意味着被领到耶稣基督跟前，并要蒙帮助得以凭信心抓住耶稣基督。这就叫得救是本乎恩、因着信。"你们得救是本乎恩，也因

着信；这并不是出于自己，乃是上帝所赐的。"（弗2：8）

1. 他们必须被带到，甚至是被拽到基督跟前；因为基督说："若不是差我来的父吸引人，就没有能到我这里来的。"（约6：44）作为人，甚至包括选民，都有太多的软弱，若没有从天上来的帮助，是无法到基督跟前的；光邀请没有用。"先知越发招呼他们，他们越发走开"，因此，他"用慈绳爱索牵引他们"（何11：2、4）。

2. 正如他们到基督面前需要被领着去，他们凭信心抓住基督这件事也同样需要帮助；正如到基督跟前不是我们力所能及的，信心也不是凭自己的力量。因此，经上说，我们得以"与他一同复活，都因信……上帝的功用"（西2：12）；又说，我们相信，是"照他在基督身上所运行的大能大力，使他从死里复活"（弗1：19、20）；我们因信得救，是因为我们是凭着信心抓住基督，全心倚靠基督，披戴基督作为我们的生命；基督做我们的生命，是因为上帝既然使基督成为救主，就将一份能传递给罪人的生命赐给他，而这份能传递给罪人的生命正是凭借着他的血、他的肉；任何人靠着信心吃他的肉喝他的血就必得享永生，因为基督的肉和血有充足的功效，能得蒙上帝的喜悦。是的，自从基督的肉和血借着永恒的圣灵被献为祭、馨香之气蒙上帝悦纳的那一天开始，这肉与血的功效就一直如此：从那一天开始，上帝就已经将基督的义归于那相信的人，个体的罪人借着这样的义，得称为义，得以从他本该受的公义的审判之下被拯救出来（约5：26，6：53—58；弗4：32，5：2；罗4：23—25）。

"得救是因着信。"虽然救恩是始于上帝的旨意，并透过基督的义达到我们身上，但在我们蒙拯救这件事情上信心却是不能免的。并不是信心有什么功劳，而是因为上帝把信心赐给那些他要拯救的人，使他们借着信能够全心归向并披戴基督，并靠着他的义必然得救。因此，正是这种信将必蒙拯救的人与必然灭亡的人区分开来。这就是为什么经上说："不信的，必被定罪"，又说，信的人要被称为"儿女，后嗣，和有信心的亚伯拉罕一同得福"，并且那因信耶稣基督而来的应许要赐给一切相信的人（参加 3:6—9、26；罗 4:13、14）。

在此，但愿基督徒谨慎区别使他们得以称义的功劳性的和工具性的因由。基督以他所做的工和所受的患难，成就了我们称义的功劳性的因由；正因此，经上说上帝使他成为我们的"智慧、公义"，也称我们"靠着他的血称义，（又）藉着他免去上帝的忿怒"，因为正是他的生命和血成为我们赎罪的代价（林前 1:30，罗 5:9、10）。"你们得赎，"彼得说，"不是凭着能坏的金银等物"，也就是不靠金钱从律法之下得赎，"乃是凭着基督的宝血"（彼前 1:18—19）。正因此，如我前面所说，你们要让耶稣基督成为你们信心的目标，以此称义，因为只有借着他的义，你们的罪才必定得以在律法的公义面前被涂抹。"当信主耶稣，你……必得救。""他要将自己的百姓从罪恶里救出来。"（徒 16:31；太 1:21）

第四，得救就是得蒙保守在信心里，一直到最后。"惟有忍耐到底的必然得救。"（太 24:13）忍耐并不是基督教里一个偶然的品质，也不是靠人类的勤勉能成就得了的事；蒙拯救的人是"因信蒙上帝能力保守的人，（所以才）必能得着……救恩"（彼前 1:3—6）。

但是，忍耐到底又绝对是完整的灵魂救恩必不可少的要素，因为一个人若达不到得救之人所拥有的得救状态，他就不可能最终得蒙拯救，就像一个人怀着要到西班牙的目的去出海，却半途淹死了，他就到不了西班牙。所以说，忍耐到底是灵魂得救绝不可少的因素，也包含在我们完整的救恩中——"惟有以色列必蒙耶和华的拯救，得永远的救恩。你们必不蒙羞，也不抱愧，直到永世无尽。"（赛 45:17）在此，忍耐到底被当作是完整的灵魂救恩绝不可少的要素。

不过，我也说了，救恩的这个部分依靠的不是人的力量，而是依靠那位在我们心里动了善工的（参腓 1:6）。这方面的救恩是如此重大，只有呼求上帝的力量来作我们的帮助，才能成就得了。凡是能考虑到下面这几方面问题的就不难承认情况确是如此。

1. 从魔鬼与地狱本身发出的一切权柄与政权、恶毒与愤恨都在反对我们。任何人只要明了这一点都能推断出，得救绝不是一件小事。魔鬼也被称为神、王、狮子、吼叫的狮子；经上还说它是掌死权的，等等。一个可怜的受造之人，住在血肉之躯中，他能奈何得了一个神、一个王、一头吼叫的狮子以及死亡的权势本身什么呢？我们的忍耐到底因而只能仰赖于上帝的能力；"阴间的权柄（'权柄'原文作'门'）不能胜过他"（太 16:18）。

2. 整个世界也在反对这个要得救的人。一个可怜的受造之人对整个世界来说算得了什么呢？尤其是当你考虑到除了世界，还有世上的恐怖、忧惧、权势、威严、法律、监牢、绞架、绞刑、火刑、淹死、饿死、流放，以及成百上千种死法的时候（参约一 5:4、5；约 16:33）。

3. 除此之外，住在我们里面的各种败坏的性情也在反对我们，这些性情不只在本质和表现上是败坏的，它们也是一种败坏的情欲，与我们相敌、相争，要"把我们掳去，附从那罪与死的律"（参加 5:17；彼前 2:11；罗 7:23）。

4. 世上一切迷惑人的事物也在敌对那必蒙拯救的人，这些事物中有许多被编织得十分精巧，操纵得十分可信，用圣经与理性装点得十分精致。上帝的选民若能不为之所吞灭，那实在是万幸；那些不是选民的，因为没有上帝的介入，没有上帝的能力保守他们不失脚，或者失脚之后没有上帝的恩典宽恕他们，将他们再扶起来，这样的人则必定被迷惑人的事物所吞灭（太 24:24；弗 4:14；罗 3:12）。

5. 得救者的每一次跌倒都是对他灵魂救恩的一次抵抗；然而，曾经跌倒的基督徒能够起来，只能是借助于全能者的力量——"以色列啊……你是因自己的罪孽跌倒了"（何 14:1）。"但是你的帮助在于我。"① （何

---

① 据原文直译。——译者注

13：9；诗37：23）。

基督徒啊，倘若你清醒的话，所有下面这些事都要让你惊奇：当你看到一个人，遭到来自地狱各方面势力的攻击，可是，他却得胜地出来了！难道你不惊奇吗？当你看到一个可怜的受造者，就自身而言比蠹虫还软弱，可是却站立得住，与一切鬼魔、整个世界，以及自身各样情欲与败坏争战，且胜过这一切，这难道不令你惊奇吗？还有，他若跌倒了，正遭受魔鬼与罪恶的攻击，可就在这时，他却站起来了，再次站稳脚跟，再次与上帝同行；而且所有这些经历过后，他仍然恒忍持守在福音的信心与圣洁里。看到这一切，难道你不感到惊奇吗？凡认识自己的人会觉得惊奇；凡认识试探的人会觉得惊奇；凡认识什么叫跌倒和犯罪的人也会觉得惊奇；实在说来，恒忍持守乃是一件奇妙的事，是由上帝的能力所掌管的，因为唯有他"能保守你们不失脚，叫你们无瑕无疵、欢欢喜喜站在他荣耀之前"（犹24）。那些出埃及，进迦南地的以色列的子民们，他们是怎么来到迦南地的？圣经说，"如鹰……两翅搧展……，这样，耶和华独自引导他。"（申32：11、12）又说，"他……在古时的日子常保抱他们、怀揣他们。"（赛63：9）大卫也告诉我们，他一生一世必有恩惠慈爱随着他，他且要住在耶和华的殿中，直到永远（诗23：6）。

第五，得救所要求的还不只这些。那得救的人，当这个世界不再挽留他时，他必会拥有一张通往天堂的安全通行证，因为天堂是信主得救的人必定要去的地方，好充分享受他们全备的救恩。这个天堂被称为"信心的果效"，因为那是信心注目的地方，正如彼得所说，"得着你们信心的果效，就是灵魂的救恩"（彼前1：9）。经上又说，"我们却不是退后入沉沦的那等人，乃是有信心以致灵魂得救的人"（来10：39）。因为，正如我前面所说，天堂是得救之人享受救恩的所在，在那里有今世无法获得的满足的喜乐。在这里，我们的得救是借着信心和荣耀的盼望；但到了那里，我们得救之人将要享受的就是我们信心与盼望的果效——我们灵魂的救恩。那里有"锡安山……天上的耶路撒冷……天上诸长子之会所共聚的总会";有"千万的天使……和被成全之义人的灵魂";有"审判众人的上帝……并新约的中保耶稣"(来 12:22 — 24)。在那里,我们的灵魂将尽情享受天堂的滋味,且这享受永不间断。因此,到达那里以后,我们必将实实在在地得救!但如今,我们作为可怜的受造者被带到这世上来,拥有此时的生命。但是,我们该如何往那里去呢?有高处的、低处的东西在拦阻着我们(罗 8:38、39)。

假设有位可怜的基督徒,此刻正躺在病床上,被上千种恐惧所攻击,到末了,更有上万种恐惧来袭。病床上的恐惧!这些恐惧有时候非常可怕,它们产生于对自己所犯下的罪的回顾——这罪也许还是在承认主名的这四十年间犯的。它们产生于从魔鬼而来的可怖可怕的暗示,比如,死亡、坟墓的景象,甚或还有来自地狱的情景;它们产生于上帝和基督的隐退和沉默,或者还产生于魔鬼自己的显身。正是这一类的恐惧让大卫大声呼喊,"求你宽容我,使我在去而不返之先可以力量复原"(诗 39:13)。"死亡的绳索缠绕我,"他说道,"阴间的痛苦抓住我,我遭遇患难愁苦。"(诗 116:3)这些遭遇,大卫在另一处称之为敬虔之人死时的"疼痛",和其他恶人并不会意识到的"遭灾"(诗 73:4、5)。"他们不像别人受苦,也不像别人遭灾。"(诗 73:5)但如今,主要救他的子民脱离这一切苦难。没有一桩罪,没有任何恐惧、任何鬼魔能成功地拦阻你;没有阴间、没有地狱会让你失了盼望。这一切如何是必然的呢?哦,你必须拥有一张通往天堂的安全通行证。①什么样的通行证?天使要做你的通行证:"天使岂不都是服役的灵、奉差遣为那将要承受救恩的人效力吗?"(来 1:14)

这些天使必不会让得救之人失望;由于他们是上帝所差派的,他们

---

① 安全通行证(safe-conduct)是一个军事用语,指在敌人的地盘上保护你的护航者、护卫者,也可以指由主权国家发放的护照,使公民能够在该国安全旅行。(《帝国词典》)——编者注

必须从天上下来，为得救之人尽其职责。我再说，他们必须下来，照顾、看护我们的灵魂，将灵魂安全地引领进亚伯拉罕的怀抱。不管我们在这世上是否卑微，信心是否软弱，都拦阻不了这件事；不管我们患的疾病多么令人憎厌，也不会使那些优雅的服役的灵在所要承担的这份责任面前畏缩。乞丐拉撒路看到了这个真理；那富裕的财主对这个乞丐是如此憎嫌，根本不容他进他的家门。这乞丐浑身长疮，腐烂，恶臭难闻。可是，看哪！他死的时候，天使从天上下来，把他带到天上去："后来那讨饭的死了，被天使带去放在亚伯拉罕的怀里。"① (路 16:22) 的确，病床上的试探经常是最为残暴的，因为那时，魔鬼要跟我们做最后的角斗，它的攻击要比以往任何时候都更猛烈；不仅如此，上帝此时或许也容许它这么做，为使那进入天堂的路更加甜美，那救恩的钟声敲得更加响亮！哦，有上帝做我们的上帝，我们的向导，一直到死的那一刻；尔后，又有他的天使一路引领我们平安进入荣耀，这是何等蒙福的事！这是实实在在的救恩。他必将拯救以色列"脱离他一切的愁苦"；脱离病床的愁苦，脱离其他一切的愁苦 (诗 25:22，34:6，48:14)。

第六，要蒙拯救，蒙完全的拯救，它所要求的比上面所说的这一切还要更多。当属上帝的人还只是灵魂在天国时，他还不算是完全蒙拯救。不错，他们的灵已得以成全，已经拥有尽其现今的度量所能拥有的那部分天堂。可是，由肉体和灵魂构成的人，只要有一部分不在天堂，就不能说他完全蒙了拯救；他的身体连同灵魂都是基督重价买来的；他的身体是上帝的殿，又是基督身体、血肉和骨中的一个肢体；所以，他要一直到死人复活的时候才能算完全得救 (林前 6:13 —19，弗 5:30)。因此，当基督第二次降临的时候，他就要将肉体从所有那些目前使人不能得着天堂的事物中拯救出来。"我们却是天上的国民，并且等候救主，

---

① 何等奇异的大爱！基督来探望这位可怜的乞丐，并且成形在他里面，成了他有荣耀的盼望。他的肉体在人看来是如此痛苦可怜，却成了圣灵的居所，又有天使将他的灵魂带往天堂。哦，这丰丰富富的恩典！——编者注

就是主耶稣基督从天上降临。他要……将我们这卑贱的身体改变形状，和他自己荣耀的身体相似。"（腓3:20、21）哦！上帝将多少的美善放进这个小小的词："得救"！上帝放进"得救"这个词里的一切美善，我们只有等到主耶稣再来，叫死人复活的时候，才能真正看清。"将来如何，还未显明。"（约一3:2）可是，若不等到"将来如何"显明的时候，我们就不能看透"得救"这个词。确实，关于将来如何，我们已经有了确据，我们有上帝的灵，那是"我们得基业的凭据（原文作'质'），直等到上帝之民（'民'原文作'产业'）被赎"（弗1:14）。"产业"就是我们的身体——它被称为"被买下来的产业"（a purchased possession），因为它是血价买来的；这被买下来的产业得蒙救赎，就是将它从阴间提升出来，这种提升就叫做身体的得赎（罗8:23）。当这卑贱的身体变得和他荣耀的身体相似，当这身体和灵魂一同拥有天堂的时候，那时，我们就是彻彻底底地得救了。

这个身体必须从三种事物中被拯救出来。1. 身体里面还居住着罪的污秽和卑贱；我们在它的重压之下，整日呻吟不止（林后5:1—3）。2. 我们是必死的，这一点使我们屈从于年龄、疾患、疼痛、病苦与死亡。3. 还有阴间与死亡本身的存在，因为死亡是"尽末了所毁灭的仇敌"（林前15:26）。"[所以，当]这必朽坏的既变成不朽坏的，这必死的既变成不死的，那时经上所记'死被得胜吞灭'的话就应验了。"（林前15:54）到那时，到这一切都应验之时，我们就必全然得救；那时，救恩的方方面面都将在荣耀里相会，我们必将在方方面面都蒙拯救——按着上帝的定旨蒙拯救，按着基督的作为蒙拯救，借着信蒙拯救，在恒久忍耐中蒙拯救，在灵魂中蒙拯救；总之，到了天上，肉体和灵魂必将一同得着完全的、永远的、荣耀的拯救。

［我们的身体与灵魂在天堂中的光景］

在为第一个问题的答复做总结之前，我要先略微谈谈在我们享受到上述这蒙福的得救光景之后，我们的身体与灵魂在天堂中将会是什么样的状态。

第一，关于（灵）魂。到那时，它的各个官能都将尽其一切度量地充满至福与荣耀。

1. 悟性在知识方面将达到完全。"现在所知道的有限"（林前 13：9）；我们知道上帝、基督、天堂和荣耀，但都知道得有限；可是，"等那完全的来到，这有限的必归于无有了"（林前 13：10）。那时，我们对上帝就将拥有完全、永远的看见，对他的圣子耶稣基督也将如此看见；在这世上的时候，我们心里有时也会如此这般充满对基督美善的思念，并由此产生"说不出来、满有荣光的大喜乐"（彼前 1：8）。2. 到那时，我们的意志和情感要一直不断地燃烧着对上帝和他儿子耶稣基督爱的热火；我们的爱在这世界上总是起起落落，但到了那里，这爱将始终如一地纯全而毫无瑕疵，这纯全之爱在现世是不可能享受到的。3. 到那时，我们的良心将拥有如此的平安和喜乐，无论人类或天使都无法用他们的口舌与笔墨来表达。4. 到那时，我们的记忆力将大大扩充，容得下我们在这世上曾遭遇过的一切事情，以至于我们能以说不出来的灵敏回忆起上帝所有属天的旨意，撒但所有的恶毒，我们身上所有的软弱，从人而来的所有愤恨，以及上帝如何让这一切互相效力，成就他的荣耀和我们的益处，让我们的心沉浸在永永远远的欢欣喜悦中。

第二，我们的身体。这身体将复活，成为大有能力、不朽坏、满有荣耀灵性的身体（林前 15：44）。这身体的荣耀要从以下几方面彰显出来。1. 它好比"天上的光"，又如闪耀的星，"直到永永远远"（但 12：3；林前 15：41、42）。2. 它好比明光照耀的太阳——"那时，义人在他们父的国里，要发出光来，像太阳一样。有耳可听的，就应当听。"（太 13：43）3. 他们的光景因而与天使一样荣耀："惟有算为配得那世界，与从死里复活的人，也不娶也不嫁，因为他们不能再死，和天使一样。"（路 20：35、36）

4. 经上还说道，到那时，我们这卑贱的身体要和耶稣基督荣耀的身体相似（腓 3:20、21；约一 3:2、3）。5. 当身体和灵魂如此结合之后，谁能想象得出二者拥有何等的荣耀呢！它们不再有任何不和谐，而是一同唱着感恩的歌，头上戴着永远喜乐的冠冕，同心合力地侍奉主。①

在这个世界上，身体和灵魂不可能像在天上那样，达到如此的和谐与合一。在这里，身体有时会得罪灵魂，而灵魂又会因恐惧担忧于上帝的愤怒与审判，而让身体焦躁不安，无所适从。只要活在这世间，身体就是时常这么悬吊着，而灵魂又以相反的方式那么悬吊着。可是到了那里，在天堂，二者就完完全全合而为一，再也没有任何抵触了；到那时，身体的荣耀将与灵魂的荣耀如此相配，二者又将与天堂的光景配合得天衣无缝，这一切都远超过言语所能表达，远超过我们的所思所想。

第三，现在我来谈谈这个得救的身体和灵魂居住的地方。

1. 它是一座城（来 11:16；弗 2:19、22）。2. 它名叫天堂（来 10:34）。3. 它又称为上帝的家（约 14:1—3）。4. 它又称为一个国（路 12:32）。5. 它又称为荣耀（西 3:4；来 2:10）。6. 它又称为乐园（启 2:7）。7. 它又称为永存的帐幕（路 16:9）。

第四，我再来谈谈他们的同伴。

1. 他们要在审判众人的荣耀的上帝面前站立，生活（来 12:23）。2. 他们要与羔羊，也就是主耶稣同在一起。3. 他们要与数不胜数的圣天使大军同在一起（来 12:22）。4. 他们要在天国与亚伯拉罕、以撒、雅各以及众先知们同在一起（路 13:28）。

第五，我再来谈谈他们属天的衣裳。

1. 它就是救恩；他们都必穿上救恩的衣裳（诗 132:16，149:4；赛

---

① 什么样的心能想象出天上那荣耀的敬拜？当"千千万万"的声音一同高唱："曾被杀的羔羊是配得权柄、丰富、智慧、能力、尊贵、荣耀、颂赞的"（启 5:11、12），这新歌必如众水的声音，又如巨大的雷声。哦，但愿我微小的声音也能加入那天上的合唱！——编者注

61∶10）。2. 这衣裳称为白衣，意味着他们在天堂洁净、纯真的状态。"他们，"基督说，"要穿白衣与我同行，因为他们是配得过的。"（启3∶4，19∶8；赛57∶2）3. 这衣裳也称为荣耀——"他显现的时候，你们也要与他一同显现在荣耀里"（西3∶4）。4. 他们还要戴上公义和永远喜乐、荣耀的冠冕（赛35∶10；提后4∶8；彼前5∶4）。

第六，我再来谈谈他们在这种光景中的持续性。

1. 这种光景是一直持续到永永远远的。他们"也要见他的面。他的名字必写在他们的额上。……他们要作王，直到永永远远。"（启22∶4—5）2. 这种光景是永恒的。"因为我父的意思是叫一切见子而信的人得永生。"（约6∶40、47）3. 这种光景就是永远的生命。"我的羊听我的声音，我也认识他们，他们也跟着我。我又赐给他们永生。"（约10∶27—28）4. 这种光景直到永世无尽。"惟有以色列必蒙耶和华的拯救，得永远的救恩。你们必不蒙羞，也不抱愧，直到永世无尽。"（赛45∶17；弗3∶20—21）

哦，罪人哪！你还有什么可说的呢？对于得救，你感觉如何呢？难道你不馋得淌口水吗？你的心难道不呢喃着寻求得救吗？哦，快来吧！"圣灵和新妇都说：'来！'听见的人也该说：'来！'口渴的人也当来；愿意的，都可以白白取生命的水喝。"（启22∶17）

问题二：何谓得救是本乎恩？

现在我们来看第二个问题——也就是，何谓得救是本乎恩？因为经上就是这么说的："你们得救是本乎恩。"可是，第一，我必须略微先谈谈这个词：恩（典），让你们知道对这个词的领受有何等多样。有时候，这个词被理解为人的善意与恩惠（帖2∶17；得2∶2；撒上1∶18；撒下16∶4），有时被理解为一种遵照上帝话语而过的生活所带给人的颈项上的美饰（箴1∶9，3∶22），有时又被理解为圣徒的慈惠善事，正如《哥林多后书》9∶6—8所说。

　　但是，在当前这个话题中的"恩典"应该被理解为上帝的美意，那"住荆棘中上主的喜悦（或：美意）"（申 33:16），对于它的表达有多种多样。有时候它被称为"他的美意"（腓 2:13），有时候叫"［他］意旨所喜悦的"（弗 1:5），与"他丰富的恩典"（弗 1:7）全然合一。有时候，它又被表述为恩慈、怜恤、仁爱、慈怜、良善，等等（罗 2:4；赛 63:9；多 3:4、5）。是的，他正是如此称呼自己："耶和华，耶和华，是有怜悯、有恩典的上帝，不轻易发怒，并有丰盛的慈爱和诚实。为千万人存留慈爱，赦免罪孽、过犯和罪恶，万不以有罪的为无罪。"（出 34:6、7）

　　第二，由于"恩（典）"表明这么多的含义，它对我们也意味着所有这一切都是上帝随己意的自由的行为，是他白白的爱，白白的怜悯，白白的恩慈。因此，我们在圣经中还看到其他有关恩典性质的提示，比方：1. 它是上帝意愿中的行为，它必定是自由的；这行为出于上帝自己的意志，出于他旨意所喜悦的。所有这些表达都意味着，恩典是一桩出于上帝自由意志的善待人类（sons of men）的行为。2. 正因此，圣经明确说道——"蒙上帝的恩典……就白白地称义。"（罗 3:24）3. "因为他们无力偿还，债主就开恩免了他们两个人的债。"（路 7:42）4. 又说，"主耶和华说：你们要知道，我这样行不是为你们。"（结 36:32；申 9:5）5. 因此，"恩典"和受造界的功德完全是对立的两面——"既是出于恩典，就不在乎行为；不然，恩典就不是恩典了。"倘若是出于行为，就不在乎恩典；不然，行为就不是行为了（罗 11:6）。

　　上述对"恩典"一词的理解，已经最清楚地显明了人在上帝面前蒙福的真正缘由——它并不仅仅因为仁爱、怜悯、良善、同情、恩慈等等在我们的福乐中本来就有的应有位置。假若上帝没有爱我们，恩典就不会在拯救我们的事上无条件地动工；假若上帝没有怜悯、良善、同情、恩慈，他就会在看到我们滚在血中时转身离我们而去（结 16:6）。

　　所以，当他说："你们得救是本乎恩"，这完全就等于说，你们得救是本乎上帝的美意，上帝无条件的怜悯和仁爱恩慈。与这节经文相关的前面的经文也进一步表明了这一点，保罗说："然而上帝既有丰富的怜悯，因他爱我们的大爱，当我们死在过犯中的时候，便叫我们与基督一同活过来（你们得救是本乎恩）。"（弗2:4—5）

第三，根据上述对"恩典"的理解，我们可以得出下面这几个结论：

1. 上帝在拯救罪人时，并不考虑罪人是否良善，因此经上才说，他是被"开恩免了债"（参路7:42），是白白地称义（罗3:24）。

2. 上帝要拯救谁，何时拯救，这是凭他的心意，因为拯救罪人是一件上帝随他自己美好的喜悦发出的行为（加1:15、16）。

3. 由于这个缘故，罪大恶极的罪人也能蒙拯救，因为上帝是"照他丰富的恩典"赦免人（弗1:7）。

4. 由于这个缘故，有些罪人在领会自己如何蒙拯救时，心中充满了惊讶与不解；上帝的恩典是无法测透的；上帝正是常常靠着无法测透的恩典让我们的理性困惑和惊异（结16:62、63；徒9:6）。

5. 由于这个缘故，罪人即便经常后退，也能再蒙恢复，跌倒得伤痕累累了，还能蒙医治，能重新得到帮助，回到上帝的恩怜中，欢喜快乐。哦！他要恩待谁就恩待谁，要怜悯谁就怜悯谁（罗9:15）。

第四，现在我要来做个总结了。我们上面所讲论的是上帝的恩典，以及我们如何靠着这恩典得救，也就是，我们得救是本乎上帝的恩。

圣经中，上帝是从以下两方面将自己昭示给我们。1. 他从永恒的权能和神性这方面昭示他自己。既是如此昭示，我们就要从权能、正义、良善、圣洁、永恒等等这些特质中来领会上帝。2. 但另一方面，我们看到，真理的道又将他显示为由父、子、圣灵构成的三位一体的神；这第二方面的昭示包含了上帝的神性这一本质，但之前的第一方面并未将神性中的位格表明出来。我们的得救是本乎上帝的恩——也就是，本乎父的恩，父是上帝；本乎子的恩，子是上帝；本乎圣灵的恩，圣灵也是上帝。

既然说我们"得救是本乎恩",而这恩就是上帝的恩;既然我们也在上帝的话语中看到,在神性中有圣父、圣子和圣灵,我们就可下结论说,我们的得救是本乎圣父、圣子、圣灵的恩,因而,恩典也就要分别归功于圣父、圣子、圣灵。

1. 恩典要归功于圣父,有以下经文为证:《罗马书》7:25;《哥林多前书》1:3;《哥林多后书》1:2;《加拉太书》1:3;《以弗所书》1:2;《腓立比书》1:2;《歌罗西书》1:2;《帖撒罗尼迦前书》1:1;《帖撒罗尼迦后书》1:2;《提摩太前书》1:2;《提摩太后书》1:2;《提多书》1:4;《腓利门书》3。

2. 恩典也要归功于圣子。我已经在之前的说明中提到过所有那些圣经经文,以下还有这些经文:《哥林多后书》8:9,13:14;《加拉太书》6:18;《腓立比书》4:23;《帖撒罗尼迦前书》5:28;《帖撒罗尼迦后书》3:18;《腓利门书》25;《启示录》22:21。

3. 恩典也要归功于圣灵。他在这里被称为施恩的灵,因为他是以父和子的身份成为恩典的创造者。有以下经文为证:《撒迦利亚书》12:10;《希伯来书》10:29。

所以,下面还剩下这几项要向你们说明:第一,我们的得救是如何本乎圣父的恩;第二,我们的得救是如何本乎圣子的恩;第三,我们的得救是如何本乎圣灵的恩。

第一,我们的得救是如何本乎圣父的恩。下面我要向你们展开这一点:

1. 圣父借着他的恩典,将那必将上天堂的人都绑定在一个永恒的拣选的律令中;事实上,如先前所表明的,这也正是我们救恩的开端(提后1:9)。拣选被看作圣父的作为,而不是圣子的作为——"愿颂赞归与我们主耶稣基督的父上帝,他在基督里曾赐给我们天上各样属灵的福气。就如上帝从创立世界以前，在基督里拣选了我们。"（弗1:3、4）这种拣选被算作是恩典的作为——"如今也是这样，照着拣选的恩典，还有所留的余数。"（罗11:5）

2. 圣父借着他的恩典，命定并授权予圣子承担起救赎我们的责任。父差遣子做世人的救主——"我们藉这爱子的血得蒙救赎，过犯得以赦免，乃是照他丰富的恩典。……要将他极丰富的恩典，就是他在基督耶稣里向我们所施的恩慈，显明给后来的世代看。"（弗1:7，2:7；约一4:14；约3:16，6:32、33，12:49）

3. 圣父借着他的恩典，将我们交与基督，好让我们靠着他的义得称为义，靠他的血被洗净，靠他的生命蒙拯救。这些基督都提到了，还告诉我们，是父的旨意要他的子民平安抵达最后的日子，他也要在他们一生的路上保守他们，他们绝不至灭亡（约6:37—39，17:2、12）。

4. 圣父借着他的恩典，将天国赐给他交与耶稣基督的那些人——"你们这小群，不要惧怕，因为你们的父乐意把国赐给你们"（路12:32）。

5. 圣父借着他的恩典，为他所拣选的人在基督里预备和储存了各样充充足足的属灵福气，好在他们需要的时候交给他们，保守他们的信心，让他们一生一世都能恒久信靠；"不是按我们的行为，乃是按他的旨意和恩典。这恩典是万古之先在基督耶稣里赐给我们的"（提后1:9；弗1:3、4）。

6. 圣父借着他的恩典救我们，赐给我们满有福气和果效的呼召，叫我们与他的儿子耶稣基督相交（林前1:9；加1:15）。

7. 圣父借着他的恩典救我们，因着基督的缘故，一天又一天，一次又一次不断赦免我们的罪过——"我们藉这爱子的血得蒙救赎，过犯得以赦免，乃是照他丰富的恩典"（弗1:7）。

8. 圣父借着他的恩典救我们，在我们还未重生的所有日子中，对我们极尽忍耐与包容（罗3:24）。

9. 圣父借着他的恩典救我们，将我们紧紧握在他的手中，保守我们远离一切仇敌的势力。基督说："我父把羊赐给我，他比万有都大，谁也不能从我父手里把他们夺去。"（约 10:29）

10. 我该说什么呢？圣父借着他的恩典救我们，接纳我们这个人，接纳我们的服侍，升起他的面光照耀着我们，向我们彰显他的爱；最后，当我们走完这世间的客旅生涯时，又差遣他的天使将我们接到他身边去。

第二，现在我来谈谈圣子的恩典。在拯救罪人的事上，圣父怎样彰显他的恩典，圣子也是如何彰显他的恩典——"你们知道我们主耶稣基督的恩典；他本来富足，却为你们成了贫穷，叫你们因他的贫穷，可以成为富足"（林后 8:9）。

在此你也看到，我们主耶稣基督的恩被带进来，是为了与天父的恩相偕相伴，以成就我们灵魂的救恩。这就是我们主耶稣基督的恩：他曾经富足，却为我们的缘故变为贫穷，好使我们因他的贫穷，可以成为富足。

现在要来仔细探究这个恩典，探究基督这屈尊俯就的恩典；我们要来寻查耶稣基督曾是如何富足，而后来他又让自己变成何等贫穷，为了让我们通过他的贫穷，得着丰丰富富的救恩。

第一，耶稣基督有何等丰富？这个问题，我要分两点来回答。1. 概括的回答；2. 具体的回答。

1. 概括的回答：他如同圣天父一样丰富——他说："凡父所有的，都是我的。"（约 16:15）耶稣基督是万有之主，是统管万有的上帝，配得永远的称颂。照着本性，就着永恒而言，他就是上帝，但他"不以自己与上帝同等为强夺的"（腓 2:6）。然而，他也不可能自己脱去他的神性（约 10:30, 16:15；徒 10:36；腓 2:6；罗 9:4、5）。

2. 具体的回答：耶稣基督与圣父同享荣耀，同享圣父多方多面的荣耀，但他却自己主动脱去这份荣耀。

（1）他有君尊的荣耀，是一切受造之物的主宰；一切受造之物都在他的掌管之下，因为（a）他是一切受造之物的创造主（西 1:16）。（b）上帝已立他为承受万有的（来 1:2）。

（2）因此，他理当享受荣耀，理当从一切受造之物中得到敬拜、尊崇与敬畏；天使理当敬拜他，顺服他，尊他为大，服侍他；世上的君王、臣宰、审判官理当向他献上敬畏、尊荣与荣耀；太阳、月亮、星宿、云彩，以及所有的雾气，理当顺从他；大鱼、深洋、火与冰雹、雪、大山、小山、野兽、牲畜、昆虫和飞鸟，这一切也都理当服侍他，敬拜他（诗148）。

（3）诸天本身的荣耀也理当归于他。换句话说，天和地都是属他的。

（4）然而，最重要的是，与其天父交通的荣耀属于他。我的意思是指，在道成肉身之前，他与父之间拥有的那种无法言喻的交通所发出的荣耀，单单这荣耀就抵得过万千世界的价值，而这一切都永远属于他。

（5）还有一点：耶稣基督不仅拥有这无上的荣耀，他也是生命的主，这份荣耀同样属于耶稣基督："生命在他里头"，故此他称为生命的主；因为生命本来就在他里头，正如生命在父里头一样。（徒 3:15）他将生命、气息赐给万有，赐给一切事物；天使、人、走兽，这一切都是从他得生命。

（6）再者，因为他是荣耀的主，生命的王，因此他也是和平的君（赛 9:6）；正是借着他，上天下地一切事物彼此之间的和谐与良好的秩序才得以维持。

具体方面可简述如下——（a）诸天是他的，是他造的；（b）天使是他的，是他造的；（c）大地是他的，是他造的；（d）人是他的，是他造的。

第二，他使自己变为何等贫穷？如今，他为我们的缘故，放弃了天庭——"基督耶稣降世，为要拯救罪人"（提前1:15）。

1. 他成为比天使更小，经受死的痛苦（来2:9）。正如他自己所说，出母腹之时他就使自己如同虫，虚己如同默默无闻之人，遭人讥刺、嗤笑；他生在马厩，躺在马槽，以木匠为业，靠辛苦劳作来谋生（诗22:6；腓2:7；路2:7；可6:3）。当他开始传道侍奉时，他靠的是人们的周济；当别人各回各家时，耶稣上的是橄榄山。听听他自己对这一切是怎么解释的——"狐狸有洞，天空的飞鸟有窝，只是人子没有枕头的地方。"他主动舍弃世间的享乐（路8:2、3，9:58；约7:35，8:1）。

2. 再者，因他是生命的王，所以他能为我们的缘故将生命舍下；因上帝命定如此：要么他必须死，要么我们必须死："[他]舍命，作多人的赎价。"（太20:28）他舍下生命，好使我们能得着生命；他献上自己的血和肉，好拯救世人的生命；他为自己的羊舍命。

3. 再者，他是和平的君，但他自己放弃了平安。（1）他舍下世上的平安，选择成为忧患之子，饱尝苦难的滋味，由襁褓到十字架，一路遭受君王、臣宰等等的逼迫。（2）他舍下与天父之间的和平，使自己成为父神咒诅的对象，以致主耶和华责罚他，击打他，苦待他，并在最后，在临死前，耶和华掩面不看他（他当时大声喊叫，表达的正是这样的痛苦）。

问题：不过，有人可能会问，耶稣基督有什么必要去做这一切事呢？难道天父的恩典不通过他儿子的降卑就救不了我们吗？

回答：上帝有恩典，同时也有公义。人既然犯了罪，上帝就决定用公义的方式来拯救他。因此，耶稣基督绝对需要让自己进入我们实际的光景中，只是他没有罪。1. 由于罪，我们亏缺了上帝的荣耀，所以，耶稣基督要舍去他与父同享的荣耀（罗3:23；约17:5）。2. 由于罪，人类把自己关在了地上乐园之外，耶稣基督也同样要离开天上的乐园，才能拯救人类（创3:24；提前1:15；约6:38、39）。3. 由于罪，人使自己变得比虚空还轻虚，主神——耶稣基督——就使自己变得比天使还要低微，为了拯救人（赛40:17；来2:7）。 4. 由于罪，人将管理受造界的权利丧失了，耶稣基督也就将整个世界舍弃，为了拯救人（路9:58）。 5. 由于罪，人让自己受制于死亡，耶稣基督则舍去自己的生命，为要拯救人（罗6:23）。6. 由于罪，人招致上帝的咒诅；但耶稣基督用自己的身体承担那个咒诅，为了拯救人（加3:13）。7. 由于罪，人失去了与上帝之间的和平，而这个和平，耶稣基督也失去了，目的是为了人类能够得拯救。8. 人本来应该受到上帝的讥笑，基督因而也受到了人的讥笑。9. 人本来应该在地狱中受鞭打；可是，为了阻止这件事，耶稣自己在地上受鞭打。10. 人本来应该头戴耻辱与羞愧；但是，为了阻止这件事，耶稣自己头戴荆棘冠冕。11. 人本来应该被上帝愤怒的矛刺穿；然而，为了阻止这件事，耶稣自己受到上帝与人的刀刺。12. 人本来应该被上帝与天使弃绝；然而，为了阻止这件事，耶稣自己被上帝抛弃，又被人剥夺、憎恨、拒绝（赛48:22；箴1:24—26；太27:26、39、46；诗9:17，11:6，22:7；但12:2；约19:2—5、37；民24:8；撒12:10；路9:22）。

"他……成了贫穷，叫你们因他的贫穷，可以成为富足"——根据这节圣经所含的权柄，我还可以这样扩展：他主动被剥夺而失去一切富足，那是为我们的缘故；他承担各样忧患，那是为我们的缘故；基督所经受的患难中哪怕最小的一件，也是他必须要受的，因这一切都是为我们的缘故："他为我们的缘故变为贫穷，好使我们因他的贫穷，可以成为富足。"

你们看到了，那能促使基督为人类作出如此伟大服侍的依据就是：蕴藏在他心中的恩典，正如先知所说，"他以慈爱和怜悯救赎他们"（赛63:9）。哥林多书信上则说："你们知道我们主耶稣基督的恩典。"（林后8:9）两处圣经都与这节经文一致："你们得救是本乎恩。"

这就是圣子的恩典，以及这恩典是如何运作的。由此可见，圣父表达恩典的方式是一种，圣子又是另外一种。是圣子，而不是圣父为了罪人而离弃天庭；是圣子，而不是圣父为罪人流出鲜血。诚然，是圣父献出了儿子，愿赞美归于他；是圣子为我们献上生命与鲜血，愿赞美归于他。

但是，我觉得圣子的恩典到此还没有说透。可称颂的圣子啊，你的屈尊俯就彰显了你何等的恩典！是恩典把你从天上带下来，是恩典将你的荣耀剥夺尽净，是恩典把你变得贫穷，受人藐视，是恩典让你承受如此罪的重担，如此忧患的重担，如此难以言述的从上帝而来的咒诅的重担。哦，上帝之子啊！恩典藏在你所有的眼泪中，恩典来自你汩汩而出的肋旁的血水中，恩典出自你甘甜之唇道出的每一句言辞中（诗45:2；路4:22）。你的身体哪里受到鞭笞，哪里被荆棘刺破，哪里被钉子、尖矛穿透，恩典就从哪里溢出。哦，可称颂的上帝之子啊！实实在在恩典就在这里！这无法测透的丰富恩典！人心未曾想到的丰富恩典！让天使惊异的恩典，让罪人欢欣的恩典，让魔鬼震颤的恩典！把这样的上帝之子践踏在脚下的人，他们的结局还能怎样呢？

第三，现在要来谈圣灵的恩典，因为他对我们的拯救也是借着恩典。我之前对你们说过，圣灵也是上帝，正如圣父和圣子一样，因此他也是恩典的创始者。不仅如此，他也绝对必要彰显其恩典，否则没有一个属肉体之人能够得救。上帝的灵在拯救我们的事上有多方面的工作；那些到天堂的人，他们必然要瞻仰圣父和圣子的面，同样，他们也要瞻仰圣灵。圣父拣选了我们，将我们赐给基督，又将天堂以及其他一切福气赐给我们。圣子为我们成全了律法，将律法的咒诅从我们身上除去，亲身担当了我们的痛苦，使我们在上帝眼中显为义。圣父的恩典显明在天上与地上，圣子的恩典显明在地上，在十字架之上；圣灵的恩典在我们未到达天堂以先必显明在我们的灵魂和肉体之中。

问题：有人可能会问，圣灵拯救的恩典表现在哪里呢？

回答：在诸多事情上。

圣灵占有我们，叫我们属乎他，使我们成为他的殿，他的居所；所以，尽管圣父和圣子为了成就我们的救恩，两者都荣耀地彰显其恩典的作为，圣灵却是首先夺取我们的心（林前 3:16，6:19；弗 2:21、22）。正因此，当基督离世之时，他不说要差遣天父降下来，乃是差遣圣灵，并说圣灵要永远住在我们里面——"我若去，"基督说，"就差他来，他乃真理的圣灵和保惠师"（参约 14:16，16:7、13）。

圣灵来到我们中间，住在我们里面，如今为我们成就多方面的救恩，每一方面都是为了让我们能够蒙拯救，直到永远。

1. 他照明我们，将我们从黑暗中拯救出来；为此，他被称为"启示的灵"，因为他使我们的瞎眼得开，至终释放我们脱离黑暗，那黑暗原本要将我们淹没在地狱的深渊里（弗 1:17、19）。

2. 他让我们相信，我们的不信是一种罪，而这就向我们指明，我们需要相信基督；倘若不信，就必灭亡（约 16:9）。

3. 他就是上帝的那根指头 ①（路 11:20），魔鬼在这指头的能力之下只得让位于恩典；若不靠着这能力，我们都将径直被拽入地狱（路 11:20—22）。

4. 他就是那位在我们的内心成就信心者。若没有这份成就信心的工作，不管是父的恩典，还是子的恩典都无法拯救我们，因为"不信的必被定罪"（可 16:16；罗 15:13）。

5. 我们就是借着他得以重生；人若不如此重生，就不能看见，也不能承受天国（约 3:3—7）。

6. 正是他把上帝的国建立在我们心里，并借此将已被赶逐出去的魔鬼始终挡在我们心门之外；我们的心是属灵的国度，但无论何人只要首肯，都有可能让魔鬼重新侵占这个内心，并且占得比以往任何时候都更

---

① "指头"，原文为 "finger"，和合本译作 "能力"。——译者注

厉害（太 12：43—45；路 11：24、25）。

7. 正是靠着这个灵，我们得以认识基督的美丽；若没有圣灵开启我们的眼，我们永远不会渴慕他，我们必定会活在对他的漠视中，直到最终灭亡（约 16：14；林前 2：9—13；赛 53：1、2）。

8. 正是靠着这位圣灵的帮助，我们的赞美得蒙上帝的悦纳；若不然，我们便不可能蒙垂听以至得救（罗 8：26；弗 6：18；林前 14：15）。

9. 正是借着这可称颂的灵，上帝的爱浇灌在我们心里，我们的心也被引导转向上帝的爱（罗 5：5；帖后 2：13）。

10. 正是借着这可称颂的灵，我们蒙引领脱离属肉体的行为，转到生命的道途中；同时也是借着他，我们必死的身体连同我们不朽的灵魂都一同活过来，为着侍奉上帝（加 5：18、25；罗 8：11）。

11. 正是借着这美善的灵，我们得以持守住那美好的事物，就是上帝的种子，这种子起初是透过上帝的话种植在我们里面的；若没有这种子，我们必将招致最可怕的沉沦（约一 3：9；彼前 1：23；提后 1：14）。

12. 正是透过这美善的灵，我们得到帮助和亮光，抵挡一切属世的智慧与诡诈；这些属世的东西极为可诅可咒，它把自己表现得美轮美奂，好破坏在基督里的单纯（太 10：19、20；可 13：11；路 12：11、12）。

13. 正是借着这美善的灵，上帝在我们身上的恩典，如信、望、爱、祷告的灵，以及每一样恩典的工作能一直保持生命与活力（林后 4：13；罗 15：13；提后 1：7；弗 6：18；多 3：5）。

14. 正是借着这美善的灵，我们都受了印记，等候那得赎的日子（弗 1：14）。

15. 也正是借着这美善的灵，我们才能忍耐等候，直等到上帝的子民（重价买来的产业）完全得赎的日子来到（加 5：5；弗 1：14）。

所有这一切对我们的得救都是如此必要，我真不知道何者可以缺失；其中也没有任何一样可以不依靠那可称颂的灵而获得。

以上这寥寥数语就是我向你们表明的圣灵的恩典，以及他在灵魂得救的工作上如何彰显他自己。先生们哪，你们实在有必要清楚地分辨认识这几样事情——圣父的恩典、圣子的恩典、圣灵的恩典；因为不是其中一位的恩典，乃是所有这三位的恩典才能拯救那确实必蒙拯救之人。

没有圣子的恩典，仅有圣父的恩典拯救不了任何人；没有圣灵的恩典，仅有圣父和圣子也同样拯救不了任何人；因为正如圣父必然爱人，圣子必然受死，圣灵必然使人成圣，否则，没有任何灵魂必然得救。

有人认为，只要圣天父有爱，不需圣子流血，他们也能得救；这些人是受骗了，因为"若不流血，罪就不得赦免了"（来9:22）。

有人认为，只要有圣天父的爱和圣子的流血，不需要圣灵使他们成圣，他们也能得救；这些人也是自欺，因为"人若没有基督的灵，就不是属基督的"；并且，"非圣洁没有人能见主"（罗8:9；来12:14）。

还有第三种类型的人，认为圣洁的灵本身已充足完备了；若果真有这念头，他们也是受蒙蔽了，因为只有圣父的恩典、圣子的恩典、圣灵的恩典三者合一，才能必然地成就拯救他们的工作。

然而，尽管上帝的这三个位格在拯救罪人的工作上，是联合彰显其真实的恩典，但如我前面所说，每一位表达恩典的方式各不相同。圣父为我们计划了天堂，圣子把我们从罪与死亡中救赎出来，圣灵让我们能够与天堂相称；圣灵的这份工作不是通过拣选，那是圣父的工作，也不是通过受死，那是圣子的工作，而是通过彰显基督，并将基督显明在我们的灵魂中；圣灵将上帝的爱浇灌在我们心里，使我们的灵魂成圣，让我们成为他的产业，他又成为我们属天基业的凭据。

问题三:对于什么样的人而言得救是本乎恩?

现在我来谈第三个具体问题——我要来告诉你们，那些本乎恩而得救的都是什么样的人。

［谁是不得救的］

第一，自以为义的人是不能得救的，不需要医生的人是不能得救的。"康健的人用不着医生，"基督说，"我来本不是召义人，乃是召罪人。"（可2:17）他又说，他"叫饥饿的得饱美食，叫富足的空手回去"（路1:53）。不过，我说自以为义的不得救，富足的不得救，这并不意味着他们完全被排除在外；其实保罗就是这样一个人；我的意思是，除非上帝首先唤醒他们，让他们看到自己有靠恩典得救的需要，否则，他们不会得救。

第二，上帝的恩典不拯救那犯了不可赦免之罪的人。对于这种人，为他所存留的"惟有战惧等候审判和那烧灭众敌人的烈火"（来10:27）。

第三，那始终坚持顽固不悔改、不相信的罪人，最终必将灭亡（路13:3、5；罗2:2—5；可16:15、16）。

第四，有的罪人被这世界的神弄瞎了心眼，以致那本为上帝形象的基督那荣耀福音的光永远都照不进他的内心，如此失丧的人是必定灭亡的（林后4:3、4）。

第五，有的罪人将宗教作为他作恶的外袍，假冒为善，一意孤行，这等人也必定灭亡（诗125:5；赛33:14；太24:50、51）。

第六，总之，每一个在自己的罪中坚持不悔改的罪人，他必定不能承受天国——"你们岂不知不义的人不能承受上帝的国吗？不要自欺，无论是淫乱的、拜偶像的、奸淫的、作娈童的、亲男色的、偷窃的、贪婪的、醉酒的、辱骂的、勒索的，都不能承受上帝的国。""不要被人虚浮的话欺哄，因这些事，上帝的忿怒必临到那悖逆之子。"（林前6:9—10；弗5:6）

［谁是得救的］

问题：那么，什么样的罪人能得救呢？

回答：上帝的灵借着耶稣基督带到天父面前来的各种各样的人都能得救。这些，我再说，只有这些人才能得救，因为若不然，就会有罪人或不通过圣父，或不通过圣子，或不通过圣灵而得救了。

但是，在我所说过的这一切话中，没有一丁点儿意味着某个罪人，因其所犯之罪的罪性本身过于严重，而被拒绝在救恩之外。基督耶稣进入这世界，就是为了拯救罪人中的罪魁。因此，真正能使罪人灭亡的并不是他的罪太大，而是他日久沉迷于罪中，不愿脱离。不过，我总是把那得罪圣灵的人也排除在救恩之外。罪人被排除在救恩之外并非因为罪太大，这一点是显而易见的。

1. 上文列出的经文已经表明，那些本乎恩而得救的罪人都是什么样的人：他们是死在过犯罪恶中的人，是在这些罪恶中行事为人的人；他们"随从今世的风俗，顺服空中掌权者的首领，就是现今在悖逆之子心中运行的邪灵。我们从前也都在他们中间，放纵肉体的私欲，随着肉体和心中所喜好的去行，本为可怒之子，和别人一样"（弗2:2、3）。

2. 我们还发现一件显而易见的事，那就是，许多人得救，是因着上帝启示出来的旨意。上帝的话语中提到了一些罪大恶极的罪人的得救，他们的名字和他们所犯的罪都记录在圣经里，实在是对我们的勉励。比如，（1）你读到玛拿西，他拜偶像，行巫术，逼迫人；不仅如此，上帝借先知将圣言传给他，他却公然悖逆。然而，这样的人，他却得救了（代下33:2—13；王下21:16）。（2）你读到抹大拉的马利亚，有七个鬼附着在她身上；她的光景真是可怕，然而，她也得救了（路8:2；约20）。（3）你还读到那个身上附着一大群鬼的人。他的光景真是何等可怕！然而，靠着恩典，他也得救了！（可5:1—10）（4）你还读到那些杀害主耶稣的人，以及他们如何悔改得救的故事（徒2:23）。（5）你读到那些念咒赶鬼的人，他们如何与基督相遇，并蒙了恩典的拯救（徒19:13、19）。（6）你还读到那逼迫人的扫罗，以及他如何蒙上帝之恩得救的故事（徒9:15）。

异议：可是你说了，我是个会退后背道的人。

回应：是的，挪亚也如此（创 9:21、22），但他仍然在耶和华眼前蒙恩（创 6:8）。罗得也如此，但上帝还是以恩典拯救了他（创 19:35；彼后 2:7—9）。大卫也如此，但靠着恩典，他也得赦免其罪（撒下 12:7—13）。所罗门也如此，而且还大大地退后跌倒，但借着恩典，他的灵魂仍然蒙了拯救（诗 89:28—34）。彼得也如此，而且跌倒的情形还十分可怕，但靠着恩典，他也蒙了拯救（太 26:69—74；可 16:7；徒 15:7—11）。除此之外，你若想得到更多的勉励，还可读读下列经文：《耶利米书》3，33:25、26，51:5；《以西结书》36:25；《何西阿书》14:1—4；在这些经文中好好安静思想，你必会惊奇上帝所赐的恩典是何等丰富。

问题：可是，我们如何能知道什么样的罪人将得救呢？看来并非所有的人都会得救。而且，按着你所说的总结起来就是，那些犯了不可赦免之罪的人除外，蒙拯救和遭沉沦的人中，都有曾经是一样坏的人呢。

回答：不错，蒙拯救和遭沉沦的人中，都有曾经是一样坏的人。但有关何人能得救的问题，我的回答是这样的：那得蒙有效呼召的人必定得救，①那相信上帝儿子的人必定得救；那在基督里成圣并蒙保守的人必定得救；那天天背起他的十字架跟随基督的人必定得救。

与这问题相关的经文概览如下："当信主耶稣，你……必得救。"（可 16:16；徒 16:31）"你若口里认耶稣为主，心里信上帝叫他从死里复活，就必得救。"（罗 10:9）靠着基督的血称义，你就要得救（罗 5:9）。靠着他儿子的死得与上帝相和，你也必因他的生得救（罗 5:10）。"到那时候，凡求告主名的，就必得救。"（徒 2:21）

再看其他几处经文。"谦卑的人，上帝必然拯救。"（伯 22:29）

---

① "有效呼召"原文为 "effectually called"，源出《马太福音》22:14："因为被召的人多，选上的人少。"只有在人这一面回应基督呼召的才是"选上"的人，这个人所蒙的呼召因而才成为"有效的呼召"。——译者注

"困苦的百姓，你必拯救。"（诗 18:27）"他必……拯救穷乏之辈。"（诗 72:4）"他要……拯救穷苦人的性命。"（诗 72:13）"我的上帝啊，求你拯救这倚靠你的仆人。"（诗 86:2）"敬畏他的，他必成就他们的心愿，也必听他们的呼求，拯救他们。"（诗 145:19）

然而，罪人哪，倘若你确实愿意蒙拯救，请注意下面四件事情：

1. 注意不可耽延你的悔改；耽延是危险的，也是可咒诅的；其危险在于耽延会使你的心变硬；其可咒诅在于耽延会产生一种倾向，使你抗拒恩典的时辰（诗 95:7；来 3:12）。

2. 注意不要仅停留于有关天国的言辞中，而忽略了福音国度（kingdom of the gospel）的灵与权能。因为仅仅靠言辞传达的福音不能拯救任何人，那能带来救恩的上帝或福音的国度，不在乎言语，乃在乎权能（帖前1:4—6；林前4:19）。

3. 要当心，不可只活在口头的认信上，这是惹动上帝怒气的生活，这样的活法会让上帝在愤怒中将你弃绝。

4. 要留心，你的内在与外在必须一样，两者都需要与他恩典的话语相一致；要努力活出你在先知以西结的书中读到的那四活物的样式，它们脸的模样并身体的形象是一致的（结 10:22）。①

所有这些讲论中我要强调的就是，你们不可满足于心里没有上帝权能与圣灵的光景，因为没有了圣灵，你们在圣父或圣子的恩典上就全然无分，而且必将丧失灵魂的救恩。

问题四：如何表明得救之人的得救是本乎恩？

这第四个问题要求对下面这条教义的真理性做一些阐明——这教义

---

① "它们脸的模样并身体的形象"：若非特别指出来，这个美丽的说明可能会为读者所忽视。四活物的形象总是一致的，尽管观察它的角度、位置各有不同。里里外外它们都是一致的；既不偏离，也不掉转，它们俱各直往前行。有人说得好，认为班扬在这里抓住一份超过艺术所能企及的恩典，用它来呈现基督徒品性始终如一的高贵和美丽。——编者注

就是，得救之人的得救是本乎恩。之前说过的已经对这一真理有所阐明了，所以，我会首先用三言两语把前面所说的再简要概括一遍，然后针对下面这几方面进行进一步的说明：第一，这条教义的真理性在圣经上已经证明了，经上说，上帝是在人行善之前就已经拣选他们承受救恩（罗9∶11）。第二，在创立世界以先，基督就被预定要成为他们的救主（弗1∶4；彼前1∶19—21）。第三，一切协力成就我们救恩的事情都被储存在基督里，直等到照所安排的，在日期满足的时候，将它们传递给那必将得救之人（弗1∶3、4；提后1∶9；弗1∶10，3∶8—11；罗8∶30）。

〔得救是本乎恩，这一点可以从整个救恩事件是出于精心设计这个事实得以表明。〕

再一点：由于得救之人的救恩是出于上帝精心的设计，所以，就如前面所说，这份救恩必是由三而一之上帝中的一位完成的，这一位就是天父独生的儿子（约1∶29；赛48∶16）。

倘若关乎地上的罪人该如何得救的事在天上已经有了一个精心的设计，而这一设计的结果是，我们还必须要靠自己的好行为得救，那么，无论是使徒，是天使，他们都不应说："你们得救是本乎恩。"然而如今，关乎罪人终必得救的事，在永世里已经举行了议会，议会的结果是，圣父、圣子、圣灵将亲自完成这救恩的工作，这就叫做恩典，这就是自自然然的恩典，丰丰富富又白白赐与的恩典；是的，这就是超过人所思所想的恩典。我要再说一遍，这是超过人所思所想的恩典；因为，谁能料想得到，救主曾经是在天父的怀里；谁能料想得到，天父拒绝将他儿子交出去做天使的救主，却竟然将他交出去做世人的救主（来2∶16、17）？

〔恩典表现在是圣子承担起这份拯救的工作。〕

再一点：既然能想到天父会差他的儿子做救主，我们难道还没有理由认为他绝对会将整项工作完全担当在自己肩上，尤其是这工作中那最令人畏惧、惊怕、惊心动魄、奇异无比的部分？谁又曾料想得到，主耶稣竟会使自己变为如此贫贱，穿上我们令人作呕的罪的破衣烂衫，站在天父面前，将自己交与那由于我们的罪咎而必须承受的咒诅与死亡之地？然而，他正是如此行，为要用恩典来救拔我们。

"愿颂赞归与我们主耶稣基督的父上帝，他在基督里曾赐给我们天上各样属灵的福气。就如上帝从创立世界以前，在基督里拣选了我们，使我们在他面前成为圣洁，无有瑕疵。又因爱我们，就按着自己意旨所喜悦的，预定我们藉着耶稣基督得儿子的名分，使他荣耀的恩典得着称赞。这恩典是他在爱子里所赐给我们的。我们藉这爱子的血得蒙救赎，过犯得以赦免，乃是照他丰富的恩典。"（弗 1:3—7）

［恩典表现在救恩所建立于其上的各种条款、条件上。］

再一点：倘若我们考虑到施与罪人的这份救恩是建立在什么样的条款条件上，这会更进一步表明我们得救是本乎恩。

1. 与我们的成圣和救恩直接相关的事情都是白白地供给我们，赐与我们的，我们都是受命凭着信心去接受。罪人啊，举起你们接纳的衣襟吧！上帝如此地爱世人，甚至赐下他的独生子，赐下他的公义，赐下他的灵，连同他的天国（约 3:16；罗 5:17；林后 1:21、22；路 12:32）。

2. 他还赐下悔改，赐下信心，赐下永远的安慰，以及透过恩典而生的美好的盼望（徒 5:30、31；腓 1:29；帖后 2:16）。

3. 他赐下赦免，赐下多过我们罪孽的恩典，好保守我们不至于因着罪而陷入地狱（徒 5:31；箴 3:34；约 4:6；彼前 5:5）。

4. 他在恩典的约中为我们成就了这一切。我们称之为恩典的约，因为它与行为的约相对；上帝与我们订立这约是基于基督所成就的，基于他所流的宝血，基于上帝对他自己的独生子最美的应许，并且这应许借着上帝的儿子也达到我们身上。因为"上帝的应许不论有多少，在基督都是是的，所以藉着他也都是实在的（'实在'原文作'阿们'），叫上帝因我们得荣耀"(林后1:20)。

现在要越过这些，对上述问题进一步做其他方面的说明和澄清。我们来稍微思考一下以下这个问题：

什么样的人能够承受圣父、圣子、圣灵赐下的这份恩典？

1. [上帝的仇敌]人按其本性都是上帝的仇敌，他在心里与上帝为敌。"原来体贴肉体的，就是与上帝为仇，因为不服上帝的律法，也是不能服。"（罗8:7；西1:21）

2. [罪的奴仆]由于上述本性，人的光景就是如此：他不只是突然间被罪说服去得罪上帝，他的本性就是饮于罪中，如同饮水，罪与他魂中的每一官能，身上的每一肢体都融合为一。由于这样的与罪合一，他便与上帝隔绝，整个心思都与上帝为仇。哦，主啊，经上说道，"这样的人你岂睁眼看他吗？"（伯14:3）是的，主啊，这样的人你愿意敞开你的心，将他接入怜悯之怀，而不带到审判之地吗？

3. [与死亡和阴间立约之人]再者，世人由于自己的罪，不仅将自己交出去，成为被鬼魔俘虏的奴仆，而且由于持续不断地活在罪中，他便一意孤行地敌挡上帝，与死亡立约，与阴间结盟。然而，上帝要睁眼看这样的人，要用他丰富的恩典握住这样的人，这实在是件奇异的事（赛28:16—18）。

我们来看看上帝是在哪里发现了犹太人，并前来拯救他——"论到你出世的景况，"上帝说，"在你初生的日子没有为你断脐带，也没有用水洗你，使你洁净，丝毫没有撒盐在你身上，也没有用布裹你。谁的眼也不可怜你，为你做一件这样的事怜恤你，但你初生的日子扔在田野，是因你被厌恶。我从你旁边经过，见你滚在血中，就对你说：你虽在血中，仍可存活；你虽在血中，仍可存活。我使你生长好像田间所长的，你就渐渐长大，以至极其俊美，两乳成形，头发长成，你却仍然赤身露体。我从你旁边经过，看见你的时候正动爱情，便用衣襟搭在你身上，遮盖你的赤体，又向你起誓，与你结盟，你就归于我。这是主耶和华说的。"（结 16：4—8）罪人哪，再接下去看这一章，《以西结书》16 章。所有这一切都是上帝的恩典；这章经文中每一个字都散发着恩典的气息。

但在越过这点之前，我们稍微留意一下这件事，即在人的悔改归信这件事情上，上帝如何对待人，人又如何对待上帝。

首先，关乎上帝如何对待人。他在世人仍处在罪中，滚在血中的时候就来到他们中间；他此时就来到他们中间，不是带着嫉恨的热火与烈焰，乃是在"天起了凉风"的时候，怀着无以言述的温柔、慈悲、怜悯和仁爱的心肠；不是身披复仇，乃是带着恳求的姿态，柔和谦卑地请求罪人来与他和好（林后 5：19、20）。

在人与人的交往中，若有一方首先得罪了另一方，人们一般会期待得罪人的那一方首先来求和。可是，罪人哪，在上帝与人的交往中却不是这样；我们并不爱上帝，我们并没拣选上帝；相反，是"上帝在基督里叫世人与自己和好，不将他们的过犯归到他们身上"（林后 5：19）。是上帝首先来寻求和解；正如我前面所说的，他以恳求的方式吩咐他的使者们替基督来求你们，"就好像上帝藉我们劝你们一般。我们替基督求你们与上帝和好。"（林后 5：20）哦，罪人哪！你还不打开心门吗？看哪，天父和他儿子耶稣基督正双双站在你心门外，请求你的惠许，好让你能够与他们和好，并应许说，倘若你愿意遵从，他们要赦免你一切的罪。哦！恩典！令人惊异的恩典！你若看到一个王子恳求一个乞丐来接受捐济，这将是一幕令人稀奇的场景；看到一位君王恳求一个叛徒来接受宽赦，这样的场景则比前者更让人稀奇；然而，亲见上帝向一个罪人发出恳求，亲闻基督如此说道："我站在门外叩门"，等着要将注满整颗心的恩典和充满整个天堂的恩典都向那愿意打开心门的人倾倒下来，这样的情景让天使见了都要惊异得眼花目眩！罪人哪，你现在还有什么话可说呢？这位上帝难道不是丰丰富富地有恩典、有怜悯吗？这位上帝对罪人难道不是深怀大爱吗？不仅如此，为了让你不再有任何理由怀疑这一切都还仅仅是恩典的补充说明，你还听到上帝在这里宣告，他已经使基督"那无罪的，替我们成为罪，好叫我们在他里面成为上帝的义"（林后 5:21）。倘若上帝对任何事情有所犹豫的话，这会让他犹豫的事情将是他儿子的死；然而，他还是白白地将他的儿子"为我们众人舍了"；这样，他"岂不也把万物和他一同白白地赐给我们吗"（罗 8:32）？①

然而，这还不是一切。上帝不仅恳求你与他和好，为了勉励你，他还在你耳边进一步宣告这些极大、极宝贵的应许："藉这两件不更改的事，上帝决不能说谎，好叫我们这逃往避难所、持定摆在我们前头指望的人可以大得勉励。"（来 6:18、19；参赛 1:18，55:6、7；耶 51:5）

其次，关乎人如何对待上帝。现在我们来看这些罪人是如何对待上帝的。我们要从上帝开始对付罪人灵魂的第一天谈起，直到他们被接升天的日子为止。

第一，从上帝对待罪人的一般方式开始。起初，上帝透过他的话语让他相信自己是有罪的；这时，罪人会表现出一些多么奇怪的行为！他们不愿意自己的良心被触摸，他们不乐意细想自己一贯以来的光景、此刻的光景，或者以后将可能遭遇的光景。他们认为这样的思想缺乏男子汉气概，是有害的、不利的；因此，"他们却不肯听从，扭转肩头，塞耳不听"（亚 7:11）。他们此时除了上帝的话语，什么都喜欢：酒馆、妓院、游乐室、运动、玩乐、睡觉、世界，如此等等，只要能把上帝话语的权能打发掉就好。

第二，倘若上帝现在更进一步靠近他们，要在他们的良心上动工，让他们自觉有罪——尽管这种罪的感觉是走向信心和悔改的第一步，甚

---

① 这是班扬尤其感人的一段表述。在讲道中，他这段话直刺人心，让听众产生强烈共鸣，他们为着人性的顽梗忧伤痛悔，泪流满面。读者啊，班扬已死，但他仍旧说话；在这样的吁求之下，你还能无动于衷吗？——编者注

至也是迈向永生的第一步——他们却想方设法要把这样的感觉忘掉，消磨掉！是的，尽管他们已经开始看到，他们要么悔改，要么被火烧[①]，可是，即便这样的时候，他们也仍往往会处心积虑地躲开摆在眼前的悔改机会。他们会反对说，现在悔改还太年轻，还要再过七年，等他们老了，或者躺在病床上的时候再说。哦！世人是何等仇恨自己的得救啊！我相信你们中的一些人，上帝一定时常透过他的话语而临到你们，甚至两次、三次地临到你们，而每当上帝借着他真道的热火造访你们良心的时候，你们却总是以同样快的速度将凉水泼到那火焰上。[②]

基督徒啊，倘若上帝真的将你的拒绝视为你的回应，说，那么，我就把救恩的道带给另外一个人吧，他会听从的——这时候，你会怎么样呢？上帝说：罪人哪，回转吧！而罪人说：主啊，我无法警醒。上帝说：悔改吧，不然就是被火焚烧；罪人说：那我就冒个险吧。上帝说：回转吧，你就蒙拯救；罪人说：我无法离开我的享乐——罪多可爱，享乐多可爱，各种欢愉多可爱。上帝需要有多大的恩典才能与罪人做如此的交谈！哦！上帝对可怜的罪人存何等的耐心啊！倘若上帝现在说：那么，找你的罪去吧，找你的欢愉去吧，找你的享乐去吧，把这些作为你的分吧，这些就是你天堂的全部，幸福的全部，产业的全部了！果真如此，你该怎么办？

第三，上帝又来了。他来向罪人显明立刻回转归信的必要——立刻回转，不然就再别回转。是的，他让罪人产生的这份罪疚感是如此强烈，叫他无法释怀。可是看哪！罪人还是留有一星半点的敌意。倘若他现在必须回转，他要么从一种罪转向另一种罪，从大罪转向小罪，从众多的罪转向少数的罪，要么从所有的罪转向唯一的一种罪，然后就停在

"either turn or burn" 这句话来自福克斯的《殉道史》。当时的法官常用这个残忍的说法：你不回转，就必遭火刑。班扬将此转用来说明要么从罪中回转，要么遭受地狱的火。——编者注

② 这篇讲章写在《天路历程》之后没几年，所以班扬很自然地就说到阐释者房子里的那幕有名的情景：尽管水不停地泼在火焰上面，火却一直熊熊燃烧不灭，因为不断有油从墙的背后倾注过来。——编者注

那里不动了。可是，罪恶感或许并不会就此离开他。这之后，他会从亵渎转向摩西的律法，只要上帝不动工，他会就此一直耽溺于表面上看来的自我良善中。现在你观察观察他，他成为一个绝对遵守律法表现的中坚分子；他会是个好邻居，对任何人的亏欠他都一一还清，再不赌咒发誓，再不流连酒馆，再不寻欢嬉闹，再不寻求肉体享乐；他会读经、祷告、谈论经上的话，就这样热切忙碌于宗教事务；他也讨上帝喜悦，对上帝所有的亏欠他都一一补偿；他以讲章、祷告、许诺、誓言，以及如此种种的众多美味佳肴来宴请他的主，说服自己相信，他现在一定能光鲜体面地上天堂了；除此，他也满心以为自己对上帝的侍奉不比全英格兰任何一个人差。①

然而，在这整个过程中，他就如同他坐的小凳一样，对基督无知得很，他也不比那瞎眼的法利赛人离天堂更近一步；他只不过踏上了一条比他的邻舍们所走的更干净的通往地狱的路而已——"有一宗人，自以为清洁，却没有洗去自己的污秽。"（箴 30:12）

难道上帝不会把这样的罪人剪除，从他的眼前撵出去吗？难道他不会让他就这样自行其是，被自己的义欺瞒，掉在自以为义的坑里吗？因为"他……倚靠他的义而作罪孽"（结 33:13）。然而恩典，那预防人堕落的恩典保守了他。不错，这个罪人的回转，我前面说过了，是一种缺乏基督的回转。

第四，上帝在罪人的这种光景中仍然满有怜悯地跟踪着他，向他显明靠律法的行为是远远不够的，无论如何尽职也仍徒劳无功，无论怎样的义仍算为不洁不净（赛 28:20，64:6）。所以说，关乎罪人，我的看法是：他灵魂的拯救完全是出于上帝满有恩典的意图和设计，因为只在福音的光中，他才必然对一切感到厌倦，看到一切尽是虚空，看到在上帝

---

① 这段话何等犀利、何等令人钦佩地道出了人心所热衷的那些可笑之物，那些极度愚蠢之事。"用这样的美味佳肴来侍奉上帝"——其中最洁净的也都被罪污染了，不过是"一条比我们邻舍更干净的通往地狱的路"。——编者注

的命定中，是耶稣基督个人的义，也唯有他的义，才能拯救罪人脱离他的罪所当得的报应。然而，看哪，当罪人看到并感知到自己一无所是的光景时，他会陷入一种绝望；因为一直以来，他是通过一种虚幻的对自我的良好感觉而自以为得救了，对于那借着基督的义而体现的上帝的恩典，他却未在心里形成良好的感觉。因此他认定说，既然救恩单单只出于借着基督的义而显明的上帝的恩典，自我个人所有的一切都要被完全拒绝，不能让他借此在上帝面前称义，那么，他就是被弃绝的了。其实，心灵之所以变得如此低落消沉，其原因正在于上帝要使他的眼睛得开，让他看见自己最好的表现也不过污秽不堪。从前，他看到自己不道德的行为，心里难过，便开始凭一己之力做出各种好的表现，使良心得到安抚。于是乎，这些好行为就成为他的倚靠，成为他的安身之所。可如今，看哪，上帝将这一切都从他那里釜底抽薪，他就跌倒了；他的表现中最佳的一面如今也抛弃了他，如同早晨的露水速速散去，如同小鸟或糠秕，被狂风吹去，又如烟气腾于窗外（何9:11，13:3）。不仅如此，对于一己之义的虚空的揭示，也进一步让他发现了自己内心的不堪，发现心中所隐藏的虚伪、骄傲、不信、心灵的刚硬、僵死，以及对福音和新约所要求的各种顺服表现出的一种悖逆的趋势。对自我的这些看见就像大磨石一般压在他的肩头上，使他陷入更深的疑惑和对灭亡的恐惧中。这时候你若叫他接受基督，他会回答不行，不敢。若问他为何不行，他会回答他的心中既没有信心，也没有盼望。若告诉他恩典是白白供应给他的，他会回答，他还无心要接受。不仅如此，他也认为在自己的灵魂之中找不到任何表现恩典的性情，因而认定自己就不属于上帝怜悯的范围，对基督的宝血也没有兴趣。由于这些原因，这个罪人不敢再以为自己是已经相信得救了。这就是为什么我前面说过，他的心是低沉陷落的，他的意念是死气沉沉的，他怀疑、绝望，认定自己再也不可能蒙拯救了。

第五，可是看哪，恩典全备的上帝是不会容让他这样忧伤痛苦下去的，上帝来到跟前，比以往任何时候都更靠近他；上帝差遣接纳的灵，那可称颂的安慰者，到他身边，告诉他，"上帝就是爱"，因此绝不愿拒绝那心灵破碎的；上帝恳请他呼求祷告，为自己的灵魂寻得一个蒙怜悯的凭据，劝他道：这样，"在耶和华发怒的日子或许你就得以藏身"。罪人为此获得一些安慰。不过，因为他所获得的这些安慰仅限于一种可能性，下一个疑惑升起的时候，这个可能性便又被吹走了，灵魂再度陷入起初的困境中，甚至更糟。于是，他又开始哀叹自己可怜的光景，其情痛苦凄切；他惧怕灭亡，被成千上万种恐惧折磨着，因为大概连续有几个星期之久，他都听不到来自天上的一句话了。不信重新攫住了他，祷告的锋刃、祷告的灵、聆听上帝话语的意愿全都被这不信之心消磨、剥夺而去；甚至魔鬼也趁势挤身而入，塞进这样的意念说，你所有的祷告、听道、读经、时常交往的属灵的同伴，最终都要在审判台前兴起来反对你；所以，既然你终必归于沉沦，倒不如赶快在地狱中找个尽量好受点的位置吧。灵魂处在这样的光景中，十分消沉沮丧；他想照着从前的教导行事，可是一等到要祷告、听道时，心中带着死亡的意念便使灵魂感到软弱无力。可是，看哪！正当所有这些盼望似乎都烟消云散，正当灵魂决定说，我死了吧，我灭亡了吧，突然之间，上帝的灵再次进来，带来上帝美善的话语，这些话语是灵魂此前从未想过的。上帝的话令灵魂恢复平安，叫不信出离让道，鼓励他重新盼望、等候上帝，或许还让灵魂瞥见一眼基督及其在罪人身上所做的那可称颂的工作。

可是，看哪！当这些安慰的力量再次从心中消退之后，罪人重又陷入不信，重又对上帝的怜悯产生疑问，对沉沦灭亡感到恐惧，甚至内心深处对上帝和基督还生出刚硬的想法，认为之前的勉励都是奇思幻觉，或纯粹的想当然。罪人是这样亵渎上帝的怜悯和恩典，上帝怎么还不把他投入地狱呢？哦不！"我要怜悯谁，就怜悯谁；要恩待谁，就恩待谁。"（罗9:15）为此，[他]一生一世必有恩惠慈爱随着他，[他]且要住在耶和华的殿中，直到永远（诗23:6）。

第六，因此，尽管罪人的这一切行为足以惹动上帝的愤怒，上帝却仍借着他的灵再次造访罪人的灵魂，为他的良心带来那用印封严了的拯救和赦免之恩，向他的良心见证他的罪都已蒙赦免，且是靠着基督的血白白地蒙赦免。如今，罪人清楚看到了那藏在基督里的上帝的恩典，这恩典是如此充满慈爱，他心中的喜乐和安慰都要涨溢而出；如今，灵魂也认识到何谓"吃"主的应许，何谓靠着信心吃喝耶稣基督的肉和血；如今，他被上帝恩典的能力折服，屈膝敬拜，感谢他赦免他的罪，感谢他赐下盼望，使他能与那些借着信在基督里得以成圣的人同得基业；如今，他的内心有了平安，有了阳光的照耀；如今，"奶多可洗我的脚，磐石为我出油成河"（伯29:6）。

第七，可是，这一切过后，灵魂可能还会再度冷淡下来，又忘了已经承受的这份恩典，又变得属乎肉体，心里又开始痒痒地向往世界，对属天的事物失了兴趣，也失去生命的感觉，让圣灵担忧，一路可悲地下滑退后，将内室的职责全部抛弃，或仅仅留个形式而已，成了信仰的耻辱，让那些清醒的、对上帝之名内心敏锐的人都为之忧心。可是，上帝现在要怎么做呢？他要趁此机会毁灭这个罪人吗？不。他会任其背道，不闻不顾吗？不。他会让他仅凭目前身上正渐渐衰微的一点恩典的力量自行恢复吗？不。那么他会怎么办呢？他会四处寻找这个人，直到将他找到，将他再度带回家中，带到自己身边：因为"主耶和华如此说：'看哪，我必亲自寻找我的羊，将它们寻见。牧人在羊群四散的日子，怎样寻找他的羊，我必照样寻找我的羊。这些羊……散到各处，我必从那里救回它们来。……失丧的，我必寻找，被逐的，我必领回，受伤的，我必缠裹，有病的，我必医治。'"（结34:11、12、16）

他正是如此对待那个从耶路撒冷下耶利哥并落在强盗手中的人；他也是如此对待你们都读到过的那个浪子（路10:30—35，15:20）。

关于上帝通常用什么方式将退后背道之人带领回来，我现在不详细讲论——比方，上帝是否总是会因他的罪而重重击打他，如同击打大卫一样；或者，他是否会因他的罪，让他在今生的日子里时刻都处在罪恶感和黑暗的笼罩之下；又或者他是否现在就让他死去，好使他在审判的日子不会遭受咒诅沉沦，正如他对待哥林多的那些信徒一样？（林前11:30—32）上帝是智慧的，他知道该如何让他所爱的人尝到退后背道的痛苦滋味。他可以重重击打他，借此拯救他；他可以将他们放到最低的井底，躺在黑暗、深坑之中，借此拯救他们；他可以杀灭他们今生的肉体生命，借此拯救他们。奇妙的恩典也就在此再一次显明："以色列和犹大虽然境内充满违背以色列圣者的罪，却没有被他的上帝万军之耶和华丢弃。"（耶51:5）

第八，不过，也可能上述几种对待背道者的方法上帝都不用，而是再次光照他，再次向他确证他的罪已蒙赦免，并说，"我会医治他们背道的罪，我要白白地爱他们。"那么，这个灵魂将会如何行呢？他一定会从此以后谦卑行事，余生的岁月敬虔度日，永不再退后背弃真道了。果真会这样吗？可能会，也可能不会；一切都在于他的上帝对他的保守；因为尽管他的罪是他自己的，他能否站立得住却是属于上帝的事；我再说，他站着的时候之所以能站着，他若跌倒了之所以能恢复，两者都在于上帝。所以说，倘若上帝任凭他一阵子，隔段时间再发现他时，他可能又游荡在外了。"我的民，"上帝说，"偏要背道离开我"（何11:7）；大卫背道了多少次！还有，约沙法、彼得背道了多少次（撒下11章，24章；王上22章；林后19:1—3，20:1—5，太26:69—71，加2:11—13）！《耶利米书》3章还说道："但你和许多亲爱的行邪淫，还可以归向我。这是耶和华说的。"（1节）这就是恩典！不管灵魂多少次地背道退后，上帝照样多少次地把他带回来——我指的是那定规要蒙恩典拯救的灵魂——上帝更新他的赦罪之恩，一次又一次地更新。看哪，"上帝两次、

三次向人行这一切的事。"（伯 33：29）

第九，可是，我们可看到的恩典还不只这些。我现在要谈及心思游荡和日常行为不端的情形——我指的是那些哪怕最好的圣徒身上也免不了的、在他们最好的行为中也难免掺杂的常见的缺欠和软弱。关乎这些，我就不一一提及了，不是不愿提，乃是没法提，因为要一一提起这些完全是人办不到的事情。这些软弱和缺欠包括属世的意念，不洁的意念，对上帝、基督、圣灵、上帝的话语、道路、律令等所怀的低贱的思想；基督徒在这些方面屡次犯罪——我真不想说，其实一天之内就可能犯罪几百次。据我所知，有些圣徒，包括那些在世并非很长寿的圣徒，在他们进入天堂之前，都需要因这些罪而接受上帝对他们千百万次的赦免；这每一次的赦免都是一次恩典的行为，借着在基督宝血里的救赎工作来完成。①

有时候，一天之中，我们会得罪自己的弟兄七十个七次；可是，那一天之中，我们又得罪了上帝多少次呢？主啊，"谁能知道自己的错失呢？愿你赦免我隐而未现的过错［罪］"——大卫如此说。他又说，"主耶和华啊，你若究察罪孽，谁能站得住呢？但在你有赦免之恩，要叫人敬畏你"（太 18：21、22；诗 19：12，130：3、4）。

现在，仅提说其中的几样罪。有时候，罪人会质疑上帝本身的存在，或愚蠢地问上帝最初是如何开始存在的；有时候，他们又质疑上帝话语的真实性，怀疑其中是否和谐一致，因为他们盲瞎的心地、昏暗的头脑无法与上帝的话调和起来；有时，他们甚至把所有基要的真理都摆在他们的不信与无神论面前，供他们谴责。比如，是否真有一位基督，是否真有审判日这么回事，是否来世真有天堂和地狱。上帝却借着他的恩典赦免了所有这一切。当罪人相信这些质疑的时候，他们其实就是在

---

① 哦，这是何等谦卑的思想！我们的罪是数不清的，或出于疏忽犯的，或有意犯的，或公开的罪，或隐秘的罪；在成百上千种情形中，这些罪都逃脱了罪人的察觉。"愿你赦免我隐而未现的过错。"——编者注

犯罪，因为对于上面那些问题，他们并没有怀存敬畏、高贵和圣洁的思想，而这样的思想是他们本应当有的；他们犯罪还因为他们对自己、罪和世界过于看好；有时候，让我告诉你们，他们还经常对已知的罪佯装不见，对肉体的软弱并不怀着应有的哀痛；明知心中恋慕虚浮的荣华，却经常任凭这种欲念滋生而不思悔改。我指的不是那种泛泛的懊悔。然而所有这一切，上帝又是怎样透过他丰丰富富的恩典一次又一次地赦免啊！

他们犯罪，因为他们行事为人与所承受的怜悯并不相称；即使他们由衷地承认说自己与这些恩典是多么不配，却并没有为着这些恩典而感谢上帝；还有，他们在赞美上帝的事情上所花的力气又是何等地少，而上帝是那样慷慨地将恩慈倾倒在他们怀里。然而，靠着恩典，他们从这一切的罪中得着了拯救。他们的犯罪还表现在最根本的属灵职责的履行上；他们不祷告，不听道，不读经，不施舍，不赴主的筵席或其他与上帝之间的神圣约会；即便做了，也冷冷淡淡，死气沉沉，三心二意，心中怀着无知和各样误解偏见。他们在向上帝祷告时忘记了上帝，他们在赴基督的筵席时忘记了基督；他们在读上帝的话语时忘记了圣言。

他们何等经常地向上帝许下诺言，过后却违背了它！或者，即便表面上持守了诺言，他们的心又是何等厌弃去践行它。他们在十字架跟前时不住颤抖；他们是何等不愿意为了上帝失去哪怕一点点自己所拥有的，尽管他们所有的一切本都是上帝给他的，为的是荣耀他！①

所有这一切，以及成百上千倍更多的罪都居住在人的肉体里面；要脱离这些堕落败坏就等于要与整个自己脱离；是的，将肉从他们骨头上

① 在班扬的时代，上帝的圣徒们饱受患难，常被处以体罚、罚款或监禁。对一个母亲的信心要求也非常大，因为她会因不上教堂而眼睁睁看着自己所有的财产被抢夺，看着那化身为人的魔鬼将她正为亲生婴儿热着的乳汁倒入粪堆，将奶锅扔进车中拖走。她为自己婴儿恳求怜悯的祷告得到了这样的回答：他们说，要让异教徒的崽子饿死。——编者注

剔除比将这些罪的行为从他们肉体中割除还来得快。这种情形将会伴随他们履行的每一职责——我的意思是，会伴随他们这样或那样的本分工作中；是的，他们或观看，或思想，或说话的每一场合都免不了这样的情形。这些情形如影随形，尤其在他们想要行善的时候。保罗说："我愿意为善的时候，便有恶与我同在。"上帝亲自指控道："人……终日所思想的尽都是恶"，是"终日"如此（罗7:21；创6:5）。

所以说，这些事情会不断地让我们自己沾染污秽，也使我们的每一种行为表现都染上污秽——我指的是就律法的审判而言——甚至在那些归主为圣的事上都有罪掺杂。"因为从里面，就是从人心里发出恶念、苟合、偷盗、凶杀、奸淫、贪婪、邪恶、诡诈、淫荡、嫉妒、谤讟、骄傲、狂妄。这一切的恶都是从里面出来，且能污秽人。"（可7:21—23）除了恩典，还有什么能救灵魂脱离这一切呢？"你们得救是本乎恩。"

问题五：上帝为何选择本乎恩而不本乎 其他任何方式来拯救罪人？

我现在来解答第五个问题，也就是要说明，上帝拯救那些他要拯救的人为什么是本乎恩，而不本乎其他任何方式？

第一，上帝拯救我们是本乎恩，因为自从这世上有了罪以后，他就不能以别的方式拯救人。罪和过犯只能由上帝透过基督彰显的恩典来除去；罪就是对上帝律法的违犯，上帝是全然正义的。纯全无限的正义不能靠人所做的补偿来满足；倘若可以，基督耶稣就不必亲自舍命了。不仅如此，人犯罪后就因此沾染了污秽，他所有的行为便是一个被污秽了的人的行为。是的，甚至他最好的行为表现也被他的双手污染了；所以说这些行为本身也不能成为罪的补偿。此外，若说上帝是因人的沾染污秽的职分而拯救沾染污秽的人——因为"他们手下的各样工作都是如此"（该2:14）——那么，这不就等于说，上帝接受一种罪的行为去为另一种罪的行为做补偿，好满足公义的要求？然而，上帝从上古之时就已宣告，他是何等憎恶不完全的献祭。因此，除了恩典，别无他法能将我们从罪中拯救出来（罗3:24）。

第二，倘若我们声称可以在上帝的恩典之外靠别的方法得救，这岂不是与上帝的智慧聪明相对抗吗？因为上帝正是用这样的智慧聪明，将恩典充充足足赏给我们这些靠他恩典而得救的人（弗1:5—8）。上帝在他的智慧聪明中并未寻着任何别的救法，所以他才选择以恩典来拯救我们。

第三，我们必须靠恩典得救，因为若非如此，就意味着上帝在他的律令中忽是忽非，因为在创立世界以先他就定下靠恩典得救的律例。所以说，他并不是用别的方法拯救我们，他也不选择那样做，他只让我们靠恩典得救（弗1:3、4，3:8—11；罗9:23）。

第四，倘若人在恩典之外还有任何别的救法，那么他要剪除受造之物的自夸这一心愿就没有果效。然而，上帝要剪除受造之物自夸的这个心愿是不可能失败、不可能失效的，所以，他对人类的拯救只能靠恩典，此外别无他法。我再说，他已经定意，任何肉体都不能在他面前自取荣耀，因此，他拒绝他们的工作："不是出于行为，免得有人自夸。""既是这样，哪里能夸口呢？没有可夸的了。用何法没有的呢？是用立功之法吗？不是，乃用信主之法。"（弗2:8、9；罗3:24—28）。

第五，上帝已经预定我们靠恩典得救，好使他因我们的得救而得着荣耀和称赞，好使"他荣耀的恩典得着称赞。这恩典是他在爱子里所赐给我们的。"（弗1:6）上帝不愿意听不到对他的赞美之声，也不愿将他的荣耀转给另一位；所以说，上帝选择靠他的恩典来拯救罪人。

第六，上帝已经预定并选择要我们靠恩典得救，因为哪怕还有另一种得救方式显明，也仍然是本乎恩的方式能最安全、最可靠地得着灵魂。"所以人得为后嗣是本乎信，因此就属乎恩，叫应许［得永远产业的应许（来9:14—16）]定然归给一切后裔。"（罗4:16）其他任何方式都不可能是可靠的，这一点在亚当、犹太人身上都显而易见；我还要加上一句，堕落的天使也是如此——他们被引向恩典之外的其他途径，你们不久就要看到自己的结局是什么。

靠恩典得救意味着上帝已经将我们灵魂得救的事把握在他自己手中；在上帝手中当然比在我们自己手中来得安全。正是因此，我们的灵魂得救被称为是主的救恩，上帝的救恩，属乎上帝的救恩。

当我们的得救是掌握在上帝手中的时候，他自己就负责为我们成就。1. 在此有上帝为我们施与的怜悯（罗9:15）。2. 在此有上帝为我们应用的智慧（弗1:7、8）。3. 在此有上帝为我们施展的权能（彼前1:3—5）。4. 在此有上帝为我们施行的公义（罗3:24、25）。5. 在此有上帝为我们预备的圣洁（诗89:30—35）。6. 在此有上帝为我们赐下的眷顾；为着我们的益处，他的眼目时刻看顾我们（彼前5:7；赛27:1—3）。

我还能说什么呢？恩典会将我们带到上帝的眷爱之中，而且是在我们还滚在血中的时候（结16:6）。恩典会使我们成为儿女，尽管就本性而言我们一直与上帝为敌（罗9:25、26）。恩典会使那不是上帝子民的成为上帝的子民（彼前2:9、10）。恩典不会相信我们靠自己的手为自己成就的救恩——"上帝不信靠他的众圣者"（伯15:15）。恩典会赦免我们的不虔不敬，用基督的义来使我们称义；恩典会将耶稣基督的灵放在我们里面，在我们下沉的时候提携我们，受伤的时候医治我们，在我们因着自己的软弱不断增添过犯的时候它不断地赦免我们。

我还有什么话可说呢？恩典与怜悯是存到永远的，它们被建立之后便永世不废。它们是上帝所喜悦的，是向审判夸胜的。正因此，它是最安全、最有保障的拯救之法，也正因此上帝选择以恩典和怜悯而不是以其他任何方式来拯救我们（赛43:25；罗3:24、25；赛44:2、4；诗37:23；路10:33、34；赛55:7、8；诗136，89:2；玛3:18；雅2:13）。

第七，我们必须靠上帝的恩典得救，否则，上帝就无法实行他的旨意。那些蒙拯救之人都是上帝"按着自己意旨所喜悦的，［被］预定……借着耶稣基督得儿子的名分，使他荣耀的恩典得着称赞"（弗1:5、6）。

1. 可是，倘若上帝的旨意就是，人要得救必须靠恩典，那么，去设想别的方法便是反对上帝的旨意。为此，那些想要立自己义的人便可算为是站在抵挡上帝的立场上，不顺服上帝的义——也就是，不顺服他定意中那唯一的义；只有透过这种义，我们才能靠恩典得救（罗10:3）。

2. 倘若他的旨意就是人必须依靠恩典得救，那么下面这点就同样是他的旨意，即人得救必须靠信心，必须相信那位成就恩典的基督；故此，人若试图靠另外一个方法称义，他就是亏欠了上帝借着恩典预备给世人的那份救恩，最终仍然要沉沦（罗9:31—33）。

上帝不愿意让信心归于虚空，让应许遭到废弃；为此，那依靠律法之义的人要被排除在外："因为承受产业，若本乎律法，就不本乎应许；但上帝是凭着应许，把产业赐给亚伯拉罕。"（罗4:14；加3:18）

上帝不愿意人靠自己的天然能力得救；可是，人为得救而做的一切出于律法的行为都是人天然能力的行为，因此都被称为肉体的行为。上帝的旨意不是要人靠这些得救，所以除了他的恩典之外别无他法（罗4:1；加3:1—3；腓3:3）。

第八，我们必须靠恩典得救，否则救恩的首要柱石和根基就不只遭到动摇，甚至要被推翻——这柱石和根基就是：拣选、新的盟约、基督，以及上帝的荣耀。然而，这些是绝不可以被推翻的；所以，我们的得救必须本乎恩。

1. 拣选。这条借着上帝的恩典把人抓住的原则，上帝已经定意使它长存不废——上帝拣选的原则既然已经安稳立定，人就必须靠着恩典的拣选来得救（罗9:11；提后2:19）。

2. 恩典之约。这一条也必要安稳立定——"弟兄们，我且照着人的常话说：虽然是人的文约，若已经立定了［之所以立定，因为那留遗命的已经死了（来9:16、17）］，就没有能废弃或加增的"（加3:15）。所以人必须靠恩典的约才能得救。

3. 基督。他是上帝的恩典赐给世人的礼物，他必然安稳立定，因为他是得救确定的根基，"昨日今日一直到永远"。正因此，人的得救必须依靠恩典，经由在基督里的救赎（赛28:16；来13:8）。

4. 上帝的荣耀。这也必然是安稳立定的。这荣耀也就是上帝恩典的荣耀。他不会把这荣耀分与他人，所以，人必须要以这样的方式蒙拯救脱离将来的愤怒，以便在他们的救恩之中让上帝荣耀的恩典得着称赞。

第九，能够在我们的救恩之中掌权的意志只有一种，但那绝不会是人的意志，必须是上帝的意志。所以说，人必须靠恩典得救（约1:13；罗9:16）。

第十，能够拯救罪人的义只有一种，但那绝不会是人的义，必须是基督的义（正因此，人得救必须本乎恩），是基督把这义归到他旨意中的那些人身上。

第十一，能够让人靠着必然得救的盟约只有一个，但那绝不会是律法之约，因为律法之约已经被证明是软弱无能，不能带来益处的。所以，人必须靠恩典之约才能得救；因这恩典之约，上帝会宽恕我们的不义，也不再记念我们的罪愆（来8:6—13）。

附　录

最后再说一点应用方面的话作为结束语。

应用一

第一，罪人的得救是本乎上帝的恩典吗？在此你会看到，上帝为什么不看重个人的美德，不将这样的美德带到荣耀中。注意，我说的是

"个人的美德"。个人既然所行的是邪恶，心思意念是与上帝为敌，他们还能有什么是向着上帝的呢？不错，在人与人之间，天性上似乎有更好些的，有更差些的，然而对上帝而言，他们都是一样，都是死在过犯罪恶之中。①

所以，我们还要再一次强调——人得救是本乎恩吗？在此你会看到，为什么悔改归信是发生在这样一类人之中：没有一个会凭他们的好行为被接纳，也没有一个会因他们的坏行为而被拒绝，无论好坏，两类人中都有许多位，也只有这么多位被带到上帝面前，因为恩典乐意将他们带回到上帝面前。

1. 没有一个人凭他们的好行为被接纳。因为那样的话，他们就不会靠恩典而要靠行为得救了。我已经说过了，行为和恩典在这个意义上是彼此对立的。倘若他要靠行为得救，就不靠恩典了；若要靠恩典，就不靠行为（罗11）。没有一个人会因好行为被上帝接纳，这一点是明显的。这不只因为上帝已经宣告了，他憎恶人们怀有那样的妄想；还因为他也拒绝那些企图在任何时候凭借自己的好行为把自己呈现在上帝面前以求得称义的人。这一点我们前面已经说过了。

2. 人也不会因他们的坏行为而遭到拒绝。这一点在玛拿西身上，在杀害我们主耶稣基督的人身上，在《使徒行传》19章记载的那些人身上，以及在许多其他人身上都已显明。这些人的罪都红如丹颜，与罪孽最深重的人无异（代下33:2、13；徒2:23、41，19:19）。

在罪人得救的事情上，恩典尊重的首要对象是上帝的旨意；因此，倘若恩典找寻到这旨意之下的对象，它就透过耶稣基督里的救赎让其白白地称义。在扫罗悔改归信的事情上，大马士革的亚拿尼亚针对扫罗这

---

① 能够想到在上帝面前，众人都犯了罪，都只配下地狱，这能让人的骄傲受到何等的贬低和降卑。什么?! 那尊贵的人说，我承受怜悯的理由难道不应比那十字架上的强盗高贵些? 或者，那德高望重的夫人说，难道我请求怜悯的条件跟抹大拉的马利亚一个样? 有信心的人对两者的提问都回答说：是的，否则你就要灭亡。——编者注

个人向主耶稣基督发出最严厉的控告。他说："主啊，我听见许多人说，这人怎样在耶路撒冷多多苦害你的圣徒，并且他在这里有从祭司长得来的权柄，捆绑一切求告你名的人。"但主对他是怎么说的？"你只管去。他是我所拣选的器皿。"（徒9:13—15）这个人的残忍和暴行并不阻碍他的悔改归信，因为他是一个蒙拣选的器皿。人的好行为绝不构成上帝要转变他的理由；人的坏行为绝不构成上帝拒绝他的理由。我的意思是，那些到基督面前来的人，是天父拽着他们来的。此外，基督也说，这样的人"我总不丢弃他"（约6:37）。

第二，罪人的得救是本乎上帝的恩典吗？在此，你会看到，为什么有些罪人按本性与悔改归信之事是完全背道而驰的，却终得以屈身俯伏在赐救恩的上帝面前。是恩典带他们到这一步，因为正是恩典定意他们成就这件事。这就是为什么某些外邦人会被从众人中分别出来；是上帝赐与他们悔改得生的机会，因为上帝为着自己名的缘故用拣选和呼召将他们从众人中分别出来（徒11:18，15:14）。这些不成子民的因此成为上帝的子民；这些不因自己行为蒙爱的，仍然靠着上帝的恩典而成为蒙爱之人。"那本来不是我子民的，我要称为我的子民；本来不是蒙爱的，我要称为蒙爱的。"尽管他们的心思原本与此相悖。然而，他们岂不正是上帝要在他们身上大大彰显其丰富恩典的那些人吗？既是如此，上帝必在其显大能力的日子里，使这些人乐意并能够透过恩典而相信（诗110:3；罗9:25；徒18:27）。可是，罪的负疚和重担是否会将他们压垮，以致他们无法挺立起来呢？哦！上帝要靠着他那叫基督从死里复活的极其浩大的能力，并借着恩典的灵在他们的灵魂中工作，引导他们相信并行在他的道上（弗1:18—20）。

保罗在那封致哥林多人的书信中告诉我们，他当日成为何等的人，是蒙上帝的恩才成的——"我今日成了何等人，是蒙上帝的恩才成的，"他说道，"并且他所赐我的恩不是徒然的。"（林前15:10）这个人在心里始终有一个温暖的记忆，那就是，他曾经照着本性是一个怎样的人，又如何透过所行所做的使他的恶变本加厉；不仅如此，他还进一步真真切切地在自己灵魂深处总结道，若非上帝借着那非口舌所能述说的恩典阻止了他罪恶的行径，他早已在自己的邪恶中灭亡了。正因此，他将自己的蒙召和悔改归信都放置在上帝恩典的门前——"那把我从母腹里分别出来、又施恩召我的上帝，"他说，"乐意将他儿子启示在我心里"（加1:15、16）。这就是为什么他在另一处又说，他是"从他受了恩惠并使徒的职分"（罗1:5）；那恩惠是使他灵魂回转的恩惠，那职分是传讲上帝恩惠福音的使徒的恩赐和权柄。

这个蒙福的人将一切都归诸上帝的恩典。1. 他把自己的蒙召归因于上帝的恩典；2. 他把使徒的职分归因于上帝的恩典；3. 他把这份托付之下所有的殷勤劳苦也都归因于上帝的恩典。

上帝的这份恩典正是那从起初就拯救人的恩典。1. 挪亚在耶和华眼前蒙恩，也因此悔改归信，在洪水中得以存活（创6:8）。2. 亚伯拉罕在耶和华眼中蒙恩，也因此蒙召离开他的本乡（创12:1、2）。3. 摩西在耶和华眼前蒙恩，也因此必不会从上帝的册上被抹除（出33:12、17）。

我们也不应该以为这些人在恩典抓住他们之前会比其他人更好；倘若如此，他们的得救就不是本乎恩，恩典也就不应在他们的得救之事上彰显其主权与荣耀了。然而，保罗是这么论到他自己和与他同时代的靠恩典得救的人："这却怎么样呢？我们比他们强吗？决不是的！因我们已经证明：犹太人和希腊人都在罪恶之下。"（罗3:9）同样的话也适用于这些蒙福之人；因为实在说来，这个结论是具有普遍性的，适合所有人类之子，唯独基督耶稣除外。

第三，罪人的得救是本乎上帝的恩典吗？在此，你可以看到，为什么一个退后背道的人被上帝恢复了，而另一个人，上帝却任凭他在自己的退后背道中灭亡。

　　对于罗得有恩典留给他，他妻子却什么都没有；所以她被留在了自己的过犯之中，而罗得还是蒙了拯救。对于雅各有恩典留给他，以扫却什么都没有；所以以扫被留在了他的退后背道中，而雅各依然蒙了怜悯。对于大卫有恩典留给他，扫罗却什么都没有；所以大卫获得怜悯，而扫罗则在他的退后背道中灭亡。对于彼得有恩典留给他，犹大却什么都没有；所以犹大在他的退后背道中灭亡，彼得却蒙拯救脱离罪恶。下面这节经文仅仅针对那蒙恩典拣选的人是永远坚立的："罪必不能作你们的主，因你们不在律法之下，乃在恩典之下。"（罗6:14）

　　有人会说，悔改认罪表现在一个人身上，但未必表现在另一个人身上。不错。然而，是谁将悔改认罪之心赐给一个人呢？主转过身，看着彼得；但主并没有转过身，看着犹大；不仅如此，主还在彼得跌倒前就告诉他，他要跟从主直到天国，不过也跟他说，他事先会否认主。但与此同时，主也告诉彼得，他不应心里愁烦，也就是说，不应过于低沉沮丧，因为主会去为他预备地方，并且还要再来接他到主那里去（约13:36—38，14:1—3），这正如上帝有福的话所说："义人的脚步被耶和华立定；他的道路，耶和华也喜爱。他虽失脚，也不至全身仆倒，因为耶和华用手搀扶他。"（诗37:23、24）

应用二

　　这篇讲章第二方面的应用针对那些看到并感觉到自己的罪而为此感到灰心沮丧的人。

　　第一，他们的蒙拯救是蒙恩典的拯救吗？若是如此，那些愿意让有罪的良心得到安舒的人，他们就必须学习恩典的教训。

　　撒但一个险恶的意图是，要么让罪人对自己的罪保持无知无觉，要么在上帝让他感知到自己的罪之后，把有关上帝恩典的甜美教义遮蔽起来，不让他想到这福音。然而，只有这恩典的福音才能让良心获得健全和救治，因为"永远的安慰并美好的盼望"都是上帝"开恩"赐下的（帖后2:16）。倘若罪人没有看到上帝的恩典，他那负罪的良心如何能真正获得安舒呢？

因此，要学习这一关乎上帝恩典的教义。假设你身上有个疾病，不靠某些药物就得不到疗治。你治疗的第一步是认识这些药。我相信这一点对目前这个话题也是适用的；要医治一颗受伤的良心，第一步也是让你认识上帝的恩典，尤其是认识你如何从上帝眼中被咒诅的地位上得蒙称义的恩典。

一个人的良心若是受伤了，他自然会倾向于去行律法，以为上帝必定要借着他做什么该做的事才能平息愤怒；但上帝的话语是这么说的："我喜爱怜恤，不喜爱祭祀。"因为"我来本不是召义人，乃是召罪人。"（太9:13）

正因如此，你应当学习认识上帝的恩典。使徒说："人心靠恩得坚固才是好的。"（来13:9）这话暗示，能让灵魂得以坚固的正确的根基只在于对上帝的恩典有认识。

我说过，当一个人的良心受伤了，他自然会倾向于去行律法。为此，你必须要更加留心地去学习认识上帝的恩典；是的，你还要以正确的方式来认识，不仅在观念上，而且在实践上来认识，要将它与律法区分开来。"律法本是藉着摩西传的，恩典和真理都是由耶稣基督来的。"（约1:17）我再强调，要学习认识恩典，不只要将它与律法区分开来，也要与亵渎上帝之人妄称为上帝恩典的所有那些事物区分开来。

有许多事物人们妄称其为上帝的恩典，其实不是。

1. 在每个人里面本来就存在的亮光和知识。2. 在人里面天然存在的得救的愿望。3. 人的天性中存在的自认为能通向自我得救的行事能力。

我只点出上面这三种情形，还有许多其他的情形，有人也会冠之以上帝恩典的名称。但你们要记住，上帝的恩典是他向罪人所存的藏在他儿子耶稣基督里的美善的旨意和大爱；"我们凭这[美善的]旨意，靠耶稣基督只一次献上他的身体，就得以成圣"（来 10∶10）。

再者，当你觉察到这份上帝的恩典，并能将它与不是上帝恩典的事物区分开来后，你就要努力用这有福的知识来坚固你的灵魂。"我儿啊，"保罗说，"你要在基督耶稣的恩典上刚强起来。"（提后 2∶1）要使你的判断和悟性都刚强起来；但尤其要努力的是，让这一切都进到你的良心深处，好使你们的良心"洗净……除去你们的死行，使你们侍奉那永生上帝"（来 9∶14）。

第二，为了将这方面的应用再推进一步，你还要思考一下这个问题：一个人如何透过对上帝恩典的认识，并在这认识中生根渐长，从而进一步获益。

1. 这份认识会成为他喜乐的缘由。因为一个人若正确认识到这份恩典，就能知道上帝已经与他和好了，因为他已经相信了那位借着恩典为人人尝了死味的耶稣基督。"我们又藉着他，因信得进入现在所站的这恩典中，并且欢欢喜喜盼望上帝的荣耀。"（罗 5∶2）实在说来，还有哪种喜乐、哪种欢喜能与这里的欢喜快乐相媲美呢？要欢欢喜喜盼望上帝的荣耀，也就是，要怀着永远享受上帝的指望而欢喜快乐，而这份喜乐有藏在基督里的永恒的荣耀相伴随。

2. 正如对上帝恩典的认识能彰显出喜乐与欢欣，同样，它也能在圣洁与敬虔的各个方面结满丰盛的果子。"因为上帝救众人的恩典已经显明出来，教训我们除去不敬虔的心和世俗的情欲，在今世自守、公义、敬虔度日。"（多 2∶11、12）是的，恩典是如此自然地倾向于敬虔的操练，一旦其向灵魂显现，就要在心灵与生活中结出如此蒙福的果子。"我们从前也是无知，悖逆，受迷惑，服侍各样私欲和宴乐，常存恶毒、嫉妒的心，是可恨的，又是彼此相恨。但到了上帝我们救主的恩慈和他向人所施的慈爱显明的时候，"——怎么样了呢？那些相信的人因他的恩得称为义，并凭着永生的盼望成为后嗣，就能"留心作正经事业"（多3:3—8）。请再看保罗写给歌罗西信徒的信——"我们感谢上帝，"他说，"我们主耶稣基督的父，常常为你们祷告，因听见你们在基督耶稣里的信心，并向众圣徒的爱心，是为那给你们存在天上的盼望；这盼望就是你们从前在福音真理的道上所听见的。这福音传到你们那里，也传到普天之下，并且结果、增长，如同在你们中间，自从你们听见福音，真知道上帝恩惠的日子一样。"（西1:3—6）

借着上帝的恩典而来的知识和力量是一剂至为强大的解毒剂，它能抵御一切以各种方式侵入或可能侵入这世界的虚妄的毒素。正因此，彼得在劝导信徒当留心，不可受恶人的错谬诱惑而随流失去，以致从自己坚固的地步上坠落时，又加了这样一句话作为预防这种跌倒唯一的帮助——"你们却要在我们主救主耶稣基督的恩典和知识上有长进"（彼后3:18）。

（1）假设有人主张，人靠自己的义就能拯救罪人。对此我们有现成的答案——"上帝救了我们，以圣召召我们，不是按我们的行为，乃是按他的旨意和恩典。这恩典是……在基督耶稣里赐给我们的"（提后1:9）。

（2）假设有人主张，我们未必能靠白白的恩典这个教义来明白，上帝如何能将他白白的赦罪之恩延伸到我们身上已有的或正在犯的罪。对此的答复是——"罪在哪里显多，恩典就更显多了。就如罪作王叫人死；照样，恩典也藉着义作王"，就是透过上帝的儿子让上帝的公义得着满足这件事，"叫人因我们的主耶稣基督得永生"（罗5:20、21）。

（3）假设有人主张，这个教义会教人放纵淫荡；答复就在这里——"这样，怎么说呢？我们可以仍在罪中，叫恩典显多吗？断乎不可！我们在罪上死了的人岂可仍在罪中活着呢？"白白的恩典的教义若真正被信从，它便是世界上对罪最具有杀伤力的教义（罗6:1、2）。

（4）假设有人企图要用多余的繁文缛节来加增上帝教会的负担，强制执行，正如当初假使徒①力主实行古时候的割礼，说：除非你做了这些事，否则你不可能得救。对此，答案也在这里——"为什么试探上帝，要把我们祖宗和我们所不能负的轭放在门徒的颈项上呢？我们得救乃是因主耶稣的恩，和他们一样，这是我们所信的"（徒15:1、10、11）。但这一点不再展开谈了。②

第三，"你们得救是本乎恩"，这条教义是在我们想到自己的不配而心生忧惧绝望时唯一的疗救。因为：

1. 当你如此喊道：我实在是个该受咒诅之人！我的罪要使我陷到地狱里去了。

答复：人哪，先把持住；在天上有一位上帝，他是"赐诸般[一切]恩典的上帝"（彼前5:10），而你并非犯诸般（一切）罪的人。倘若上帝是赐诸般（一切）恩典的上帝，那么，即使全世界的罪都是你犯的，赐一切恩典的上帝还是能赦免这一切的罪；若不然，一个悔罪之人的罪就仿佛比上帝的恩典还要大，他的沉沦就仿佛成了上帝救不了的事了。

2. 可是我的罪是属于最恶劣的那种——亵渎上帝、奸淫、贪婪、杀人，等等。

答复："人一切的罪和一切亵渎的话，都可得赦免——恶人当离弃自己的道路，不义的人当除掉自己的意念，归向耶和华，耶和华就必怜恤他；当归向我们的上帝，因为上帝必广行赦免。"（太12:31；可3:28；赛55:7、8）

---

① 《使徒行传》15章提到的"假使徒"企图把犹太教的仪式与基督教相混合，由此把悔改归信之人带入愁苦与捆绑之中。这批人在《哥林多后书》11:13也特别提到；"假使徒"即假工人，他们侵吞你们，掳掠你们（20节）。保罗于此则恰成对比，他"并没有累着你们一个人"（9节）。——编者注
② 我们千万不要以为班扬对这一话题不再展开讲论，是因为害怕这种讲论会为他带来不良的现世后果。他对既为国家政要后又成为主教的福勒（Fowler）攻击因信称义一事的轻蔑的答复，足以证明他全然没有对人的惧怕。他觉得对上述话题的讲论已足够，所以不必再展开了。——编者注

3. 可是，我的心思又顽梗又悖逆，我的心地完全败坏了。

答复："你们这些心中顽梗、远离公义的，当听我言。我使我的公义临近"；这公义是基督的公义，那心中顽梗的罪人，即使不虔不敬，也能借基督的公义得以称义（赛46:12、13；腓3:7、8；启4:5）。

4. 可是我的心刚硬如坚石。

答复："我也要赐给你们一个新心，"上帝说，"将新灵放在你们里面。又从你们的肉体中除掉石心，赐给你们肉心。"（结36:26）

5. 可是我跟蟋蟀一样盲瞎；福音的道理我一点也不明白。

答复："我要引瞎子行不认识的道，领他们走不知道的路；在他们面前使黑暗变为光明，使弯曲变为平直。这些事我都要行，并不离弃他们。"（赛42:16）

6. 可是我的心不会为基督的受难和流血而感动。

答复："我必将那施恩叫人恳求的灵，浇灌大卫家和耶路撒冷的居民。他们必仰望我，就是他们所扎的；必为我悲哀，如丧独生子，又为我愁苦，如丧长子。"（亚12:10）

7. 虽然我知道倘若找不到基督，我的未来将会是什么样子，可是，即便这样，我的内心还是爱慕虚荣、愚昧、不洁和邪恶的事。

答复："我必用清水洒在你们身上，你们就洁净了。我要洁净你们，使你们脱离一切的污秽，弃掉一切的偶像。"（结36:25）

8. 可是，我信不来基督。

答复：上帝应许要让你能够相信。"我却要在你中间留下困苦贫寒的民；他们必投靠我耶和华的名。"又说，"将来有耶西的根，就是那兴起来要治理外邦的，外邦人要仰望他。"（番3:12；罗15:12）

9. 可是，我没办法向上帝祷告求他的怜悯。

答复：上帝已经满有恩典地应许赐你祷告的灵——"必有列邦的人和强国的民，来到耶路撒冷寻求万军之耶和华，恳求耶和华的恩。——

他们必求告我的名，我必应允他们。我要说：'这是我的子民。'他们也要说：'耶和华是我们的上帝。'"（亚8:22，12:10，13:9）

10. 可是，我无法悔罪。

答复："你们挂在木头上杀害的耶稣，我们祖宗的上帝已经叫他复活。上帝且用右手将他高举，叫他作君王、作救主，将悔改的心和赦罪的恩赐给以色列人。"（徒5:30、31）

我还可以照这样子展开说下去，因为圣经上满了上帝极大无比的恩典。哦！这是何等的词汇："我要"，"你必"！这些都是一位满有恩典的上帝的言语！借着这些应许，我们的上帝自愿为可怜的罪人承担起成就那应许的责任；若非上帝主动的承担，可怜的罪人都将永远沉沦。

应用三

那些蒙拯救的人是蒙恩典的拯救吗？若然，就让基督徒殷勤努力，高举上帝的恩典。首先，在内心里；其次，在生活上。

首先，在内心里；具体是这样的——

第一，相信那透过耶稣基督而彰显的上帝的怜悯，以此高举上帝的恩典。我的意思是，要真心地投身其中，要充满信心地投身其中，因为在上帝的恩典里面一切都充足。亚伯拉罕就是这样让上帝的恩典大大彰显。他"虽然想到自己的身体如同已死，撒拉的生育已经断绝，他的信心还是不软弱；并且仰望上帝的应许，总没有因不信，心里起疑惑，反倒因信，心里得坚固，将荣耀归给上帝"（罗4:19、20）。

第二，在你的思想中将上帝的恩典尊为高，以此高举上帝的恩典。当对上帝的恩典时时怀着美善、伟大的观念；反之，狭隘、渺小的念头是对上帝恩典莫大的贬损。

为帮助你便于理解这个问题，请思考下面几件事：

1. 这份恩典被比作深海 —— 你要"将我们的一切罪投于深海"（弥 7:19）。深海从来不会因投进去的东西而被填满。①

2. 这份恩典被比作泉源，一个活水的泉源 ——"那日必给大卫家和耶路撒冷的居民开一个泉源，洗除罪恶与污秽"（亚 13:1）。泉源是永远不会被汲干的。

3. 《诗篇》作者论到上帝的恩典和怜悯时如此高声赞美："他的慈爱永远长存"；在其中一篇，这句话重复了二十六次（诗 136）。大卫当然从这句话中得到许多看见，受到许多震动。

4. 保罗说赐诸般（一切）恩典的上帝能成就一切，"超过我们所求所想的"（弗 3:20）。

5. 所以，上帝的话怎么说，你们就应当怎么样断定上帝的恩典。

第三，借着真心的祷告坦然无惧来到施恩宝座前，因为这也是大大彰显上帝恩典的方式。使徒正是如此劝导的："所以我们只管坦然无惧地来到施恩的宝座前，为要得怜恤，蒙恩惠，作随时的帮助。"（来 4:16）在此你只要看见一点，就要惊异。

到目前为止，我们一直谈论的是上帝的恩典；现在，我们要来到他的宝座前，如约伯所说，"到他的台前"（伯 23:3）。看哪，"那是施恩的宝座"。哦，当恩典的上帝坐在施恩的宝座上，可怜的罪人站在一边，祈求恩典，并且是靠着恩慈的基督的名来祈求，借着恩典的灵的帮助，这样一个罪人岂不是必定要获得怜悯与恩典，作他急难中随时的帮助吗？但是，不要忘了这句劝勉："坦然无惧地来"（来 4:16）。的确，我们容易忘了这句劝勉；我们以为，既然自己是这么可憎可厌的罪人，我们就别擅自贸然前往施恩宝座前；然而，我们却是蒙吩咐这么做的；若是在这里打破这个命令，就跟在别处打破上帝的命令并无两样。

---

① 班扬在此极好地表达了先知弥迦所称颂的上帝赦罪之恩无限的完全和广大。那被沉于深海中的就永远消失不见了。——编者注

你可能会问：何谓坦然无惧地前来？

[我的]答复——

1. 就是满有信心地前来——"我们心中天良的亏欠已经洒去，身体用清水洗净了，就当存着诚心和充足的信心来到上帝面前"（来10:22）。

2. 坦然无惧地前来，就是时常地来——"早晨，晌午，晚上，我要祷告"（参诗55:17）。常常到我们门前的乞丐，我们往往看他们为坦然无惧的乞丐。

3. 坦然无惧地前来，就是前来的时候要讨求重大的东西。坦然无惧的乞丐不只讨求，他还挑选所讨求的东西。

4. 坦然无惧地前来，就是既为自己有所求，也为他人有所求，既为自己，也为天底下上帝的众圣徒祈求怜悯和恩典——"靠着圣灵，随时多方祷告祈求，并……为众圣徒祈求"（弗6:18）。

5. 坦然无惧地前来，就是来到以后，不得首肯决不罢休；雅各正是这样来到施恩座前——"你不给我祝福，我就不容你去"（创32:26）。

6. 坦然无惧地前来，就是恳请上帝以他的公义和怜悯来兑现他的应许，同时，一心相信上帝必会赐给我们他所应许的——因为他已经说了——我们奉他儿子的名无论向他求什么，他必赐给我们。

第四，时常在隐秘之处敬拜、称谢、赞美上帝，以此方式在你的内心殷勤努力高举上帝的恩典；上帝期待这样的殷勤努力——"凡以感谢献上为祭的便是荣耀我，"他说。"我们应当靠着耶稣，常常以颂赞为祭献给上帝，这就是那承认主名之人嘴唇的果子。"（诗50:23；来13:15）

其次，在生活上。

正如我们当在内心高举这份恩典，同样，在生活上我们也应高举这恩典。我们的行事为人当在方方面面都荣耀我们的救主上帝的教训。使徒的这句话意义重大："只要你们行事为人与基督的福音相称"，这福音就是上帝恩典的福音（腓1:27）。上帝盼望在我们的整个生活中都有一种有福的福音的味道，或者说，盼望我们在世人当中的生活能理所当然传讲出上帝福音的恩典。

福音向我们表明，上帝实在非常奇妙地为着我们的利益而俯就我们；为了效法他，我们也应屈身俯就他人。

福音向我们表明，上帝对我们实在满有丰富的怜悯、仁爱、慈悲和同情；同样，我们也应该对他人充满慈悲、怜悯、仁爱和同情。

福音向我们表明，上帝满心愿意造福于他人。

福音向我们表明，上帝是按着他的真理和信实对待我们，所以，我们也当在所有行动中如此彼此相待。

透过福音，上帝宣告他赦免我们一千万银子（太 18:24），我们也应同样赦免我们的弟兄那一百便士。

现在，在我总结这方面的应用之前，让我再给你们提几件事情来思考，这些思考会让你们的心为着一项如此美善和喜乐的工作而倍觉亲切。

［几点安慰人心的思考］

第一，想想看，上帝已经用他的恩典救了你。基督徒啊，上帝已经救了你，你已经逃离了狮子口，你已经蒙拯救脱离了将来的愤怒；在你的内心和你的生活中高举这份拯救你的恩典吧。

第二，想想看，在上帝用恩典拯救你的那一天，他任凭千百万人留在他们的罪恶中；他撇下了千百万人，却将你救拔出来。当你悔改的那一天，可能有成百上千人像你一样躺在上帝面前，听到福音的传讲，可是他却拣选了你。大卫想到这件事情的本质，心甚感动；上帝也要让这些事感动你，好让你在生活中，在行事为人上高举他的恩典（诗 78:67—72；申 7:7）。

第三，想想看，也许在上帝用恩典呼召你的那一天，那些上帝所拒绝的人中绝大多数在行事为人方面都比你要好得多 —— 我曾经是亵渎上帝的，逼迫人的，侮慢人的，然而，我还蒙了怜悯！哦！这理当要触动你的心灵，理当要占有你的心，让你学习高举上帝的这份恩典（参提前 1:13—16）。

第四，或许在你悔改的那一天，你比许多人都要更放任不羁。正如牛犊不习惯于它的轭，几乎无从驾驭，你也是靠强硬的手段才被带回家。你不愿意动，主耶稣必须把你抬起来，搁在他肩膀上，一路扛回到天父家中。这理当占有你的心，让你学习高举上帝的恩典（路 15:1—6）。

第五，上帝借他的恩典使你悔改，拯救了你，这件事可能会引起许多人对上帝的反感，正如大儿子对父亲发怒，因为父亲为浪子弟弟宰了肥牛犊。然而，大儿子的发怒一点不能阻碍上帝的恩典，也不能使上帝减少任何一点对你灵魂的爱。这理当使你学习在内心、在生活上高举上帝的恩典（路 15:21—32）。

第六，再想想看，上帝许可给你从事这份善工的时间只有一点点，甚至只有你当前活着的这几天 —— 我的意思，在罪人中从事的这份善工；尔后，你就要前去领工价，就是恩典为着你所做之工而赐给你的工价，好使你得着永恒的喜乐。

第七，但愿这一点也能在你的心中占有一席之位 —— 每个人都会对他所侍奉的神表示降服；是的，即使那个神什么都不是，只不过是魔鬼和他肉体的欲望。那么，人哪！你既已蒙主拯救，"岂不更当顺服他[万灵的父]得生吗"（来 12:9）？①

哎呀！他们正在自己灭亡的道上直追，可他们竟以为是戏玩，一路载歌载舞。他们欢欣喜庆地侍奉那个"神"（撒但），最终它要将他们全都掳到永恒的死亡之渊里去，在那里用地狱燃烧的火折磨他们；然而，你

---

① 在 1692 年的版本中，这句话是"顺服万灵和爱的父"（subject to the Father of spirits and love）。称上帝是"爱的父"，这种表达十分特殊。上帝是爱，是一切神圣之爱的创始者和源头。班扬随时都受圣经词句的影响，他的思想是如此丰富地浸润其中，以至于我们可以说，他就是活在经文的气氛中；这句话与《希伯来书》12:9 十分接近："何况万灵的父，我们岂不更当顺服他得生吗?"出于上述原因，我倾向于认为"爱"（love）一词中的字母"o"是个笔误，所以把它改成了"生"（live）这个词。然而，擅自做了这个改动，还是需要知会公众一下。——编者注

们的上帝却是赐下拯救的上帝，一切逃离死亡的出口都在上帝你的主那里。在享受一切美善事物的时候，你岂不要满心欢喜地来侍奉他，就是侍奉这位将让你永远蒙福的上帝吗？

异议：但有一件事情在我身上是致命的——我没法尊崇上帝；我的心如此败坏，如此没有灵性，如此罪恶，我就是不能敬重上帝。

回答：你的"没法"是什么意思？1. 如果你的意思是你没有力量去做，你所说的就不是事实，"因为那在你们里面的，比那在世界上的更大"（约一4:4）。2. 如果你的意思是你没有一个愿意的心，那么你也错了；因为每一个基督徒只要思维正常，都是一个甘心愿意的人，上帝掌权的日子，就能使他甘心（诗110:3）。3. 如果你的意思是你缺乏智慧，那就是你自己的错了——"你们中间若有缺少智慧的，应当求那厚赐与众人、也不斥责人的上帝，主就必赐给他"（雅1:5）。

异议：我做不来我所愿意做的事。

回答：古时最好的圣徒也做不来——"立志为善由得我，"保罗说，"只是行出来由不得我。"他又说："情欲和圣灵相争，圣灵和情欲相争，这两个是彼此相敌，使你们不能做所愿意做的。"（罗7:18；加5:17）

至此，我们对这个真理实在有个重大的发现。"你们得救是本乎恩"；上帝的儿女在这世上时，尽管他们已经向上帝悔改，也透过恩典蒙了基督的拯救，但他们仍是如此不坚定，如此软弱，因为那取死的肉体还住在他们里面；所以，即使在他们最好的行为中也会发现罪，若照着行为之约的主旨，这罪就要控告他们，他们就永远不可能寻着进入荣耀之路。可是，我为什么要这么说？那些蒙恩典救赎的人再也不可能因自己的软弱而受到从前那样的控告了，"因为他们不在律法之下"了；因着上帝的恩典，他们已经被包含在上帝儿子的血和死之中了；上帝的儿子永远活着，在上帝的右边为他们祈求代祷；他的代祷在天父面前是如此有说服力，以至于把我们的污秽和罪都从他眼前带走，将我们自己圣洁地、无可谴责地、无可指摘地呈现到他面前。但愿众圣徒靠着基督耶稣，借着可称颂的恩典之灵的帮助，将赞美、感谢、荣耀、主权全归给他，直到永远。阿们。

译后记

　　阅读和翻译班扬的著作是一份福祉，在这无常的世上，它们给人以一份恒常的盼望。

　　十五年前，受南京译林出版社委托，着手翻译文学史上公认为"经典"的班扬的《天路历程》，当时，一场疾病让自己对死亡所意味的冲击有了第一次切身的体验，不得不承认圣经《希伯来书》对这件事的犀利判断：我们究其实都是"一生因怕死而为奴仆的人"。然而，当翻译到《天路历程》第二部末尾有关女基督徒过死亡河的描绘时，"为奴仆"的羁绊悄然卸落：那天国差来的信使、那"用爱磨尖的箭"、那击钹弹琴的此岸的相送、那战车马兵的彼岸的欢迎——死亡竟然可以如此饱含柔爱、欢乐与自由，如此充满新生的盼望！

　　这个译本中的三部班扬作品 ① 在一般文学史中鲜有涉及，其"经典"地位也不如《天路历程》，然而，"盼望"的主题与基调却一以贯之。《罪魁蒙恩记》出版者前言上说："当你阅读《蒙恩记》的时候，你

---

① 　现译本由班扬的三部著作组成，其原文出处如下：《罪魁蒙恩记》译自 *Grace Abounding*，www.ccel.org/ccel/bunyan/grace.html，Grand Rapids，MI：Christian Classics Etheral Library，2000-07-09；《适时的劝勉》译自 *Seasonable Counsel*，George Offor edition：www.bunyanministries.org/？page_id＝37；《得救是本乎恩》译自 *Saved by Grace*，George Offor edition：www.bunyanministries.org/？page_id＝37。

每前进一步都会禁不住说，这是未来《天路历程》的作者。"如果说《天路历程》为读者提供的是超越灵魂与肉体死亡、直趋天国之城的永生的盼望，现译本的三部作品开启的则是一个心灵蒙难者更为切近此生的盼望：借着信心必定胜过内心的恐惧与绝望、现世的不义与患难。《罪魁蒙恩记》实为《罗马书》七、八章中保罗神学与个体经历的反复写照，那为"立志为善由得我，只是行出来由不得我"而拘困的哀鸣者最终得以唱出这样盼望的欢歌："感谢上帝！靠着我们的主耶稣基督就能脱离了。"（罗 7：25）《适时的劝勉：给受苦之人的劝告》让人不禁惊叹：人世间居然存在这样一种生命：他们在"为义受逼迫"时可以如此温良、柔顺、谦卑与忍耐，同时又可以如此坚毅、刚强、高贵与喜乐；他们的盼望只在于"一心为善，将自己灵魂交与那信实的造化之主。"为此，他们在最凶猛的威势面前也能洞见其背后的空虚与脆弱，在最残忍的逼迫者面前也能心怀最真诚的悲悯与宽恕。《得救是本乎恩》全篇信息五万多字，只讲论短短这八个字："你们得救是本乎恩"（弗 2：5），而这几乎涵盖了基督信仰的全部核心，也粉碎了"一切宗教均劝人为善"的多数人的错觉与幻想。班扬与保罗一样，既劝导基督的跟随者们"恐惧战兢，作成你们得救的功夫"，同时又在安息与盼望中相信，是三位一体的父、子与圣灵的恩典负责信仰者救恩的方方面面，"你们立志行事，都是上帝在你们心里运行，为要成就他的美意。"（腓 2：12—13）。

　　班扬的信息始于盼望，也终于盼望。作为班扬著作的读者与译者，能与三百多年前的班扬在文字间同行这趟盼望之旅，我满心感恩。

苏欲晓

2013 年 9 月

于厦大海滨楼